꿈의 학교
론 클라크
아카데미

The End of Molasses Classes:
Getting Our Kids Unstuck-
101 Extraordinary Solutions
for Parents and Teachers
by Ron Clark

Copyright © 2011 by Ron Clark • All rights reserved. • This Korean translation edition was published by Gimm-Young Publishers, Inc. in 2012 by arrangement with the original publisher, Touchstone, a Division of Simon & Schuster, Inc., New York through KCC(Korea Copyright Center Inc.), Seoul.

꿈의 학교
론 클라크 아카데미

지은이 론 클라크
옮긴이 이주혜
1판 1쇄 인쇄 2012. 5. 14
1판 1쇄 발행 2012. 5. 21

발행처_ 김영사 • **발행인_** 박은주 • **등록번호_** 제406-2003-036호 • **등록일자_** 1979. 5. 17 • **주소_** 경기도 파주시 문발동 출판단지 515-1 우편 번호 413-756 • **전화_** 마케팅부 031)955-3100, 편집부 031)955-3250 • **팩시밀리_** 031)955-3111 • 이 책은 (주)한국저작권센터(KCC)를 통한 저작권자와의 독점계약으로 김영사에서 출간되었습니다. 저작권법에 의해 한국 내에서 보호를 받는 저작물이므로 무단 전재와 복제를 금합니다.

값은 뒤표지에 있습니다. ISBN 978-89-349-5680-8 13840 • 독자의견 전화_031)955-3200 • 홈페이지_ http://www.gimmyoung.com • 이메일_ bestbook@gimmyoung.com • 좋은 독자가 좋은 책을 만듭니다 • 김영사는 독자 여러분의 의견에 항상 귀 기울이고 있습니다.

꿈의 학교 론 클라크 아카데미

THE END OF MOLASSES CLASSES

론 클라크 지음 · 이주혜 옮김

김영사

케네스에게

나의 가장 큰 소원은 나의 모든 학생들이
너처럼 특별한 사람으로
성장하는 것이란다.

시작하며

당밀을 부어본 사람은 알 것이다. 당밀이 천천히 흘러나와 병 입구에서 미적거리다가 비스킷까지 추춤거리며 죽 늘어지는 일련의 과정을 견뎌야 한다. 느리고 굼뜬 것이 둔하다고나 할까. 우리 할머니도 그 말을 자주 쓰시곤 하셨다.★

"이 녀석, 꼭 당밀처럼 둔하구나."

남부에서 자란 나는 어려서부터 당밀에 빗댄 그런 표현에 익숙했고, 우리의 교육현실을 파악하기 위해 50개 주의 학교를 빠짐없이 찾아다니면서 이 낱말을 자연스럽게 떠올렸다. 활기 없는 교사들과 졸지 않으려고 무진 애를 쓰는 학생들, 숨 막힐 듯 답답하고 지루한 교실을 볼 때마다 나는 속으로 이렇게 생각했다.

'이곳이 바로 당밀 수업의 현장이구나.'

★ 원서제목이 《당밀 수업의 종말 The End of Molasses Classes》임을 생각하며 빗댄 예시이다.

마음이 아팠다. 물론 당밀 수업이 만연한 현실에서도 불타는 열정으로 똘똘 뭉친 교사와 학생들을 찾아볼 수 있었다. 그러나 모든 아이들이 그러한 경험을 하지 못한다는 현실에 분노했고, 변화를 일구기 위해 내가 뭔가를 하고 싶었다. 우리의 교육제도를 재건하기 위해 정치권이나 행정당국을 통할 만큼 참을성이 없었던 내게 최선의 방법은 현장에서부터 변화의 혁명을 일으키는 것이었다. 그리고 이 혁명에 불을 붙일 가장 효과적인 방법은 이 세상 어디에도 없는, 열정과 독창성과 엄숙함이 가득한, 새로운 학교를 건설하는 것이라고 생각했다. 그 학교는 학부모와 교사들이 아이들의 교육을 위해 하나로 뭉쳐 서로를 지지하고, 학교에서도 가정에서도 새롭고도 혁신적인 방법으로 아이들을 만나고자 하며, 배움을 공유하는 게 일반적인 소명이 되리라. 한 사람씩 희망을 갖고 변화를 만드는 학교이리라.

그 후 몇 년이 흐르고 당시의 꿈은 현실이 되었다. 현재 조지아 주 애틀랜타 시에 있는 론 클라크 아카데미(Ron Clark Academy, 이하 RCA)는 밑바닥 혁명으로부터 출발해 전 세계 1만 명이 넘는 교육자들이 찾아와, 교사와 학부모가 함께 학생들의 최대 성공을 돕는 교육방법을 배워가는 곳이 되었다. 우리는 방문객들을 현장수업에 초대해 나를 비롯한 모범적인 우리 RCA 교사들의 수업을 직접 참관하게 한다. 우리가 제공하는 전문성 개발 프로그램은 독특하다.

노스캐롤라이나 주와 뉴욕 시에서 교사로 재직하던 시절, 나는 내 교실을 떠나 다른 교사의 수업을 참관한 적이 단 한 번도 없었다. 안타깝게도 그게 우리 교육의 보편적인 모습이다. 교사들은 대학을 졸업하자마자 수업을 시작하고 그 자리에 30년을 머문다. 뭔가를 배우기 위해 다른 교사를 만나러 가는 일도 좀처럼 없으며, 보고 배울 수 있는 뛰어난 교사를 만날 길도 없다. 그러나 우리 학교는 바로 그러한 경험을 여러 교육자들에게 제공하고 있다. 교사들이 얻고자 하는 것을 손에 쥐어주고 교실 안에서 일어날 수 있는 탁월하고 훌륭한 모습이 무엇인지를 보여준다. 우리는 결코 완벽하지 않으며 실수도 곧잘 저지르지만 교실 안에서 어떻게 어려움을 해결해나가는가, 학생들이 최선의 노력을 기울이도록 어떻게 격려하고 있는가, 모든 아이들이 최대의 성공을 거둘 수 있도록 어떤 자극과 영감을 불어넣는가 등을 보여준다. 전문적인 자기계발과 향상을 희망하는 교육자들에게는 귀중한 경험이 될 것이다.

  방문객들은 우리 RCA에서 적용하고 있는 교수법을 모든 교사와 학부모가 체득하면 좋겠다고 말한다. 직접 참관하는 것과 같을 수는 없겠지만 우리가 학생들의 성공을 돕기 위해 현장에서 사용하고 있는 101가지 효과적인 전략을 책에 담아보았다. 자녀를 위해 더 많은 것을 원하는 부모, 학생들의 성공을 위해 전략이 필요한 교사, 차세대 교육의 향상을 위해 모든 아이들에게 영감을 불어넣고 싶은 지역사회에 길잡이가 되어줄 것이다.

차례

시작하며 7
교육혁명의 현장, 론 클라크 아카데미 15

01 론 클라크 아카데미의 원칙과 가치관

1 절대로 꿈을 버리지 말라고 가르쳐라 30
2 모두가 쿠키를 먹을 수 있는 것은 아니다 35
3 많이 기대할수록 결과가 좋다 41
4 아이를 둘러싼 어른들의 수준을 향상시켜라 51
5 귀 기울여라 56
6 아낌없이 모두 내주어라 60
7 학교 밖에서 학생들을 만나라 67
8 집단 안에서는 나를 잊어라 73
9 어떻게든 이루어내라 78
10 뛰어나라 82
11 아이들이 잊지 못할 순간을 만들어라 90
12 배움을 사랑하는 분위기를 만들어라 96
13 모든 아이들을 내 아이처럼 대하라 99
14 상상을 뛰어넘는 혁신을 추구하라 103
15 교사와 학생, 학부모, 학교 구성원의 이름을 기억하라 109
16 음악으로 활력과 동기, 영감을 불어넣어라 112
17 학생들에 대해 알아라 118
18 다가온 기회를 놓치지 마라 123
19 배움을 마법처럼 만들어라 127
20 선행은 자신에게 돌아온다고 가르쳐라 135
21 자기를 자신 있게 드러내도록 가르쳐라 139
22 두려움 없이 살아가라 146
23 학생들이 사랑하는 것을 함께 사랑하라 153
24 지속되는 전통을 세워라 157

02 아이의 성공을 위한 부모의 역할

25 긴 안목으로 준비하라 162
26 영원히 아이를 구하러 달려올 수는 없다 167
27 감사의 힘을 인정하라 173
28 노력의 가치를 강조하라 177
29 나쁜 태도는 싹부터 잘라내라 183
30 통제할 수 없다면 게임기를 사주지 마라 186
31 공부하는 법을 보여줘라 189
32 착한 아이도 거짓말을 할 때가 있음을 인정하라 194
33 참을성을 발휘하라 198
34 모든 아이들에게서 잠재력을 발견하라 202
35 말의 힘을 강조하라 206
36 겉과 속이 다른 부모가 되지 마라 208

03 올바른 수업 분위기와 학교 문화

37 한 가족으로 멋있게 맞이하라 214
38 모든 아이들이 차별 없이 배울 수 있음을 믿어라 220
39 학부모에게 학교를 개방하라 224
40 역할에 맞는 옷을 입어라 225
41 모든 순간을 소중하게 여겨라 228
42 교내방송을 없애라 229
43 사소한 일로 수업을 방해하지 마라 230
44 학생들이 교실에 있을 때는 앉지 마라 231
45 교실에서는 개인적으로 휴대전화나 컴퓨터를 사용하지 마라 232
46 숙제는 집에서 하게 하라 233
47 교사도 반드시 숙제를 해야 한다 234
48 모든 수업을 열렬하게 시작하라 235
49 학생 수를 줄이기보다 교사의 질을 향상하라 236
50 개학 첫날은 극적인 분위기를 연출하라 237
51 시험을 겨냥한 수업은 버려라 245
52 학생들을 집으로 초대하라 248

53 학부모와 비상연락망을 구축하라 250
54 대답할 기회를 주고 너무 빨리 포기하지 마라 252
55 신체활동으로 수업에 생명력을 불어넣자 257
56 신나게 공부하는 환경을 만들어라 260
57 책상 위로 올라가라 263
58 나만의 빨간 버튼을 찾아라 268
59 조상들의 자랑스러운 역사를 가르쳐라 270
60 뛰어남의 본보기를 보여라 272
61 부모들을 향한 기대수준도 높여라 274
62 학습을 위해 학교 밖을 이용하라 275
63 졸업반을 사랑하라 278
64 두 번째 기회를 주지 마라 282
65 학생들이 서로를 응원하도록 가르쳐라 284
66 소중한 추억으로 벽을 도배하라 288
67 연설문을 읽지 마라 291
68 눈을 마주쳐라 296
69 교실 안을 돌아다녀라 297
70 청중을 바라보라 298
71 활력을 직접 보여라 299
72 미소를 보내라 299
73 정확하고 분명한 표현 방식을 가르쳐라 301
74 그런 척하라 303
75 교실 안에서 북을 활용하라 304
76 학생 탓을 하지 마라 306
77 무대 위에 올라서라 308
78 재미있어야 한다 310

04 교실 밖에서도 이어지는 교육

79 학부모를 과외교사로 만들어라 316
80 학부모와 강력한 유대관계를 구축하라 318
81 어려운 질문을 던져라 321
82 학부모, 교사, 지역주민이 함께하는 자리를 마련하라 325
83 아이들의 미움을 두려워하지 마라 329

84 최고의 교사를 임용하라 331
85 임용 전에 시범수업을 참관하라 333
86 학교와 가정의 역사와 상징을 가르쳐라 337
87 항상 정확히 설명해야 한다 340
88 사소한 일들이 큰 차이를 만든다 342
89 삶의 교훈을 제시하라 347
90 갈 길이 먼 학생들에게 힘을 줘라 349
91 교사에게 교실을 꾸밀 자유를 허락하라 351
92 학생들을 돋보이게 하라 355
93 질투심을 버려라 359
94 아이가 겪는 모든 일을 알 수는 없다 361
95 아이들을 세계시민으로 키워라 363
96 큰 꿈에는 큰 비용이 든다 367
97 지역사회와 강력한 관계망을 구축하라 372
98 후원자를 확보하고 유지하라 374
99 손으로 쓴 감사 편지를 보내라 378
100 조언이 필요하면 돈을, 돈이 필요하면 조언을 구하라 379
101 특별한 이별을 준비하라 381

감사의 말 386
새로운 우리의 미래 388
론 클라크 아카데미 교사연수 390

교육혁명의 현장, 론 클라크 아카데미

　내가 교사가 될 줄은 몰랐다. 노스캐롤라이나의 작은 마을에서 자란 내게 희망을 담은 꿈이란 그저 먼지투성이 길을 벗어나 모험을 떠나는 것이었다. 이스트캐롤라이나 대학교에 다니면서 던킨도넛에서 일주일에 50시간씩 일해 겨우 600달러라는 터무니없는 돈을 모았다. 대학을 졸업하고 그 돈으로 영국 런던행 편도 비행기 표를 구입했다. 대학을 나오지 않은 부모님은 내가 좋은 직장을 구할 수 있는 기회를 날려버리고 쓸데없는 짓을 한다고 생각하셨지만 나는 마음이 시키는 대로 꿈꾸던 모험을 떠났다.
　런던 심장부에 있는 텍사스 엠버시 칸티나 식당에서 카우보이 복장으로 노래도 하고 손님들 시중도 들며 6개월을 보낸 뒤 모든 짐을 배낭에 우겨넣고 유럽 여행을 떠났다. 여러 나라를 거치는 동안 점점 더 현명해졌고 다양한 나라와 문화, 종교를 접하면서 나와 다른 사람들에게 크게 감사하는 마음을 품게 되었다. 그러던 여행이 루마니아에서 쥐를 먹고 지독한 식중독에 걸리면서 중단되었다. 자세히 설명하자면 너무 긴 이야기다.

노스캐롤라이나의 고향집으로 돌아온 나는 이틀 밤을 병실에서 보내야 했다. 어머니는 콧방귀를 뀌며 말했다.

"이제 그만 말도 안 되는 모험은 집어치우고 직장을 구해야지?"

하지만 나는 돈을 조금 더 모아 중국으로 가는 비행기 표를 구입할 생각이라고 말했다. 그때 어머니가 지역 초등학교의 5학년 담임선생님이 학기 중에 갑자기 돌아가시는 바람에 학생들이 크게 슬퍼하고 있고, 내가 그 자리를 메워주지 않는다면 아이들은 남은 시간을 임시교사와 함께 보내야 한다고 말했다. 나는 잠깐 아이들을 생각했다. 지금쯤 어린 아이들이 얼마나 큰 비탄에 빠져 있을까? 하지만 어머니를 바라보며 한 치의 망설임도 없이 이렇게 대답했다.

"중국에 갈래요."

어머니는 평소처럼 쉽게 단념하지 않았다. 최소한 그 학교의 교장선생님을 만나지 않는다면 평생 어떤 도움도 주지 않겠다고 단호하게 맞섰다. 아, 엄마들이란!

S.W.스노우덴 초등학교를 찾아갔을 때 교장선생님은 다루기 힘든 아이들을 맡겠다고 나서주어 정말 고맙다고 반색을 했다.

"당신이 그 일에 적임자예요."

"아닙니다. 저는 아니에요."

내 대답에 교장선생님은 충격을 받은 것 같았다. 그는 얼른 정신을 차리고 물었다.

"그럼, 여긴 왜 오셨습니까?"

내가 할 수 있는 대답은 '엄마가 가보라 해서요.' 정도였다. 교장선생님은 최소한 아이들 얼굴만이라도 보고 가라고 권했다. 그와 나란히 복도를 걸어가는데 한 학생이 무슨 규칙을 어겼는지 복도 한가운데 있는 쓰레기통 속에 서 있었다. 문제의 그 학급을 들여다보니 학생들이 아무렇게나 종이를 집어던지고 있었다. 임시교사는 허둥대고 있었고 가발이 한쪽으로 기울어져 있었다. 위기 상황이었다.

한 남자아이가 나를 올려다보며 물었다.

"새로 온 선생님이에요?"

눈이 휘둥레진 채 나는 이렇게 말하고 있었다.

"그런 것 같구나."

지금껏 후회 없는 삶을 살려고 노력해왔다. 인생이 얼마나 짧은지 잘 알기에 마음속에 떠오르는 감정은 그대로 인정하고 지지하는 편이다. 늙어 지난날을 돌이켜보았을 때 그렇게 살지 말 걸 후회하고 싶지 않다. 무슨 일이든 하고 싶은 마음이 든다면 어떻게든 하고 말 것이다. 그런데 그날 그 아이가 내게 새로 온 선생님이냐고 물었을 때 마음속에 떠오른 감정은 그 어느 때보다 강렬했다.

다음 날 아침 나는 그 교실로 곧장 걸어 들어갔고 단박에 가르치는 일을 사랑하게 되었다. 당시 나는 교사와 학부모가 아이들과 함께하며 스스로를 믿도록 격려해주고 정말 뛰어난 수준으로 끌어올려주는 것은 기적과 다름없다고 생각했다. 나는 삶의 소명을 발견했고 황량하게 버려진 그 학급에 영혼과 열정을 오롯이 쏟아부었다.

성공의 경험을 늘려가며 5년째 노스캐롤라이나에서 일하던 중 텔레비전에서 폭력문제와 과밀학급, 저조한 성적 등으로 고전하고 있는 할렘의 학교를 보게 되었다. 또다시 뭔가가 내 마음을 뉴욕으로 이끌었고 곧 이스트할렘에서 교사생활을 시작하였다. 당시 내가 맞닥뜨린 거대한 도전과 성공 이야기는 매튜 페리가 주연을 맡은 〈론 클락 스토리The Ron Clark Story〉라는 영화에 고스란히 담겨 있다. 얼마 후 '올해의 교사상'을 받았고, 2001년에는 〈오프라 윈프리 쇼The Oprah Winfrey Show〉에 출연하는 영광을 누렸다. 광고가 나가는 도중에 오프라가 구두를 벗어던지며 내게 "지금껏 아이들을 격려하며 해왔던 모든 일을 책으로 써봐요"라고 속삭였던 게 생각난다.

나는 곧바로 《아이를 위대한 사람으로 만드는 55가지 원칙The Essential 55》을 쓰기 시작했다. 존경심과 예의범절, 학업적인 성공에 관해 학생들에게 거는 55가지 기대치를 담은 책이다. 이 책이 아마존 판매순위 14만 등을 기록했을 때 나는 오프라 윈프리에게 책을 보냈다. 오프라가 자신의 쇼에 책을 들고 나와 가슴 가까이 끌어당기며 "미국인들이여! 당장 이 책을 구입하기 바랍니다!"라고 외쳤을 때는 온몸에 소름이 돋았다.

〈오프라 윈프리 쇼〉가 방송되고 한 시간 후 《아이를 위대한 사람으로 만드는 55가지 원칙》은 국내 도서판매 순위에서 2위를 기록했다. 그것도 《해리 포터Harry Potter》 바로 다음이었다!

그때 나는 책의 판매수익금으로 몇 년 동안 가슴에 품어왔던 꿈을 실현시키리라 직감했다. 그 어디에서도 볼 수 없는 학교를 짓는 게 바로 그 꿈이었다. 혁신으로 가득한 학교, 누구도 시도해보지 못한 방식으로 아이들을 가르치는 열정적인 교사들이 꾸려가는 학교 말이다. 처음에는 할렘에 학교를 세울 생각이었지만 곧 중학교 부문에서 '올해의 교사상'을 수상한 킴 비어든이 공동 설립자로 참여했다. 마침 킴의 가족이 조지아 주에 살고 있었기 때문에 애틀랜타에 학교를 짓는다면 곧장 달려올 수 있다고 했다.

나는 새 학교를 어디에 세워도 상관없을 만큼 킴의 총명함이 탐났고 결국 책의 판매수익금을 모두 쏟아부어 애틀랜타의 100년 된 공장 건물을 매입했다. 버려진 건물에 늘 마약거래꾼과 매춘부들이 득실거렸지만 나는 쓰레기 한복판에서 거대한 잠재력을 엿보았고 바로 여기에 우리 학교가 들어서리라고 확신했다.

나는 이사단을 데리고 공장 건물을 보러 갔다. 하지만 다소 과장이 섞인 나의 부추김에도 이사단은 자동차에서 내리자마자 곧바로 그만 돌아가자고 난색을 표했다. 이곳이 RCA의 적임지라고 설득하기는 결코 쉽지 않았지만 결국 이사단의 동의를 얻어냈다.

학교 부지 주변에 사는 마약을 하는 사람들은 제정신이 아니면서 동시에 엄청나게 부지런했다. 열아홉 번의 무단침입을 당하고 나자 자리가 좋지 않다는 모두의 말이 맞는 것만 같았다. 그러나 공장 건물을 포기하지 못하고 직접 지역주민들을 만나 우리 RCA의 설립취지를 지지해달라고 부탁했다. 인근의 모든 가정을 직접 찾아갔고 교회를

론 클라크 아카데미의 어제와 오늘.

방문했으며 시민모임에 참석하고 지역상점을 찾아다니며 내 소개를 했다. 가는 세로줄 무늬 양복을 갖춰 입고 머리에 젤을 발라 빗어 넘긴 모습으로 집집마다 찾아다니면서 모르몬교도냐는 질문도 여러 차례 받았다. 그럴 때마다 나는 모르몬교도는 아니지만 '전도' 중인 것은 맞다고 설명했다. 다시 말해 혁신과 창조성, 최고의 교사들로 가득한 세계 최고의 학교를 만들고 싶고 밑바닥에서부터 시작해 세계 곳곳의 교사와 학부모, 학생들에게 영향을 미칠 수 있는 혁명을 일구고자 하며, 여러 나라의 교육자들을 직접 초대해 우리 RCA의 교육방법을 전수하고자 하는 내 뜻을 '전도'했다.

이 방법은 효과가 있었다. 지역주민들은 나의 진심을 알아주었고 곧 RCA에 지원의 손길을 보내왔다. 우리가 개최하는 행사마다 참석해주었고 공사현장에서 잡석을 날라주었으며 인근의 휴지 줍기에도 함께 해주었다. 심지어 매춘부들에게도 도움을 요청했다.

마침내 책 판매수익금이 바닥나자 RCA를 완성하기 위해 도움을 요청할 곳은 지역사회밖에 없었다. 서서히 소규모 사업체와 후원자들이 도움을 약속해주었다. 여기서 문 하나를 달아주면 저기서 창문 하나를 달아주는 식이었다. 시간과 인내심, 그리고 모두의 도움으로 마침내 버려진 공장 건물은 번듯한 이층 건물로 변신했다. 독특하고 다채로운 복도에 그 양편으로는 세계에서 가장 독창적인 교실들이 나란히 늘어서 있었다. RCA는 진정한 의미에서 지역사회가 함께 지은 학교이자 오래전부터 마음속에 그려왔던 혁명의 심장부가 되었다.

처음 RCA에 입학한 학생들은, 이론적으로 말하면, 표준 이하 수준이었다. 학업성취도에서는 3분의 1 정도는 한 번도 좋은 성적을 받아본 적이 없었고, 3분의 1은 평균 수준이었으며, 나머지는 전 학교에서도 성적이 좋은 편이었다. 그리고 학급구성에서는 규율의 문제가 있는 학생, 가정 내 문제를 겪고 있는 학생, 양쪽 부모로부터 헌신적인 지지를 받고 있는 학생이 골고루 있었다. 우리는 우리의 교육방법이 모든 유형의 학생들에게 효과적일 수 있다는 걸 보여주기 위해서라도 학급마다 다양하게 구성하는 것을 원칙으로 했다. 그나마 우리 학생들을 규정짓는 가장 보편적인 특징이라면 약 85퍼센트가 공립학교에서 무료나 할인된 비용으로 점심식사를 제공받을 수 있는 계층이라는 점이었다. 나머지 15퍼센트는 학비를 전액 감당할 수 있는 가정과 학비의 상당 부분을 낼 수 있는 가정이 소수로 섞여 있었다. 토론시간에 다른 견해를 보이는 학생들은 바로 이런 가정 출신인 경우가 많다.

종합해보면 개교 첫해 RCA의 학생들은 대체로 모든 과목의 성적이 전국 평균보다 낮았고 자신감과 동기도 부족했으며, 조지아 주 밖으

론 클라크 아카데미의 첫 졸업식 사진은 학교 들목에 걸려 있다. 이 사진은 경이로운 그날 밤과 우리 모두가 우리 학생들의 삶에 미친 심오한 영향을 상기시킨다.

로 여행을 가본 경험도 거의 없었다. 그러나 몇 년 뒤 5학년에서 8학년까지 구성된 RCA에서 처음으로 졸업생이 배출되었을 때 이들이 받은 장학금은 100만 달러에 육박했고 모든 과목에서 대다수가 90점 이상의 점수를 받아 두 자릿수 성장을 이뤘다. 졸업식 날 저녁 우리는 그동안의 성취를 돌이켜보았다. 졸업생들은 그동안 일곱 개 대륙 가운데 여섯 곳을 방문했고 정치와 시사에 관한 지식으로 세계인의 이목을 끌었으며 세계 곳곳의 교육기관에 모범적인 본보기를 이식하는 데 기여했다.

첫 졸업식은 당연히 가슴 벅찬 격정의 순간이었다. 나는 가능한 한 완벽하고도 경이로운 경험을 선사하고 싶었다. 결국 오프라 윈프리를 초대해 이제 고등학생이 되는 졸업생들을 위한 현명한 조언을 부탁해

론 클라크와 오프라의 인연은 2001년 〈오프라 윈프리 쇼〉를 통해 이루어졌으며, 오프라는 자신의 자선단체 '오프라 에인절 네트워크'를 통해 2009년 RCA에 150만 달러를 희사했다.

보기로 했다. 하지만 오프라 측에서는 참석이 불가능할 거라고 알려왔고, 그 문제는 그냥 잊어버리기로 했다. 그런데 졸업식을 2주일 앞둔 어느 날 밤 2시에 돌연 마지막 한 방을 날려보자는 생각이 들었다. 나는 곧장 오프라 윈프리에게 직접 졸업식 참석을 고려해달라는 메일을 보냈다. 그날 뉴욕에서 회의가 있어 참석이 불가능하다는 말을 이미 직원들에게 들어 알고 있지만 그래도 다시 한 번 생각해주면 고맙겠다는 내용이었다. 2시 4분에 답장이 왔다.

"졸업식이 몇 시죠?"

나는 속옷 바람으로 집 안 여기저기를 뛰어다녔다. 소파를 오르락내리락하며 껑충껑충 뛰다가 곧 자세한 답장을 보냈다. 2시 59분, 오프라 윈프리는 참석이 불가능할 것 같기는 하지만 갈 수 있을 경우 졸업식장에 보안요원들을 보낼 거라고 알려왔다. 즉 참석 여부는 마지막 순간까지 확실하지 않다는 내용이었다.

나는 누구에게도 오프라 이야기를 하지 않았다. 그런데 졸업식이 시작되기 10분 전에 보안요원이 나타났다. 그는 오프라 윈프리가 올 확률은 매우 낮지만 만에 하나 올 경우 강당 뒤쪽에 붉은색 등이 켜질 것이라며 그때 관중에게 오프라를 소개하라고 일러주었다.

저녁 7시, 졸업식이 시작되었다. 그리고 7시 7분에 강당 뒤에 붉은색 등이 켜졌다. 저게 뭐지? 실수로 켜진 걸까? 말도 안 돼. 겉으로는 침착한 척했지만 가슴은 마구 요동치고 있었다. 무대 위에는 졸업생 한 명이 1,000명의 관중 앞에 서서 학교가 자신의 삶에 끼친 영향에 대해 매우 감동적인 연설을 하고 있었다. 졸업생이 연설을 마치고 자리로 돌아가기 무섭게 내가 무대 위로 올라갔다.

"여러분도 아시다시피 오프라 윈프리 여사는 우리 RCA의 설립 초기부터 지금껏 우리 학교를 지원해주고 계십니다. 우리 학교가 존속되고 있는 이유이기도 한 만큼 그분은 오늘 여러분에게 특별한 메시지를 전달해주길 바라셨습니다. 여러분 모두 살아가면서 언제나 꿈을 크게 꾸기를, 절대로 포기하지 않기를, 자신의 모습에 진실하기를, 항상 훌륭한 사람이 되기 위해 노력하기를 바라고 계십니다. 더불어 한 말씀을 덧붙이셨습니다. 바로 오늘, 이 자리에 직접 오셔서 여러분을 마주하고 들려줄 이야기가 있답니다. 자, 다 함께 오프라 윈프리 여사를 무대 위로 맞이합시다!"

그러나 아무도 나타나지 않았다. 나 혼자 무대 위에 서서 객석의 사람들이 머리를 잡아당기고 의자를 넘어 다니고 통로를 뛰어다니는 모습을 바라보고 있었다. '저 빨간색 등이 실수로 켜진 거라면 어떡하지?' 순간 별 생각이 다 들었다.

그때 돌연 커다란 목소리가 들려왔다.

"아아알 씨이이 에에에이(RCA)!"

그리고 오프라 윈프리가 무대 위로 걸어 나왔다. 객석은 한마디로 난리가 났다. 오프라가 나를 끌어안으며 말했다.

"론, 정말 감쪽같은 연설이었어요. 나조차 내가 이 자리에 와 있는지 의심이 갈 정도였다니까요."

이어 오프라는 졸업생들에게 눈이 부실 정도로 휘황찬란한 미래가 기다리고 있다고 말했다. 또 학부모들에게는 '미국 최고의 학교'에 자녀를 보낼 정도의 식견을 갖추었다고 칭찬했다.

연설을 마치고 나서도 오프라는 두 시간 동안 졸업생들과 나란히 앉아 졸업식 전 과정을 지켜보았다. 눈물과 기쁨의 함성과 공연, 연설로 건물이 무너질 것만 같았다. 누구도 예상하지 못했던 곳으로 학생들을 데려다준 마법 같은 3년의 시간이 완벽하게 마무리되고 있었다. 내 생애 가장 아름다운 밤이었다.

지난 3년 동안 론 클라크 아카데미는 'RCA 방식'을 배우기 위해 전 세계에서 찾아온 1만여 명의 교육자들(국내 45개 주와 해외 35개 국가)을 맞았다. 방문객들은 우리 교실에서 수상受賞교사들의 주옥같은 수업을 직접 참관했고 워크숍에 참여했으며 '미끄럼틀 자격증'을 받았다. 우리 RCA 건물의 한가운데에는 거대하고도 멋진 파란색 튜브 미끄럼틀이 있다. 방문객이 미끄럼틀을 통과해 일층 바닥에 도착하면 우리는 '미끄럼틀 자격증'이라고 쓰여 있는 스티커를 수여한다. 전 세계 교사들이 이 스티커를 받고 싶어 우리 학교에 온다. 스티커는 교육혁명의 현장에 다녀왔다는 확고한 징표다. 미끄럼틀은 우리의 임무를 온몸으로 외친다.

"달라져라. 대담해져라. 남들이 하던 대로 똑같이 하지 마라. 남들처럼 계단으로 가지 말고 미끄럼틀을 타라! 거침없이 달려가 두려움 없이 살라!"

이 책을 펼치는 순간 여러분도 아이들을 사랑하고 가르치고 힘을 북돋아줄 수 있는 최선의 방법을 찾아가는 우리의 여정에 동참하게 될 것이다. 물론 RCA의 모든 기법이 언제 어디서나 들어맞지는 않을 수도 있으며 각자 최적의 기법을 찾아낼 것을 권장한다.

이 책은 마법과 성공, 상실과 실수, 승리의 경험을 공유하고자 하는 소박한 의도에서 탄생했다. 그게 바로 론 클라크 아카데미다. 우리는 적절한 환경이 주어지면 모든 아이들이 성공을 거둘 수 있다고 굳게 믿으며, 우리 RCA에서 실천하고 있는 101가지 원칙이 사랑하는 아이들을 가르치고 격려하고 힘을 주고자 하는 여러분들에게 길잡이가 되기를 바란다.

THE END OF MOLASSES CLASSES

THE END OF MOLASSES CLASSES

/ 1 /

론 클라크 아카데미의
원칙과 가치관

나는 자기 분야에서 최고를 달리는 역동적인 교사들과 함께 일한다. 지난 몇 년간 우리는 모두를 가족처럼 묶어주는 원칙과 이상, 가치관을 세워왔다. 이것들은 교사이자 학부모이자 멘토로서 우리가 아이들의 성공을 위해 기울였던 모든 노력에서도 가장 중요하고 본질적인 내용이다.

절대로 꿈을 버리지 말라고 가르쳐라

1

　아이들이 큰 꿈을 갖도록 격려하고 아이들에게 그 실현에 대한 믿음을 보여주는 것이야말로 우리 어른들이 마땅히 해야 할 일이다. 나는 학생들이 대통령이 되고 싶다고 말할 때가 좋다. 그중 누군가가 정말 대통령이 된 모습을 상상하기도 한다. 그것이 내가 RCA의 동료 교사들에게 바라는 자기 학급을 대하는 방법이다. 그들이 장래 자유세계의 지도자를 키우고 있음을 깨달았으면 좋겠다. 어떤 아이가 그 위치에 올라설지 확신할 수 없으므로 한층 더 최선을 다해야 한다고 당부한다.

　물론 대통령이 될지 확실성은 없지만 그런 거야 별로 중요하지 않다. 진정 중요한 것은 우리가 아이들의 가능성을 보는 데 있다. 일단 우리가 아이들의 가능성을 알아주면 아이들도 자기가 품고 있는 가능성을 보기 시작할 것이다. 교사가 수업에 들어가 아이들을 문제아나 학습장애아로만 '본다'면 그 교사는 분명 고단할 것이다. 그러나 법률가, 최고경영자, 예술가, 대통령으로 '본다'면 성공에 대한 기대감을 품고 자신을 보다 높이 평가하려는 아이들로 학급을 꾸린 것이 된다.

　어떤 학생이 프로 운동선수가 되고 싶다고 하면 나는 일단 고개를 끄덕인다. 아무리 얼토당토않은 목표라도 누군가의 꿈을 꺾어버리는 사람이 되고 싶지는 않으니까. 그리고 교육을 받으면 앞으로 어떤 일을 하든지 더욱 즐길 수 있게 될 거라고 일러준다. 그다음엔 대학에 가면 어떤 전공을 선택하고 싶은지 묻고 그쪽으로 대화를 끌고 간다.

뉴욕에서 가르쳤던 시타라는 학생이 생각난다. 시타는 그 나이 때의 나처럼 체구가 작고 말라깽이였다. 목표가 뭐냐고 물었을 때 시타는 농구 장학생으로 대학에 가고 싶다고 말했다. 좋아, 그런데 이 아이는 2킬로그램짜리 감자 자루도 못 들 정도로 약해 보이는군. 나는 이렇게 말할 수밖에 없었다.

"시타, 네가 목표를 갖고 있다니 몹시 기쁘구나. 선생님은 널 믿는다. 정말로 원하는 일이라면 절대로 포기하지 마."

시타는 정말로 농구를 잘한다고 장담했고 나는 방과 후에 시타를 데리고 나가 농구를 시켜보았다. 이런! 시타는 하늘을 찌를 자신감으로 공을 쏘았지만 백보드 너머로 날아가버렸다. 형편없었다. 하지만 나는 집중해서 다시 한 번 해보라고 말했다. 시타의 얼굴은 여전히 자신감이 넘쳐흘렀다. 내가 목표란 스스로 그 목표를 향해 열심히 노력할 때 의미 있는 거라고 일러주자 시타는 "알겠습니다. 선생님!"이라고 대답했다. 이번에는 공이 담장을 넘어 날아갔다.

나는 시타와 계속 연락하고 지냈고, 몇 년이 흘러 시타가 고등학교 농구팀에 지원할 거라고 알려왔다. 그는 몹시 흥분한 목소리로 자기가 뛰는 걸 보러 올 수 있냐고 물었다. 나는 정말 대견하다며 무슨 일이 있어도 갈 테니 일정이 잡히는 대로 곧장 연락을 달라고 말했다. 그러나 다음 주에도 전화는 오지 않았다. 내 쪽에서 연락을 하자 시타는 들리지도 않을 만큼 조그만 목소리로 말했다.

"잘 안 됐어요, 클라크 선생님."

마음을 저미는 듯했다. 하지만 너무 신경 쓰지 말라고, 심지어 마이클 조던도 고등학교 1학년 때 농구팀에 들어가지 못했다고 위로했다. 그리고 절대 포기하지 말고 꾸준히 노력하라고 다시 한 번 말해주었다. 농구가 재미있는 걸 알았고 그만큼 기쁨도 얻었으니 연습도 분명히 즐거울 거라는 내 말에 동의하며 시타는 노력을 약속했다.

2년 뒤 시타가 전화를 걸어와 매주 경기를 할 수 있는 농구 동호회에 들어갔다고 말했다. 비록 학교 농구팀은 아니지만 적어도 경기를 뛸 수 있으니 한번 보러 오라고 했다. 나는 당장 가겠다고 대답했고, 도착하고서야 레크리에이션 센터 끝자락에 있는 조그만 코트에서 열리는 경기라는 걸 알았다. 관람석도 없었고, 관중은 내가 유일했다. 나를 본 시타는 미친 듯이 기뻐했다. 정말로 올 거라고는 전혀 생각하지 않았는지 조금 놀란 것 같기도 했다.

"정말로 오셨네요, 클라크 선생님!"

나 역시 그를 보고 충격을 받았다. 손을 뻗으면 날아가는 거위 떼를 잡을 수 있을 만큼 키가 훌쩍 자라고 약간이나마 살집도 붙어 있었다. 나는 얼른 경기를 보고 싶은 마음에 코트 가장자리에 자리를 잡았다.

시타는 정말로 열정적이었다. 얼마나 열심히 뛰었는지 5분 만에 파울을 다섯 차례나 범하고 첫 쿼터에서 퇴장을 당했다.

"죄송해요, 클라크 선생님. 제가 너무 열심히 했나 봐요."

"시타, 계속 그렇게 해. 아까 그 5분 동안 선생님은 정말로 즐거웠어. 네가 얼마나 열심이었는지 그 모습을 평생 잊지 못할 거야. 매사에 노력을 기울여야 한다는 교훈을 깨우쳐준 소중한 5분이었어."

나와 시타는 그 후로 다시는 농구 이야기를 하지 않았다. 어느 날 밤 늦은 시간에 그가 전화를 걸어올 때까지. 시타는 고등학교를 졸업하고 지역 전문대학에서 강의를 듣고 있었다. 게다가 지역 농구리그에서 선수로 뛰며 여전히 농구장학생이라는 희망의 끈을 놓지 않고 있었다. 그때 시타는 스물세 살이었다.

"클라크 선생님, 절 믿으니까 절대로 포기하지 말라고 말씀해주셨던 걸 기억하세요? 다들 저더러 미쳤다고 했어요. 하지만 선생님만은 절 믿어주셨죠. 그걸로 충분했어요. 정말로 저는 끝까지 포기하지 않았죠. 이번 가을학기부터 대학 농구팀에 들어가 전액 농구 장학금을 받는 내용의 서류에 방금 사인을 하고 왔어요."

나는 목이 메었다.

"제 경기, 보러 오시겠어요?"

"물론이지, 시타. 꼭 가고말고. …… 그런데 시험경기는 치렀니?"

다행히 시험경기를 치렀고, 그사이 시타의 실력은 극적으로 향상되어 있었다. 꿈을 버리지 않은 덕분에 그는 농구 장학생이 되어 대학에 가겠다는 목표를 거머쥘 수 있었던 것이다.

상상해보라. 모든 아이들이 꿈을 외면하지 않는다면, 꿈을 끝까지 포기하지 않는다면, 무엇보다 우리가 항상 아이들을 믿고 있으며 그것을 그들이 알도록 한다면, 우리가 아이들의 내면에 깃들어 있는 엄청난 가능성을 찾아준다면, 그래서 아이들 스스로도 그것을 볼 수 있게 된다면 어떨까?

뉴욕과 노스캐롤라이나에서 만났던 옛 제자들이 큰 목표를 달성했다는 게 정말이지 자랑스럽다. 나는 제자들의 졸업식에 참석하기 위해, 또 지금 제자들에게 참된 역할모델을 보여주기 위해 대학에 가곤 한다. 그러면 거의 언제나 옛 제자들이 가이드가 되어서 지금 제자들에게 대학 이곳저곳을 보여주며 대학생활을 소개해준다. 그러나 옛 제자들과 관련해서 무엇보다 중요한 사실은 다들 타인의 삶에 변화를 가져올 수 있는 전공과 직업을 선택했다는 점이다.

알리즈 빌은 할렘의 5학년 '열등반'에서 만난 제자였다. 같은 반 친구들과 남아프리카공화국으로 여행을 다녀온 뒤 그녀는 국내뿐만 아니라 전 세계를 다니며 다른 사람들의 삶을 향상시키는 일을 하고 싶다고 생각했고, 결국 국제정치를 전공하고 싶다는 뜻을 내비쳤다. 성공을 확신할 수는 없었지만 일단 나는 알리즈에게 정말 멋질 거라고, 우리 사회에는 중요한 결정을 맡아줄 너 같은 사람이 필요하다고 말했다.

알리즈가 고등학교에 진학한 다음이었다. 그녀는 전화를 걸어와 남아프리카공화국으로의 여행이 여전히 마음속에 큰 자리를 차지하고 있으며, 고등학교 친구들과도 가보고 싶은데 학교 측에서 후원해주지 않는다고 내게 털어놓았다. 나는 이런 말을 해주었다.

"네가 직접 나서보는 게 어떨까? 친구들을 이끌 방법을 찾아보렴. 할 수 있을 거야."

한 달 후 알리즈의 학교에서 안내장을 보내왔다. 학생들이 모기장을 전달하기 위해 아프리카에 가려는데 필요한 기금을 모으고 있다는 내용이었다. 안내장 맨 위 오른쪽 귀퉁이에는 '여행기획담당: 알리즈 빌'이라고 쓰여 있었다. 몇 달 후 알리즈는 정말로 친구들과 함께 아프리카로 갔고, 이후 그들의 삶은 영원히 바뀌었다.

RCA 학생들을 데리고 워싱턴 D.C.에 갔을 때 알리즈가 자신이 다니는 하워드 대학교를 안내해주었다. 전공은 국제관계이고 현재 전액 장학금을 받으며 대학을 다니고 있다. 최근 알리즈의 페이스북 페이지를 보았는데 활짝 웃는 얼굴로 바이든 부통령과 나란히 서 있는 사진이 올라와 있었다. 나는 곧장 전화를 걸었고 알리즈가 백악관 인턴으로 근무 중이라는 소식을 들었다. 알리즈에겐 탄탄대로가 열려 있다. 내가 가르친 많은 아이들이 알리즈와 같다. 가능성은 존재한다. 아이들에게서 그것을 보고, 격려하며, 또 아이들에게 그들의 꿈을 굳게 믿고 있다는 사실을 알려주어야 할 책임이 우리에게 있다.

모두가 쿠키를 먹을 수 있는 것은 아니다

2

지난해 우리 학교에 5학년으로 새로 들어온 학생 하나가 정말로 힘들어했다. RCA에 들어와 모든 과목의 성적이 평균 이하였고 몇몇 과목에는 낙제를 했다. 하지만 상담 자리에서 아이 엄마는 아들을 두둔하기에 급급했다.

"다른 학교에서는 모든 과목이 A였어요."

내가 믿을 수 없다는 표정을 짓자 그 엄마는 예전 학교 선생님이 그만큼 훌륭했기 때문이지 않겠냐며 항변했다. 맙소사! 흔히 학생의 성적이 좋으면 교사가 잘 가르쳤기 때문이라고 오해한다. 그러나 부모와 행정당국과 지역사회 모두 좋은 성적이 학업상의 높은 성취를 의미한다고 착각해서는 안 된다. 사실 교사들은 학부모나 행정당국과의 마찰, 갈등을 피하기 위해 좋은 성적을 주기도 한다. 솔직하게 평가했다가 행정당국의 조사를 받고 학부모의 분노를 사느니 차라리 좋은 성적을 주는 게 더 편할 때가 있기 때문이다.

학급의 모든 학생에게 우등상을 주는 현장을 수도 없이 목격했다. 학부모는 환호를 보내고 사진을 찍으며 자랑스러워한다. 대다수 부모들이 아이들이 고생스럽지만 훌륭한 교육을 받고 C를 받는 것보다 그저 그런 수준의 교육을 받으며 A학점과 칭찬을 받는 쪽을 선호할까 봐 두렵다.

매년 초 나는 5학년들에게 과제를 낸다. 책 한 권을 읽고 등장인물 한 명을 선택해 그가 마음속에 품고 있었던 게 무엇인가(가장 사랑했던 것), 눈으로는 무엇을 바라보고 있었는가(세계관), 뼛속까지 깊이 박혀 있었던 게 무엇인가(신념) 등을 자세히 살펴보고 보고서를 작성하게 한다. 독창적으로 방법을 새롭게 하여 등장인물의 몸에 생명력을 불어넣어 보여달라고 한다.

대부분의 학생들은 삼단으로 접은 커다란 종이에 주인공의 몸을 그리고 가슴, 눈, 뼈, 발 등에 꼬리표를 달아 자신의 생각을 적는다. 가끔 반짝이는 펜을 사용하거나 화려한 색으로 장식하는 학생도 있다. 높은 성적을 받으리라 기대하면서. 그러나 나는 14점, 20점, 42점의 점수를 주거나 낙제를 시키기도 한다. 그럴 때면 부모들과 학생들은 언짢아하며 점수에 대한 설명을 요구한다.

나는 항의하는 이들에게 일단 나를 믿어달라고 하고, 만약 그 정도 숙제에 간단히 높은 점수를 준다면 학생들은 다음 과제에서 더 높은 점수를 받기 위해 노력하지 않을 거라고 설명한다. 어떤 교사들은 이렇게 말하기도 한다.

"클라크 선생님, 그 아이의 가정형편을 잘 아시잖아요. 그 애는 혼자서 그 숙제를 다 해냈다고요."

그러면 나는 재빨리 바깥세상은 아이들의 가정형편을 양해하지 않을 것이고 우리 역시 그렇게 해서는 안 된다고 말한다. 만약 우리가 나서서 변명을 받아주고 감안한다면 아이들에게 자신의 수행 정도를 형편에 빗대 변명해도 좋다는 메시지만 심어주는 셈이다. 그래서는 안 된다. 우리는 모든 아이들에게 높은 수준에 대한 책임을 요구해야 하며 그 수준으로 끌어올리기 위해 최선을 다해야 한다.

한 5학년 학생의 첫 과제물에 낙제점수를 준 적이 있다. 아이는 하염없이 울었다. 생활기록부를 살펴보니 그동안 다른 학교에서 A 이하의 성적을 받은 적이 단 한 번도 없었다. 아이 엄마도 충격에 빠졌다. 나는 낮은 성적을 받은 경험이 이후 삶의 귀중한 교훈이 될 거라고 설명했고, 그 학생뿐만 아니라 학급 전체에게 앞으로 더 좋은 성적을 받으려면 어떻게 하면 좋을지 힌트와 전략을 일러주었다. 본보기로 과거 높은 성적을 받은 과제물을 보여주기도 했다.

그 아이가 다음에 제출한 과제물을 보고 나는 아주 만족했다. 찰흙으로 빚은 뉴욕의 마천루들, 학습내용을 적은 대형 광고판, 또 실제 작동이 가능한 가로등까지 완벽하게 재현되어 있었다. 이전 숙제에 비해 훨씬 향상된 이 과제물에 나는 70점을 주었다.

마지막 과제물로 학생들은 세계의 특정 지역을 선택해 그곳의 역사를 50가지 이상의 사건으로 요약한 역사연대표를 만들어야 했다. 그 아이는 마지막 과제물을 쓰레기봉투에 싸 왔다. 봉투를 벗기자 이집트 기자Giza의 거대 피라미드를 그대로 재현해낸 120센티미터 높이의 피라미드가 자태를 드러냈다. 판지로 피라미드를 세우고 진짜처럼 보이려고 사포를 붙인 것 같았다. 나는 훌륭한 과제물인 건 틀림없지만 연대표가 없으므로 점수를 줄 수 없다고 말했다. 그러자 그 아이는 씩 웃으며 피라미드의 맨 꼭대기를 툭 건드렸다. 갑자기 피라미드의 삼면이 천천히 열리더니 내부가 드러났다. 피라미드 안쪽에 자세한 그림과 그래프, 150가지 역사적 사건이 일목요연하게 적힌 연대표가 새겨져 있었다. 심지어 손으로 조각한 이집트 유물도 있었다. 마치 거대한 파라오의 무덤 속에 들어가 있는 느낌이었다. 그 아이는 인터넷에서 방법을 찾아 미라를 직접 만들었다고 했다.

"클라크 선생님, 이걸 만드는 데 몇 주가 걸렸는지 몰라요. 정말 제대로 해내고 싶었거든요. A를 받고 싶었어요."

절묘하고 눈부셨다. 나는 자부심을 느끼며 아이를 향해 씩 웃었다.

"그래, 이 과제물은 A다."

만약 그 아이의 첫 과제물이 낙제점을 받지 않았다면 그런 피라미드는 탄생하지 못했을 것이다. 현재 그 아이는 RCA의 졸업을 앞두고 전국의 우수 고등학생들과 어깨를 나란히 할 준비가 되어 있다. 그 아이는 높은 기대치가 무엇인지 알고 있고, 힘겨운 노력의 가치를 이해하고 있으며, 목표를 성취하는 방법을 알고 있다. 우리가 단지 '노력'했다는 이유만으로 A와 B를 남발하며 교육을 둔화시킨다면 아이들은 현실세계에 뛰어들어 성공을 거머쥘 수 없다. 그 아이가 반짝이로 장식한 삼단종이 과제물로 만족했다면 명문 고등학교에 갈 수 없었을 것이다. 그러나 피라미드를 만들어내었기에 또래보다 높은 수준으로 성취하는 방법을 터득하였고 이제 어떤 고등학교라도 갈 수 있다.

나는 이따금씩 아이들을 위해 쿠키를 굽는다. 아이들에게 고조할머니가 돌아가시면서 내게만 몰래 전수해준 비법이라고 말한다(물론 과장이다). 열심히 노력한 아이는 쿠키를 받고 기뻐하지만 노력하지 않은 아이는 받지 못한다. 부모들은 가끔 전화를 걸어 항의한다.

"클라크 선생님, 우리 애만 쏙 빼고 쿠키를 나눠주셨다면서요? 왜 우리 아이만 따돌리시는 거죠?"

왜 모든 아이들이 쿠키를 받아야 하는가? 부모들은 내가 아이의 자존심에 상처를 낸다고 주장한다. 언제부터 아이들의 자존심에 신경을 쓰느라 수행 정도와 능력을 현실적으로 평가할 수 없는 지경에 이르렀단 말인가? 자격 없는 아이에게 '쿠키'를 준다면 보상을 받기 위해

군이 노력할 필요가 없다고 말하는 것이나 다름없다. 그래서 20대가 넘어서도 여전히 노력이라는 게 뭔지 전혀 모르는 젊은이들이 차고 넘치는 것이다. 그들은 아직까지도 부모에게 기대어 산다.

쿠키를 받지 못한 학생들에게 나는 다음 주에 또 쿠키를 구울 예정이고 그때까지 잘 지켜보았다가 정말로 열심히 노력한 학생에게만 쿠키를 주겠다고 말한다. 놀랍게도, 나이에 상관없이 아이들은 쿠키를 받기 위해 애쓴다. 그리고 쿠키를 획득했을 때 그것은 대단한 일이 된다. 얼굴에는 자랑스러움이 묻어나고, 반만 먹고 나머지 반은 나중을 위해 아껴두는 아이도 있다. 지금껏 먹어본 어떤 쿠키보다 맛있다고 말하기도 한다. 아이들은 열심히 노력하면 보상이 따른다는 교훈을 자연스레 얻는다. 학부모나 교사가 이유 없이 보상을 줄 때 아이들은 진정한 노력의 가치를 배울 수 없다. 자격 없는 칭찬은 오히려 더 많은 실패를 안겨주는 셈이 된다.

학생들에게 거는 기대치를 높이고 싶지만 과제물에 낙제점을 주어 학부모와 행정당국의 분노를 살까 봐 걱정이 된다면 살짝 돌아가는 방법도 있다. 일단 숙제를 내줄 때는 학생들에게 미리 기대치를 분명히 보여주는 게 좋다. 어떤 과제물이 낙제점을 받고, 통과하며, 또 높은 점수를 받는지 자세히 설명하라. 행정당국과 그 정보를 공유하되 반드시 승인을 얻도록 한다. 그런 다음 학부모에게도 교사의 기대치에 대한 이해를 구하라. 기대치를 미리 알려야 나중에 점수에 대한 불평의 여지가 남지 않는다.

쿠키와 같은 보상을 줄 생각이라면, 학부모에게 보상을 받을 수 있는 행동과 그렇지 못한 행동을 미리 알려줘야 한다. 또 학생이 문제행동을 일으킨다면, 학부모에게 해결되어야 할 행동을 구체적으로 알려줘야 한다. 기대치를 분명히 밝혀두면 아이가 보상을 받지 못하거나 문제행동을 고치지 못했을 때 일어날 수 있는 부정적인 갈등과 마찰을 피할 수 있다.

많이 기대할수록 결과가 좋다

3

나는 기대치가 높을수록 결과가 좋아진다고 굳게 믿는 사람이다. 세계 곳곳을 여행하며 교육현장을 살펴보던 시절, 다른 나라 교육자들이 자기 학생들에게 거는 학업기대 수준에 혀를 내두르곤 했다. 세계경제에서 미국이 오늘날 차지하고 있는 위치에 도달하기 위해 다들 자국민의 교육에 힘쓰고 있는 거라고 생각한다. 그러나 미국의 50개 주를 돌아보는 동안에는 그런 모습을 본 적이 없다. 나는 여러 교실에서 단조로운 말투로 강의하는 교사들, 졸음을 참는 학생들, 너무도 쉬운 과제물들을 목격했다. 수업은 교과서의 틀에 갇혀 있었고, 감동도 생기도 열정도 없었다.

다른 나라에서 최고 수준의 것을 가르치고 높은 기대치로 어린 학생들을 밀어붙이는 동안, 우리는 중간 수준의 교육에 평범한 평가가 있을 뿐이었다. 현재 미국의 교육제도는 학생들 개개인의 요구에 맞게 설계되지 못했다. 대중을 가르치기 위한 희석된 방식, 뛰어난 기대치보다는 기본 수준에 집중하는 기법, 질보다는 양으로 승부하는 제도가 보편화되어 있다.

처음 교직생활을 시작했을 때 학급 내에 아이들의 수준차가 너무 심해서 가르치기 힘들다고 했더니 4학년 선생님 한 분이 망설임 없이 이렇게 대꾸했다.

"중간 수준에 맞춰요. 너무 어렵게 가르치면 성적이 낮은 아이들은 못 알아들으니까."

나는 그 선생님의 조언에 따라 평균 학생들에게 맞춰 수업을 진행했다. 그렇게 1~2주 정도가 지났을까. 똑똑한 아이들이 수업을 지루해하며 수업태도에서 문제를 일으키기 시작했다. 그래서 한 학부모와 면담을 하였고 이런 말을 들었다.

"우리 애가 문제를 일으키는 이유는 지루하기 때문이에요. 수업내용이 너무 쉬워요."

전국의 학부모들이 공감하리라 생각한다. 이 경우에는 단연코 옳은 말이었다. 성적이 낮은 아이들 때문에 성적이 높은 아이들이 희생하고 있었다. 나는 스스로 질문을 던졌다.

'왜 성적이 낮은 학생을 위해 재능 있는 학생을 희생시켜야 하지?'

지금처럼 우리 사회가 뒤처지는 학생이 없도록 하는 데 기금과 자원을 집중시킨다면 앞으로 20년 후 이 나라는 어떤 위치에 있을까?

다른 나라는 가장 영리한 아이들을 밀어주고 기대치를 점점 높이고 있는데, 우리는 힘들어하는 학생들의 요구를 충족시키는 데에만 관심을 집중시키고 있다.

이런 생각에 이르자 진심으로 괴로웠다. 모든 학생들을 충족시킬 수 있는 방법을 찾고 싶었다. 하지만 기량 수준이나 품성 수준이 다양한 30명 이상의 학생들이 한 교실에 모여 있다면 불가능하다. 결국 나는 성취도가 높은 학생들에게 맞춰 수업내용을 준비하기로 마음먹었다. 학급에서 가장 공부를 잘하는 아이를 뽑아 매일 도전과제를 주고 같은 반 아이들이 같은 수준을 달성할 수 있도록 책임을 주었다. 그러나 어려워진 학습내용에 흥미와 열의를 불러일으킬 방법을 찾아내지 못하면 대부분의 아이들은 낙제를 면하기 어려웠다. 모든 학생에게 최상의 성취도를 요구하려면 거기에 도달할 방법도 찾아내야 했다. 높은 수준만 제시하고 한발 물러나 "자, 여기까지 도달할 것!"이라고 명령할 수는 없는 법이다.

일례로, RCA에서 첫해에 내게 배정된 5~6학년 학급은 스탠포드 10(미국 전역의 공립, 사립학교에서 시행하는 성취도평가) 수학시험에서 전국 평균을 넘긴 학생이 39퍼센트에 지나지 않았다. 학급 내 대부분의 학생이 학년평균에도 못 미쳤음을 깨닫고 나는 이렇게 다짐했다.

'이 아이들에게 8학년 수학을 가르쳐야겠어.'

RCA 동료교사들에게 내 생각을 말했더니 다들 나를 말렸다. 하지만 나는 이렇게 대답했다.

"아니요. 기대가 높을수록 결과는 좋아집니다. 다들 지켜봐주세요.

아이들의 수학 실력을 8학년 수준으로 끌어올릴 거예요. 만에 하나 그 수준에 도달하지 못하더라도 아이들은 많은 것을 얻게 될 겁니다."

동료교사들은 효과가 없을 거라고 계속 만류했다. 너무 많은 교과과정을 건너뛴다는 이유에서였다. 그러나 나는 효과를 장담하며 고집을 꺾지 않았다.

그해 나는 8학년 수학을 가르치기 시작했다. 돌풍처럼 몰아치며 수업을 했고 학생들의 수준을 끌어올리겠다는 결의로 불타올랐다. 하지만 효과가 없었다. 그랬다. 나는 너무 많은 내용을 건너뛰었다. 학생들은 울었고 학부모들은 항의했으며 교실 안은 전반적으로 긍정적인 기운과 열정이 부족했다. 학생들은 외국어로 떠들고 있는 사람을 보듯 나를 보았다. 나는 다시 현재 수준에 맞게 기대치를 낮출 수도 있었다.

하지만 절대 목표를 낮추지 말라는 게 우리 RCA의 교육철학이다. 성공을 보장하기 위해 목표를 낮출 때 우리는 이를 '공허한 성공'이라고 부른다. 당장은 성공한 것 같지만 더 큰 기대치를 갖고 더 많은 것을 성취하기는 힘들어지는 것이다. 우리는 언제나 더 높은 목표를 품어야 한다. 그리고 깨닫고 보면 목표에 도달할 길은 항상 존재한다. 물론 평탄한 길은 아닐 것이고 생각보다 더 지난한 노력이 필요하겠지만, 더욱이 방법과 수단까지 바꾸어야 할지도 모르지만, 언제나 가능한 길은 존재한다.

그러한 철학을 다시 한 번 되새기고 난 뒤, 나는 8학년 수준의 수학이라는 목표를 유지하면서 아이들이 내 수업을 좋아하게 만들 방법을 찾기로 했다. 내가 늘 말하지만, 아이들이 수업을 즐긴다면 가르치는 내용까지 즐길 수 있다. 즐거운 수업을 위해 나는 아이들이 현재 가장 좋아하는 건 뭐든지 알려고 한다. 영화든 노래든 운동경기 팀이든 할 것 없이. 그리고 그 주제를 수업에 접목시키면 교실에 활기가 돈다.

당시 아이들이 좋아하는 노래는 리한나의 〈엄브렐라 Umbrella〉였다. 나는 연산순서에 관한 내용으로 가사를 바꿔보았다. 당시 배우고 있던 긴 방정식을 풀려면 반드시 알아야 할 내용이었다.

다 함께 풀어보자, 모두 다 함께
가장 먼저 괄호부터, 제발 똑바로
지수는 바로 옆에 나란히 붙여
동시에 곱하기와 나누기를 해
다음은 덧셈과 뺄셈 차례지
이제 나온다, 계산결과가
이게 바로 연산순서야
이게 바로 연산순서야
해보자, 해보자, 에이 플러스

이 노래를 소개했을 때, 아이들은 처음으로 의자에 바르게 앉아 관심을 갖고 열심히 나를 쳐다보았다. 아이들은 노래를 마음에 들어 했고 빨리 배우고 싶어 했으며 수학에 관한 다른 노래는 없냐고 묻기도 했다.

다음 날 수업이 시작되자마자 아이들은 곧바로 노래를 부르고 싶어 했다. 기회였다. 나는 수업 내내 집중하면 끝나기 직전에는 다 함께 노래를 부를 수 있다고 했다. 오, 얼마나 집중들을 잘하던지! 학급 전체가 바른 자세로 앉아 있는 동안 나는 노래 가사가 무슨 뜻인지 한 줄 한 줄 설명했다. 아이들은 일제히 "아하!"를 연발하며 고개를 끄덕였다. 수업 말미에 우리는 다 함께 노래를 불렀고 가락에 맞는 율동 뿐 아니라 나눗셈과 세제곱 등을 표현하는 손짓도 익혔다. 수업이 끝나자 아이들은 아쉬운 탄식을 내쉬며 조금만 더 하면 안 되냐고 묻기도 했다.

다음 날 아이들은 말 그대로 교실에 뛰어 들어왔다. 나는 역시 수업 시간 내내 바른 자세로 집중하면 말미에 다시 노래를 부를 수 있을 거라고 말했고, 아이들은 잘 따라주었다. 다음 날에도 똑같은 일이 벌어졌다. 이번에는 그냥 노래를 부르는 데 그치지 않았다. 아이들이 하나가 되어 멋진 안무까지 선보였다. 믿기지 않았다!

그 주 말에 RCA에 첫 방문객이 오기로 되어 있었다. 수학수업이 끝날 무렵 나는 교육자 손님들을 교실 앞쪽으로 불렀다. 곧 노래가 시작되었고 그들은 압도되어버렸다. 아이들은 빈틈없었고 즐거워했으며 수학에 대한 열정으로 가득 차 있었다. 가슴을 내밀고 당당히 노래했고 일부는 흥에 겨운 나머지 춤을 추기도 했다. 교육자 손님이 학생 한 명을 붙잡고 RCA에서 가장 좋아하는 게 뭐냐고 물었다.

"수학이요. 정말 재미있으면서 동시에 도전적이거든요."

그 아이는 다른 5학년 학생들과 비교했을 때 전국 하위 4퍼센트에 드는 아이였다. 그런 아이가 가장 좋아하는 수업이 수학이라니, 와우!

그해 내내 나는 수업을 재미있게 만들 방법들을 고안해냈다. 우리는 색분필을 가지고 나가 길바닥에 수학문제를 풀기도 했고, 영화 〈미션 임파서블Mission Impossible〉의 분위기를 끌어와 아주 어려운 문제를 60초 안에 푸는 '미션'을 수행하기도 했으며, 나는 축구 통계나 더 많은 노래 등을 수업에 도입했다. 열심히 하지 않는 학생에게 풍선과 매직을 줘서 60초 동안 풍선 위에 매직으로 문제를 풀게 하고 정답을 맞히면 풍선을 깔고 앉아 터뜨리게도 했다. 이와 같은 참신한 기법을 많이 고안해낸 결과 아이들은 활발하고 열정적으로 수준 높은 수업에 임했으며 늘 다음 수학시간에는 무슨 일이 벌어질까 하는 기대감을 가졌다.

그해 말 5학년과 6학년은 학년말평가를 치렀고, 스탠퍼드 10에서 5~6학년 모두 평균적인 10학년들이나 받을 법한 점수를 받았다. 학급 단위로 전국 86퍼센트 이상을 기록했고, 전체 백분위 점수에서 47점이 상승했다. 스탠퍼드 10에 대해 안다면 믿을 수 없는 기록이라는 것을 알 것이다. 한 학급의 백분위 점수가 그 정도로 높으려면 한 자릿수 점수를 받은 학생이 단 한 명도 없어야 한다. 즉 우수한 학생들은 거의 전부 99점을 기록했고(전국 학생들 가운데 이 아이들보다 점수가 높은 사람은 겨우 1퍼센트밖에 안 된다는 뜻이다) 처음 3점, 10점, 11점을 받았던 아이들이 65점, 77점, 80점을 받았다는 말이다. 학급 전체에 거는 기대치를 낮추기보다 오히려 최상위 수준으로 가르친 결과 아이들 모두가 크게 향상되었다. 학급 전체를 대상으로 목표를 정하는 게 타당하다는 말이다. 그동안 교직 경력을 돌이켜볼 때 내 제자들이 많은 성공을 거둘 수 있었던 주된 이유는 기대치를 낮추지 않고 최고 수준을 목표로 삼는 교육철학 덕분이었다. 아이들은 도전 자체를 좋아하며 긍정적인 격려 방식을 도입한다면 어려운 과제도 얼마든지 받아들일 준비가 되어 있다.

흔히 받는 질문 중에 하나는 학습장애로 특수교실에서 따로 수업을 받아야 하는 아이들에 대한 수업방식이다. 나는 그런 아이들이라면 오히려 일반적인 학급에서 공부하는 것이 더 큰 도움이 된다고 생각한다. 수업내용에 집중하고 노력하며 도전적인 문제라해도 한번 풀어보고자 나서는 또래와 함께 수업을 받을 때 학습장애가 있는 아이들도 더 많은 격려와 자극을 받을 수 있기 때문이다.

아이들은 누구나 자신이 '정상'이라고 느끼고 싶어 하며 급우들과 많은 시간을 떨어져 있으면 오히려 의욕을 잃기도 한다. 내 경험상 보통 학급에 남아 있는 학생들이 하루의 일정 시간을 따로 떨어져 보내는 학생들보다 더 큰 발전을 보여주었고 시험성적도 향상되었다. 그러나 특별한 경우로, 자폐나 학습지체의 문제를 안고 있는 학생들에겐 개인적인 수업이 더 낫다. 추산컨대, 미국에서 소규모 개별학급을 만들어 특수교육을 해야 하는 아이들은 20퍼센트 미만이며 나머지 80퍼센트는 보통 학급에서도 충분히 잘할 수 있다.

아이들은 높은 기대치를 걸 때 발전 가능성이 높다. 많은 것을 요구할수록 많은 것을 성취할 것이며, 거꾸로 기대치를 낮추면 미래를 위해 필요한 도구와 기술을 얻지 못할 것이다.

▶ 매튜 어머니로부터

제 아이가 RCA에 들어가 이토록 짧은 기간 안에 공부를 잘하게 될 줄은 꿈에도 몰랐습니다. 기준치를 올려 잡고 훌륭한 가르침을 꾸준히 받으면, 아이들이 어느새 목표 수준 이상에 도달할 거라는 말은 정말이었어요. 개학 전 클라크 선생님과 비어든 선생님께서는 RCA에서 수업을 받으려면 각오를 단단히 해야 한다고 말씀하셨는데, 농담이 아니더군요. 개학하고 몇 주도 안 되었는데 5학년 아이가 8~9학년 수학을 배우고 있었어요. 아이와 저는 수학문제를 풀기 위해 인터넷에서 공식을 검색해야 했고 10학년 아이가 쓰는 방정식 계산법을 활용해야 했어요. '우리 애가 이렇게 어려운 수학을 과연 할 수 있을까?' 하고 의심하던 때가 생각납니다. 하지만 클라크 선생님과 비어든 선생님은 늘 이렇게 말씀하셨죠.

"우리를 믿어주십시오. 아이들은 잘해낼 겁니다. 결국 해내고 말 테니 참을성을 갖고 기다려주십시오."

저는 매일 저녁 아이와 함께 공부를 했습니다. 심지어 클라크 선생님을 흉내 내 깜짝시험을 보기도 했습니다. 아이는 처음에 41점을 받다가 60점을 받고 90점으로 껑충 뛰더니 몇 번은 100점을 받기도 했어요! 마치 그럴 줄 알았다는 듯이 그 수준에 도달하더군요. 이 이야기의 교훈이 뭐냐고요? 아이와 선생님을 믿고 지지하라, 선생님이 아이의 기대치를 높이고 그 수준까지 '밀어붙이는' 노력을 감사히 여겨라.

(2014년 졸업반 학부모 메도우즈 부인)

▶ 테세마 어머니로부터

RCA에서의 첫날, 테세마가 학교에서 받아온 숙제를 보고 멍하니 앉아 있던 일이 생각이 납니다. 남편과 나는 높은 기대치가 뭔지 비로소 깨닫고는 이렇게 말했지요.

"세상에! 혹시 8학년 숙제를 잘못 받아온 게 아니니?"

믿을 수가 없었죠. 문제 하나가 한 페이지를 가득 채울 만큼 길었어요. 어디서부터 어떻게 시작해야 할지 전혀 모르겠더군요. 그런데 엄마 아빠의 단순함에 실망한 걸까요? 아이가 곧 우리 손에서 과제물을 낚아채더니 무슨 노래를 흥얼거리면서 순풍에 돛을 단 듯 문제를 풀기 시작하는 거였어요. 물론 아이는 한번에 곧바로 정답에 도달하지는 못했어요. 하지만 답이 나올 때까지 몇 번이고 반복해서 푸는 걸 전혀 두려워하지 않더군요. 이렇게 긴 문제가 총 25문제였고 다 푸는 데 한 시간이 넘게 걸렸어요. 어른 두 명과 아이, 이렇게 세 명이 식탁 한가운데에 학습지를 올려놓고 낑낑대며 문제를 푸는 모습을 한번 상상해보세요. 정말 대단한 경험이었죠!

가장 좋았던 것은 테세마가 문제를 푸는 방법에 점점 익숙해지는 과정을 지켜보는 것이었어요. 아이는 남편과 나에게도 그 방법을 가르쳐주었지요. 온 가족의 수학 실력이 올라갔고 그만큼 함께하는 도전과제 수준까지 올라갔답니다.

(2014년 졸업반 학부모 해스킨스 부인)

아이를 둘러싼 어른들의 수준을 향상시켜라

4

학부모와 교사가 서로를 지지하고 북돋아주면 우리 아이들이 날개를 펼 수 있는 환경이 만들어진다. 그리고 아이들에게 미치는 영향력도 커진다.

RCA 개교 첫해, 학부모회에서 교사들에게 '스승의 주' 행사를 마련하고 싶다는 뜻을 비쳤다. 스승의 주는 대부분의 학교에서 꽤나 보편적인 행사다. 학생들에게 감사의 편지를 받고 금요일 정도가 되면 책상 위에 빨간 리본이 달린 머그잔이 놓여 있기도 한다. 이 정도가 스승의 주 기간에 보편적으로 볼 수 있는 모습이다.

드디어 스승의 주가 시작되었다. 우선 일주일 내내 아침과 점심으로 학부모가 집에서 만든 음식을 대접받았고, 학교 안의 사무실에 꾸민 '마사지숍'에서 자격증이 있는 학부모들에게 손톱손질과 마사지를 받았다. 또 소소한 깜짝 선물들도 있었다. 복도를 걷다가 모퉁이를 돌면 차가운 코카콜라와 초콜릿, 젤리 등이 나타났다. 정말로 좋았던 것은 만나는 부모들마다 우리 교사들을 끌어안으며 진심 어린 감사의 말을 전할 때였다. 이렇게 가슴 벅찬 스승의 주간을 보낸 뒤 금요일 저녁, 우리 교사들은 작은 행사에 초청받았다. RCA 주차장에 리무진 한 대가 기다리고 있었고, 우리는 왕족 같은 대접을 받으며 이웃 학교 체육관에 도착했다. 체육관 입구에는 RCA 전교생과 학부모, 조부모, 친구들, 가족들이 양쪽으로 길게 늘어서서 레드카펫을 준비하고 있었다. 일제히 내지르는 함성 소리가 어찌나 큰지 땅이 흔들리는 줄 알았다. 비록 텔레비전으로밖에 못 보았지만 비틀즈나 엘비스 프레슬리가 받을 법한 대접을 우리가 받고 있었다. 색종이 조각이 마구 휘날렸고 레드카펫을 걸어가는 동안 학생들이 우리에게 하이파이브를 했고 얼싸안기도 했다. 체육관 안에는 학부모와 조부모가 며칠 동안 함께 준비한 연회 음식이 곳곳에 산더미처럼 쌓여 있었다. 지난 나흘 동안 이보다 더 좋을 수 없다고 생각했는데 더욱 좋은 일이 우리를 기다리고 있었던 것이다.

행사가 시작되었고 먼저 교사 한 사람씩을 호명해 감사패와 선물이 담긴 바구니가 전달되었다. 그리고 무대의 막이 오르자 네 명의 할머니와 한 명의 증조할머니가 멋진 옷을 차려입고 메리 웰스의 〈마이 가이My Guy〉를 립싱크로 불렀다. 관중은 일제히 일어나 환호했다. 정말이지 대단한 무대였다! 할머니들의 공연이 끝나자 에이브릴 가족(우리 학교 학생인 오세이와 어머니, 누나들)이 잭슨파이브처럼 꾸며 입고 나와 〈아이 원트 유 백I Want You Back〉을 불렀다. 잭슨파이브가 추던 춤까지 그대로 재현해내는 모습을 보고 있으려니 참을 수가 없었다. 나도 모르게 자리에서 벌떡 일어나 테이블 위로 올라간 다음 곧장 무대로 뛰어들었다. 고개를 돌려보니 어느새 다들 내 옆에 와 있었다. 우리는 다 함께 무대를 휩쓸며 춤을 추고 웃었다. 믿을 수가 없었다. 스콧 선생님, 모슬리 선생님을 비롯해 RCA의 전 직원들이 울다가 웃으며 상상 이상으로 행복해하고 있었다.

　그다음 주 화요일 교직원회의 시간에 우리는 그날 밤을 비롯해 스승의 주 전체가 우리에게 얼마나 큰 의미를 지니고 있는가에 대해 한 시간도 넘게 이야기를 나눴다. 그리고 우리 학생들을 지지하고 고무하기 위해 앞으로 얼마나 더 열심히 노력해야 하는가에 대해서도 이야기했다. 그날 학생들과 학부모들이 보여준 존경심을 진정으로 받을 자격을 갖추기 위해 계속 힘써야 한다는 부담감을 우리 모두 느끼고 있었다. RCA 교식원들은 장시간 근무가 일반화되어 있지만, 그 후 전 교직원이 훨씬 더 늦게까지 일하고 우리 학생들을 위해 보다 창의적이고 지원을 아끼지 않는 수업을 만들기 위해 한층 더 노력하는 모습을 확연히 보였다.

　보통 우리는 자신에게 뭔가 놀라운 일이 벌어져야 비로소 감사의 마음을 내비친다. 그러나 상대방이 먼저 감사를 표하면 그 마음에 보답하기 위해서 한층 더 노력하게 된다. 우리 교사들 역시 학부모에게 감사하는 마음을 전해야 한다. 학부모가 아이의 시험공부를 돕기 위해 열심히 노력했다는 것을 알게 되었다면 교사는 시험지에 칭찬과 감사의 메시지를 덧붙여 학생 편에 들려 보내야 한다. 예의와 존경심을 갖춘 아이로 키우기 위해 학부모가 얼마나 애쓰고 있는지를 교사가 알고 있다는 뜻을 표현해야 한다. 학생이 뭔가를 잘해냈다면 연락을 취해 알려야 한다. 교사와 직원 모두 자녀교육의 임무에서 보여준 학부모들의 지지에 감사와 존경의 마음을 표현해야 한다.

이렇게 하라

학부모와 교사가 서로를 지지하는 가장 좋은 방법은 서로에게 존경심을 표현하는 것이다. 교사는 아이가 부모 세계의 중심임을 인정하고 부모가 다소 위압적이거나 과민해 보일지라도 인내심을 갖고 기다려야 한다. 교사야 당연히 보다 분별 있는 학부모를 바라겠지만 만약 도를 넘더라도 일단은 지극한 자식사랑으로 이해하는 게 좋다. 한편 부모는 자기 아이가 교사에 대해 불만을 토로하더라도 그게 아이들의 본성임을 인지해야 한다. 아이들은 흔히 선생님이 자신을 좋아하지 않는다거나 밉보여서 일부러 괴롭힌다고 불평한다. 그럴 경우 부모는 일단 교사가 학급 전체를 위해, 아이 개인을 위해 그런 것임을 아이에게 일깨워주어야 한다. 아이들이 긍정적인 태도를 갖도록 애써야 하며 어떤 상황이든 부정적인 반응을 주입시키지 않도록 신경 써야 한다.

▶ 노엘 어머니로부터

노엘은 6학년 첫 학기에 국제사회 과목에서 63점을 받았어요. RCA에서는 낙제점수지요. 다른 과목은 꽤 잘하고 있었는데 국제사회는 어떻게 해볼 도리가 없었어요. 클라크 선생님은 깜짝시험에서 노엘이 낙제점수를 받을 때마다 크게 꾸짖으셨고 수업시간마다 '강인한' 사랑을 보여주셨어요. 노엘은 선생님이 자기를 너무 심하게 대하신다고 느꼈고 심지어는 자기를 미워한다고까지 생각했어요. 상황이 자꾸 꼬여가자 아무래도 제가 나서야 한다는 생각이 들었습니다. 그래서 노엘에게 이런 질문들을 던졌죠.

"5학년 첫 학부모 간담회 때 클라크 선생님이 네게 뭐라고 말씀하셨는지 기억하니?"

"제가 RCA의 올스타가 될 거라고 하셨어요."

"클라크 선생님이 널 '특별반'에 초대했던 거 생각나?"

"예. 5학년은 단 두 명밖에 안 뽑으셨죠."

"RCA 재킷을 언제 받았지?"

"첫 회에 받고 감격해서 울었어요."

"클라크 선생님이 돌림판을 돌려보라고 널 지목하신 적이 있었니?"

"예. 세 번, 아니 네 번 정도 될 거예요."

"노엘, 그런데도 클라크 선생님이 널 미워하신다고 생각해?"

"아니요. 클라크 선생님은 절 미워하지 않아요. 사실 절 사랑하세요."

그러더니 아이가 울음을 터뜨리더군요. 그 순간 제 마음도 터질 듯이 아팠어요. 하지만 꾹 참고 아이를 안아주었지요. 노엘은 그동안 RCA에서 자신이 이뤄낸 것들을 모두 떠올려볼 필요가 있었어요. 국제사회 점수 하나 때문에 의욕과 사기를 잃으면 안 되니까요.

그날 저녁 노엘과 대화를 나눈 뒤 저는 클라크 선생님께 연락을 취해 아이와 셋이서 함께 만날 수 있는 자리를 부탁드렸어요. 그랬더니 선생님은 저희 집에 직접 오시겠다고 하셨죠. 노엘은 무척 흥분했고, 요 몇 주 동안 저는 그 애가 그렇게 행복한 모습을 본 적이 없었답니다.

클라크 선생님이 저희 집 현관문을 넘어 들어오시는 순간 저는 노엘이 이번 국제사회 시험에 반드시 합격할 것을 예감했어요. 사적인 일이 되었으니까요. 클라크 선생님은 노엘과 대화를 나누며 아이의 필기 내용을 검토해주셨어요. 또 직접 공부법을 알려주시고 시험문제도 내주시고 우리와 함께 저녁을 드셨어요. 이 모든 일이 믿기 힘들 정도였지요. 노엘은 밤낮으로 시험공부를 했고 결국 94점을 받았답니다! 전체 성적이 83점으로 껑충 뛰어올랐고 우등생 명단에 올랐죠. RCA의 학부모이자 노엘의 엄마로서 제 생애 가장 행복한 날이었어요. 아이들이 필요할 때 강인한 사랑을 보내주시고 진정 자격이 있을 때에만 상을 주는 클라크 선생님께 진심으로 감사드립니다.
(2013년 졸업반 학부모 베일리 부인)

귀 기울여라

5

학부모나 학생, 교사 모두가 자신의 말을 잘 들어주기를 원한다. 자신이 누구인지, 하고자 하는 말의 요점이 무엇인지, 상대방이 진심으로 들어주기를 바란다. 지금껏 내가 들은 최고의 조언은 상대방이 속내를 완전히 털어놓을 수 있게 해주고 도중에 끼어들지 말며 완벽하게 상대의 말에 귀를 기울이라는 것이다. 학부모들이 가끔씩 항의를 하러 오면, 나는 일단 그들이 화를 내고 불만을 토로하며 감정을 모두 털어놓게 한다. 그들이 결국 이렇게 말할 때까지.

"클라크 선생님, 이렇게 끝까지 제 말을 다 들어 주셔서 정말 감사해요. 하고 싶었던 말을 다 하고 나니 한결 기분이 나아졌어요."

교사로서 내가 저지른 가장 큰 실수도 필요한 순간에 귀를 기울이지 않았기 때문에 벌어졌다. 나는 노스캐롤라이나 동부의 스노우덴 초등학교 복도를 걷고 있었다. 내가 맡은 5학년 학급을 방금 식당으로 보낸 참이었다. 홀로 서 있는 작은 소년이 눈에 띄었다. 스노우덴 초등학교는 전교생이 모두 500명밖에 되지 않는 작은 학교였기 때문에 다들 서로의 얼굴과 이름을 알고 있었다. 그런데 이 소년은 처음 보는 아이였다. 전학생이냐고 묻자 아이가 대답했다.

"예. 방금 아빠가 데려다주고 혼자 가버렸어요."

아이는 완전히 겁에 질려 있었다. 나는 아이를 교무실로 데리고 가 전학절차를 밟아주었다. 그날부터 나는 케네스의 멘토가 되었다. 그 아이에게 잠재된 뭔가 특별한 것을 알아보았고, 언젠가 이 아이를 환히 웃게 만들겠다고 다짐했다.

케네스를 5학년과 6학년까지 맡아 가르쳤다. 그는 내가 가르친 학생들 중 가장 영리하고 통찰력이 뛰어났다. 하지만 늘 어깨 위에 세상의 모든 짐을 지고 있는 사람처럼 고단해 보였기에 즐겁게 만들 방법을 찾아 고심했다.

그렇게 2년이 지날 즈음 케네스의 학급을 데리고 워싱턴 D.C.와 뉴욕으로 여행을 다녀온 적이 있었다. 케네스는 여행비용을 마련하기 위해 슈퍼마켓에서 도넛을 팔아야 했는데, 나는 돈을 다 모을 때까지 날마다 같이 앉아 있었다. 나는 케네스가 뛰는 농구팀을 후원했고 케네스와 친구들을 극장이나 볼링장, 농구경기에 데려가기 위해 노력을 기울였다. 케네스와 나는 상당히 깊은 유대관계를 맺고 있었지만 아이가 헤쳐나가고 있는 개인사에 대해서는 단 한 번도 자세히 물어본 적이 없었다.

  나는 케네스가 중학교와 고등학교에 진학한 후에도 계속 멘토 역할을 했다. 우리는 함께 전국 곳곳을 여행했고 코스타리카와 일본, 남아프리카공화국까지 갔다. 남아프리카공화국에 갔을 때 케네스는 긴 여행 동안 목발을 짚고 있었다. 수십 군데의 고아원과 학교를 방문하는 동안에도 그는 단 한 번도 불평하지 않았다. 여행 마지막 날 남학생 몇몇이 케네스 때문에 다급하게 나를 찾았다. 케네스의 겨드랑이에 피가 배어 있었는데 목발에 자꾸 쓸려 덧난 것이었다. 그렇게 될 때까지 참고 있었다니. 케네스의 성격을 짐작할 수 있는 사건이었다.

  케네스가 대학에 진학할 때나 입학서류의 작성을 돕고 졸업식용 연미복을 사주고 대학의 기숙사 방을 함께 꾸몄다. 마침내 케네스가 사회학과를 졸업하게 되었을 때 나는 RCA 학생들을 데리고 졸업식에 참석했다.

  졸업 후 케네스는 우리 RCA에 취직했다. 인성과 헌신과 존경에 대해서는 케네스만큼 뛰어난 모범사례를 찾을 수가 없을 정도다. 케네스가 RCA 학생들과 어울리는 모습을 보면 우리 학생들을 친동생처럼 아끼고 사랑하고 있음을 알 수 있다. 케네스는 주말마다 학생들의 운동경기를 지켜보고, 방과 후에는 아이들을 따로 지도해주고 영화를 보여주며, 긍정적인 영향이 필요한 학생은 따로 만나 시간을 보낸다.

그런데도 케네스는 나나 다른 교사들에게 따로 시간을 내 아이들과 함께 뭔가를 하고 있다는 내색을 절대로 하지 않는다. 자신의 노력을 남들이 알아주는 것도 크게 신경 쓰지 않는다. 그냥 좋은 일이니까, 아름다운 일이니까 한다는 식이다.

어느 날 케네스와 RCA 학생들에 관한 대화를 나누다가 어린 시절 이야기가 나오게 되었다.

"클라크 선생님, 어린 시절 제가 얼마나 끔찍한 시간들을 보내야 했는지, 집에서 얼마나 힘든 일을 겪었는지 알고 계셨어요? 한 번도 제게 묻지 않으셨잖아요. 선생님이 물어보셨으면 다 말씀드렸을 거예요. 아니, 말씀드리고 싶었어요. 선생님이 먼저 물어봐주시기만 기다렸어요."

지금도 그 순간을 지울 수 없다. '왜 진작 물어보지 않았을까' 하고 자꾸만 생각하게 된다. 어쩌면 아이가 당황할까 봐 두려웠을 것이다. 마음속 깊은 곳에서는 모든 사실을 알게 되면 내가 밤에 잠도 못 이룰 정도로 힘들고 괴로울까 봐 피했을 수도 있다. 내가 해결할 수 없는 문제인 걸 알기에 그냥 모르는 척 눈을 감았던 것일지도 모

현재 케네스는 내가 그에게 했던 것처럼 어린 학생들의 멘토가 되었다.

른다. 정말이지 어리석고 바보 같은 실수였다.

  시간을 거꾸로 돌려 실수를 바로잡을 수는 없겠지만 적어도 그 순간부터 나는 학생들과 이야기를 나눌 필요가 있을 때면 절대 주저하지 않겠다고 다짐했다. 문제가 생기면 언제든지 찾아오라고 해놓고 막상 힘든 이야기는 피하는 실수는 절대 반복하지 않을 것이다. 서로 뻔히 알고 있으면서 질문을 회피하는 게 오히려 당황스러운 행동이란 걸 이제는 안다.

  케네스는 RCA에서 일하는 동시에 음악가로서의 경력도 쌓아가고 있다. 여가시간이면 'K 그린'이라는 뮤지션이 되어 어린 시절에 느낀 감정들을 노래로 만들어낸다. 그의 음악들은 케네스 자신과 비슷한 처지에 있는 사람들에게 치유의 역할을 하고 있다. 나는 정말 그가 자랑스럽다. 이 책을 케네스에게 바칠 수 있어 영광이다.

아낌없이 모두 내주어라

6

  가끔은 정말로 친자식처럼 느껴지는 아이들이 있다. 그런 아이들을 만나면 책임감이 더 커진다. 제이라는 아이가 그렇다. 그는 이전 학교에서 끔찍한 성적을 받고 RCA로 전학을 왔다. 힘든 과정을 예상하면서도 우리는 두 팔 벌려 제이를 맞이했다. 그 후 몇 년 동안 나는 제이에게 수업에서뿐만 아니라 기회가 닿을 때마다 멘토로서 최선을 다했다. 내가 필요하다고 생각하면 어디든 따라나섰고 여행에서든 행사에서든 그 애가 특별한 선택을 받았다는 것을 인지하도록 노력했다. 뮤지컬을 볼 때나 운동경기를 관람할 때나 작가 낭송회나 브로드웨이 쇼를 볼 때나 나는 늘 제이 옆에 앉았다. 우리는 여러 대학을 방문했고 박물관을 견학했으며 야외로 캠핑을 떠나기도 했다. 개인지도를 하며 성적을 세심하게 점검도 했다. 나는 제이가 스스로 사랑받고 있음을 깨닫고 자기 안의 잠재력을 발견하기를 바랐다.

제이가 8학년이 되었을 때 우리는 일본으로 여행을 갔다. 일정 중 히로시마 평화공원 견학이 있었다. 공원에서 단체사진을 찍으려고 아이들을 모아놓았는데 어떻게 된 일인지 제이가 웃지 않았다. 나는 몇 번 주의를 주었고 결국 다그치게 되었다. 그런데 제이가 옆으로 비켜서면서 뭔가 불만스러운 말투로 중얼거렸다. 나는 못 들은 척 무시할 수가 없었다.

"잠깐만, 제이. 방금 뭐라고 했지?"

아이는 계속 중얼거렸다. 무슨 말인지는 정확히 알아들을 수 없었지만 표정은 무척 험악했다. 나는 내 눈을 믿을 수가 없었다.

"좋아, 제이. 뭔가 할 말이 있는 모양인데 기다려라."

뒤를 돌아보니 29명의 얼굴이 나를 보고 웃고 있었다. 나는 얼른 단체사진을 찍고 잔뜩 화가 난 표정으로 제이에게 다가갔다. 그러자 제이가 두 주먹을 불끈 쥐고 소리를 질렀다.

"여행을 즐기고 싶었는데 선생님은 이유도 없이 저를 혼내셨어요!"

벽돌로 내리쳐도 그때만큼 고통스럽지는 않을 것이다. 내 대꾸도 격앙된 감정만큼 높아졌다.

제이가 쿵쾅거리는 걸음으로 버스를 향해 걷기 시작했다. 공원 광장을 가로질러 가는 사람은 제이와 나뿐이었다. 광장 한쪽에 100명의 일본 소년합창단이 평화와 기쁨의 노래를 부르고 있었다. 그 노래가 내겐 이렇게 들렸다.

불손한가? 그렇다.
유치한가? 그렇다.
위기인가? 그렇다.

버스를 향해 가는 내내 우리의 언쟁은 계속되었다. 어른인 내가 침착하고 이성적으로 행동해야 함을 잘 알고 있었지만 나도 지독한 상처를 입은 뒤였다. 10대들을 이끌고 7일 동안 여행 중이었던지라 지치고 피곤했다. 모든 게 엉망진창이었다.

제이는 평화공원에서의 행동으로 두 차례 방과 후 남기 벌을 받았다. 하지만 나는 도저히 쉽게 떨쳐낼 수 없었다. 내가 그를 얼마나 아끼고 사랑했는데, 내 마음을 모를 수가 있단 말인가? 그동안 저를 위해 했던 모든 일을 정말 모른다는 말인가? 어떻게 내게 불손하게 굴 수 있단 말인가? 그런 생각들이 꼬리를 물었다.

그해 말에 나는 8학년 아이들을 데리고 노스캐롤라이나의 부모님 집으로 여행을 떠났다. 어머니 아버지가 밤에 학생들을 데리고 숲으로 산책을 가기로 했다. 그때 내 머릿속에 몇 명이서 숲 속에 몰래 숨어 있다가 놀래주면 정말 재미있겠다는 생각이 떠올랐다. 나는 가까이 있던 제이의 손을 붙잡고 귀띔했다.

우리는 미리 숨을 곳을 찾아 그루터기를 뛰어넘고 풀숲을 헤치며 달렸다. 자칫하면 어둠 속에서 나무 기둥에 머리를 부딪칠 수도 있었지만 둘 다 망설이지 않았다. 곧 적당한 장소를 찾아내 차가운 흙바닥에 뛰어들었다. 기다리고 또 기다렸다. 그런데 좀처럼 일행이 나타나지 않았다. 우리는 이런저런 이야기를 나누며 시간을 보냈다. 어느 순간 내가 이렇게 말했다.

"제이, 그거 아니? 넌 정말 멋진 아이야."

그러자 제이가 대답했다.

"저도 선생님을 사랑해요."

그저 얼떨떨했다. 나는 겨우 이렇게만 말했다.

"고맙구나, 제이."

교사로서 그런 순간은 매우 드물다. 그러한 순간들이 우리 교사들에게 왜 그토록 커다란 의미를 갖는지 부모들이 이해해주었으면 좋겠다. 우리는 한 해를 꼬박 바쳐 아이들을 사랑하고 가르치고 북돋아주고는 다음 해가 되면 새로운 교사에게 그 아이들을 보내야 한다. 그러나 아이들에게 진심 어린 감사의 말을 듣는 희열의 순간은 참 귀하다. 아름다운 순간이지만 좀처럼 일어나지 않는다. 제이와의 그 순간은 녀석과 갈등을 겪고 나서 몇 년 후에 일어났고, 마침 숲 속에 숨어 있던 그 일이 아니었다면 결코 없었을 것이다.

우리 교사들은 아이들이 그러한 순간을 우리에게 선사하도록 처음부터 '설계'되어 있지 않다는 것을 깨달아야 한다. 아이들이 그런 표현을 하지 않더라도 우리는 여전히 그들을 사랑해야 하고 보다 나은 사람으로 키우기 위해 최선을 다해야 한다. 누군가에게 인정받기 위해서가 아니라 아이들을 사랑하기 때문이고, 그게 마땅히 우리가 해야 할 일이기 때문이다. 세 달 동안 매일 따로 만나 개인지도를 해주었다고 해서, 집에 태워다주었다고 해서, 일본에 데려갔다고 해서 그 노고를 칭송받을 거라고 기대해서는 안 된다. 우리가 추구하는 것은 감사의 보답이 아니라 아이들의 삶에 미칠 긍정적 영향과 결과임을 스스로 깨달아야 한다.

그것은 크리스마스트리 밑에 수백 개의 선물상자를 미리 가져다 놓는 일과 같다. 내가 더 이상 곁에 없어도 오랫동안 아이들은 계속해서 선물상자를 풀어볼 것이고 결국 우리가 선사한 영향을 깨닫게 될 것이다. 가끔 불손하게 굴며 우리 마음에 상처를 입힐지라도, 상상 이상의 나쁜 말을 건넬지라도 우리 가슴 깊은 곳의 목표를 잊어서는 안 된다. 그리고 아이들의 진심 속에는 우리를 향한 사랑과 감사가 깃들어 있다는 사실을 깨달아야 한다.

평화공원에서 있었던 일을 책 내용에 넣기로 했다는 이야기를 전하자 제이는 자기 시각에서 쓴 그날의 이야기를 책에 실어줄 수 있는지 물었다. 나는 당연히 그러마고 대답했다.

클라크 선생님이 내 이야기를 책에 쓰겠다고 했을 때 나는 무슨 이야기를 할 생각인지 문자로 물어보았다. 평화공원에서의 일이라는 말을 듣고 내 입장에서 쓴 그날의 이야기도 실어달라고 부탁드렸다.

그날 나는 평화공원에서 정말로 집중하며 견학을 하고 있었다. 일본 문화가 꽤 마음에 들었고 무엇보다 원자폭탄이 투하된 이후 오랫동안 피폭에 시달린 사람들과 죽은 사람들에 관한 이야기가 가슴에 와 닿았다. 눈물이 쏟아질 것 같았지만 무진 애를 쓰며 참고 있었다. 그때 클라크 선생님이 지나가며 말씀하셨다.

"제이, 집중해야지? 전시물 아래 설명을 꼼꼼히 읽어보렴."

나는 그 자리에 멍하게 서 있을 수밖에 없었다. 전시장 밖으로 나가자 클라크 선생님이 단체사진을 찍어야 한다고 하셨다. 나는 여전히 피폭으로 죽은 사람들 생각에서 벗어나지 못해 괴로웠는데 선생님은 사진을 찍어야 하니 무조건 웃으라고만 하셨다. 하지만 나는 도저히 웃을 수 없었다. 전혀 그럴 기분이 아니었다. 급기야 선생님은 단체사진에서 빠지라고 하셨다. 나는 아까 전시관 안에서 집중해서 설명을 읽고 되새기라고 말한 사람은 선생님이면서 정작 선생님은 전시의 취지를 전혀 이해하지 못한 모양이라고 말했다(물론, 선생님 귀에 들리지 않게 최대한 작게 중얼거렸다).

그때 선생님이 화가 난 걸음걸이로 내게 다가왔다. 숨을 곳은 어디에도 없는데 원자폭탄이 나를 향해 다가오는 것만 같았다. 그 후 정확히 기억나지는 않지만 나는 어느새 거친 걸음걸이로 공원 광장을 가로지르고 있었다. 속상했기 때문에 클라크 선생님이 나를 그냥 가만히 내버려두기를 바랐다. 선생님은 내 마음에 모진 상처를 입혔다. 그날 전시관과 그 안에서의 경험은 내게 커다란 의미를 지니고 있었다. 그런 기회를 주신 선생님이 무한히 고마웠고 그만큼 감정적이 되어 있었다. 그런데 선생님은 나를 아무런 생각도 없이 사는 사람처럼 취급했다. 상처였다. 클라크 선생님의 학생이라면 선생님에게 실망한다는 게 얼마나 견디기 힘든 고통인지 알 것이다.

버스에 도착했을 때는 마음이 너무 아팠다. 슬픔이 가득 차올랐고 어떻게든 해결하고 싶었지만 어디서부터 풀어야 할지 알 수 없었다. 결국 나는 여전히 부족하고 불완전한 어린아이에 불과하다는 생각이 들었다. 그날 이후 선생님을 피했지만 선생님도 여전히 그때 일을 생각하고 계신다는 걸 알 수 있었다. 사과를 드렸지만 일이 깔끔하게 마무리되지는 않았다. 나는 선생님이 나를 자랑스럽게 여기기를 원했고 감사하는 내 마음을 알아주기를 바랐지만 그게 안 되어 너무 속상했다. 아이들이 가끔씩 문제를 일으키는 것처럼 보일 때 사실은 좋아하는 어른을 실망시켰다는 자책감에 속이 상해서 그런 거라는 걸 정작 어른들은 모를 때가 있다.

우린 아직 어리고 일을 제대로 마무리할 줄도 모르며 적절한 방식으로 자신의 생각을 표현하지도 못한다. 우리도 노력이라는 걸 하지만 가끔은 모든 게 엉망진창이 되어버리고 만다. 내가 아는 거라곤 클라크 선생님과 함께하는 동안 그분을 좋아하지 않거나 존경하지 않았던 적이 단 한순간도 없었다는 것이다. 물론 내 행동은 마음과는 정반대였지만 아이들이 그렇게 행동했다고 해서 그 안에 존경심이 없다는 뜻은 아니다. 가끔씩은 우리 스스로도 도무지 통제가 안 되는 감정을 해결하기 위해 몸부림을 치고 있다는 사실을 알아주면 좋겠다.
(2010년 졸업반 제이 스프링스)

제이가 자신의 이야기를 책에 실어달라고 부탁했을 때 나는 무척이나 기뻤다. 이 글을 읽지 않았더라면 그날의 상황을 제대로 파악하지 못했을 것이다. 제이의 이야기는 그 자체로 하나의 큰 교훈이었고 나는 교사로서 늘 배우고 있다. 학생들이 우리를 실망시키고 있다고 생각하는 순간도 알고 보면 전혀 반대의 경우일 때가 있는 법이다.

학교 밖에서 학생들을 만나라

7

학생들이 열심히 공부하고 교사를 공경하도록 하려면 그들과 유대관계를 돈독히 하는 것이 가장 좋다. 나는 학생들에게 내가 친구가 아닌 교사임을 강조하지만, 교사는 곧 멘토이자 교육자이자 조언가이며 때로는 부모 역할까지 맡을 필요가 있다는 걸 안다. 무엇보다 학생들에게 관심과 애정을 보여줘야 다른 과정도 훨씬 수월해진다.

언젠가 문제행동으로 얼룩진 과거를 안고 있는 특별한 학생이 우리 RCA의 문을 두드린 적이 있다. 그 학생이 학교에 들어와 심각한 문제를 일으킬 수도 있었기에 전학에 대한 최종 결정을 내리기 전에 직접 그 아이의 집에 찾아가 부모와 이야기를 나눠보기로 했다. 나를 만난 자리에서 다콴은 단 한 번도 웃지 않았고 안절부절못했다. 과거에 왜 그렇게 많은 문제를 일으켰고 정학처분을 받았는지 묻자 아이는 이렇게 대답했다.

"몰라요."

다콴의 엄마는 아이가 툭 하면 주먹질을 하는 게 과거 자신이 남자 친구에게 맞는 모습을 많이 보아서일 거라고 고백했다. 그래서 학교에서도 그 점을 감안해 아이에게 지나친 처벌을 내리지 않았으면 좋겠다는 뜻을 내비쳤다.

그 순간 만약 RCA가 다콴을 받아들인다면 할 일이 엄청나게 많아질 거라는 생각이 들었다. 아이는 대화가 따분해 죽겠다는 얼굴로 나를 흘끗 보았다. 나는 다콴의 엄마에게 인사를 하고 그 집을 나섰다.

입학 첫 주, 다콴은 정말로 많은 문제를 일으켰다. 방과 후 남기 벌을 여러 차례 받았고 나 역시 아이의 행동을 저지해야 할 때가 많았다. 하지만 정작 본인은 별일 아니라는 태도였다. 허세가 보통이 아니었고 단단히 두르고 있는 외피를 깨뜨리기가 불가능해 보였다.

몇 주가 지나고 다콴의 엄마가 다콴이 다가오는 주말에 어느 운동 경기에 참가하게 되었다는 소식을 알려왔다. 나는 다콴과 그의 엄마에게 경기장에서 보자고 했다. 경기가 시작되기 전에 미리 도착해 다콴의 엄마 옆으로 다가갔다. 그녀가 다콴을 가리켰다. 곧 사이드라인에 서 있던 그가 고개를 홱 돌리더니 나와 눈이 마주쳤다. 그 아이의 웃는 모습을 처음 보았다. 나는 경기 내내 환호성을 보냈다. 경기가 끝나고 다콴이 내 쪽으로 걸어왔다. 녀석은 아무 말도 없이 그저 옆에 서서 다시 한 번 함박웃음을 지어 보였다.

"정말 대단한 경기였어, 다콴."

그 후 나는 다콴과 함께 점심식사를 하고 집에 가는 자동차를 기다릴 때 옆에 서 있어주고 기회가 생길 때마다 웃어주고 칭찬해주었다.

그런데 어느 주 다콴이 다른 교사로부터 방과 후 남기 벌을 세 차례 받고, 금요일 오후에는 내 수업시간에 버릇없는 행동으로 방과 후 남기 벌을 한 번 받았다. 그 주에는 내 노력이 전혀 결실을 보지 못하는 것만 같아 속상했다. 그날 다콴은 수업이 다 끝날 때까지 문밖에 서 있었다. 마침내 내가 문밖으로 나가자 다콴은 걸음을 멈추고 고개를 푹 숙이더니 갑자기 울음을 터뜨렸다.

"문제아 짓을 하는 것도 이제 질려버렸어요."

나는 녀석의 어깨를 어루만지며 말했다.

"문제를 일으킬 것인가 말 것인가는 네가 결정하는 거야. 넌 통제력도 있고 영리하잖니. 네 안에는 잠재력이 가득해. 하기 싫으면 문제를 일으키지 않아도 돼. 훨씬 더 잘할 수 있는데 그렇게 하지 않으니까 네 스스로 자신의 행동에 실망하는 거야. 네가 원하면 넌 정말로 훌륭한 사람이 될 수 있어."

2년이 흐르고 나서야 나는 다콴의 엄마로부터 그날 어떤 일이 있었는지 들을 수 있었다. 다콴이 학교에서 나와 엄마의 차에 올라타자마자 울음을 터뜨렸다는 것이다. 엄마가 무슨 일이냐고 묻자 녀석은 이렇게 대답했다고 한다.

"클라크 선생님이 나한테 실망했어."

엄마는 다콴이 다른 사람 때문에 우는 모습을 처음 보았기 때문에 무척 당황했다. 그리고 다콴을 우리 학교에 보낸 일이 얼마나 축복인지를 비로소 깨달았다고 한다. 그 후 다콴의 태도는 완전히 바뀌었다. 처음에는 내 수업시간에만 변했지만 점점 학교의 다른 공간에서도 좋은 모습을 내비치기 시작했다. 수업시간에 노력하는 모습을 보이기 시작했고 적극적으로 참여하며 소리 내어 웃기도 했다.

나는 다콴 같은 아이들을 가르치고 기르는 모든 교사와 부모가 아이의 겉모습 너머의 진실한 모습을 꿰뚫어 보고 잠재력을 발견하기를 바란다. 겉으로 볼 때 위기를 겪고 있는 것 같은 수많은 학생들이 일단 경계가 허물어지면 자기 안에 숨기고 있는 온순하고 영리하고 재능 있는 아이를 드러내곤 했다. 그러니 우리는 섣불리 포기할 수 없다.

학생들을 데리고 나가 특별한 대접을 하는 것으로 유대감을 형성할 수도 있다. 근사한 식당에 가서 저녁식사를 하면 좋지만 피자나 아이스크림도 훌륭하다. 나는 애틀랜타 전역의 식당에 우리 학생들로 구성된 소집단을 위한 근사한 저녁식사 체험을 부탁했다. 내 부탁을 거절하는 식당은 거의 없었다. 식당에서 저녁식사를 하고 나면 아이들은 직접 그리고 쓴 감사카드와 식사 때 찍은 사진을 식당 측에 보냈다. 그러면 또다시 식사 부탁을 해도 기꺼이 환영해준다.

한번은 식당에서 엄청나게 공들여 만든 근사한 디저트를 대접받은 적이 있다. 내 오른쪽 자리에 앉은 제일라의 몫은 선데이 아이스크림 위에 얹힌 큼직한 쿠키였다. 쿠키광인 나는 최대한 공손하게 제일라에게 말했다.

"제일라, 아이스크림 위에 그 쿠키, 정말 맛있어 보인다."

"예."

제일라가 대답했다. 나는 제일라가 쿠키를 먹는 순간을 기다리며 계속 곁눈질로 그 애를 흘끔거렸다.

"제일라, 그 쿠키 어떡할 거니? 하루 종일 보기만 할 거야? 쿠키 안 먹을 거니?"

하지만 제일라는 너무도 순진한 얼굴로 사랑스럽게 대답했다.

"아녜요, 클라크 선생님. 맛있는 쿠키를 놓치겠어요?"

제일라는 정말로 잔인했다. 나는 큼직한 쿠키에 비하면 너무도 밋밋해 보이는 사과크레페를 먹으며 제일라가 쿠키만 남기고 아이스크림을 남김없이 먹는 모습을 지켜보고 있었다. 그 순간 나는 더 이상 참을 수 없었다. 얼른 손을 뻗어 제일라의 쿠키를 낚아채 내 입속에 털어 넣어버렸다. 아이들이 일제히 비명을 질렀다.

"안 돼요! 클라크 선생님!"

"하하. 안 되긴 뭐가 안 돼? 내가 쿠키를 먹어버렸지. 제일라는 쿠키를 먹지도 않고 날 너무 오랫동안 고문했단 말이야!"

"그게 아니에요, 클라크 선생님! 제일라가 계속해서 쿠키를 혀로 핥고 있었단 말이에요!"

그날 우리는 한바탕 실컷 웃었다. 중요한 점은 그날 우리가 서로 진득한 유대감을 형성했다는 것이다. 우리는 성적 이야기도 숙제 이야기도 스페인과 미국 사이의 전쟁 이야기도 나누지 않았다. 그저 현재에 집중했고 즐거웠으며 서로를 순수하게 바라보았다. 아이들에게 공부를 가르치기 위해서 반드시 필요한 유대관계가 자리 잡으려면 그런 순간이 필요하다.

이렇게 하라

- 친구나 가족에게 제자 여섯 명 정도를 초대할 수 있게 점심을 준비해달라고 부탁해보자. 점심식사를 학교로 가져다 달라고 부탁해 회의실에 점심을 차려라. 다른 학생들이 학생식당에 가 있는 사이 그 여섯 명의 아이들을 회의실로 초대해 특별한 만찬을 대접하라!
- 학생이 운동경기를 하거나 교회에서 행사를 하거나 무슨 대회에 참석한다면 가서 응원하라. 자신의 자녀를 데리고 가도 좋다. 자녀에게 그 제자를 응원하는 포스터 등을 만들어달라고 부탁하면 자녀 역시 뭔가를 배우는 귀중한 경험이 될 것이다.
- 아이들이 좋아하는 만화나 소설을 읽어보자. 대화를 시작할 수 있는 좋은 기회가 된다. 가장 쉽게는 학생들을 향해 웃어보자. 선생님이 자신을 보고 기뻐한다고 생각하면 아이 역시 선생님을 더욱 좋아하게 될 것이고 곧 마주 보고 웃어줄 것이다.

집단 안에서는 나를 잊어라

8

　우리 RCA 교직원과 학부모의 최대 장점은 아이들을 돕는 일이라면 시간과 이유를 불문하고 기꺼이 뛰어든다는 점이다. 한번은 이집트에 관한 단원을 가르치게 되었는데 RCA 복도를 이집트의 지하묘지처럼 꾸미면 좋겠다는 생각이 들었다. 학생들이 복도를 걸어 다니는 대신 지하묘지 속을 기어 다니게 하는 것이다. 나는 곧장 수화기를 들고 몇몇 학부모들에게 전화를 걸었다. 그리고 다짜고짜 학교에 18미터 정도의 지하묘지를 만들어줄 수 있는지 묻고 터널을 만들 돈도 없고 구체적인 방법도 모르겠다고 덧붙였다. 다음 날 저녁 학생의 아버지와 삼촌, 할아버지들이 도와줄 사람 세 명을 데리고 학교에 찾아왔다. 복도에는 근사한 지하묘지가 만들어졌다.

　물론 이 책을 읽는 독자들 중에는 이렇게 생각하는 사람들도 있을 것이다. '전화 한 통으로 그런 일이 가능하단 말이야' 혹은 '흥, 우리 학교 아버지들은 어림도 없을걸'이라고 말이다. 하지만 나는 이렇게 되묻고 싶다. 언제 한번 아버지들에게 학교 일을 부탁해본 적이 있는가? 없다면 한번 해보라. 정확히 어떤 도움이 필요한지만 알면 그들은 놀랄 만큼 기꺼이 팔을 걷고 나서줄 것이다.

　우리 RCA 교직원들은 지금껏 만나본 사람들 중 가장 훌륭하고 독창적이며 베풀 줄 아는 집단이다. 화장실 청소든 토요일 개인지도든 두 시간 넘게 운전해서 로마식 기둥을 싣고 오는 일이든 연극 리허설을 위해 방과 후 학교에 남는 일이든 학생들과 늦게까지 저녁식사를 하며 대화를 나누는 일이든 상관없이 항상 적극적으로 참여하고 더 오래 머물려고 하며 필요하다면 더 일한다. 우리 직원들은 오후 5시 45분까지 방과 후 수업을 지도하면서도 초과근무수당을 요구하지 않는다. 현장체험학습이나 '학교의 밤' 행사나 운동경기 응원전이나 발표수업을 위해 교실을 꾸미는 일이나 늘 서로를 도와주고 언제나 웃는 얼굴로 활기를 뿜어낸다.

우리 RCA에서 델컴퓨터와 연합해 대규모 행사를 열었을 때가 생각난다. 미리 말해두지만 우리 학교는 언제나 티끌 하나 없이 깨끗한 상태를 유지하는 게 철칙이다. 전 직원이 행사준비를 위해 분주히 뛰고 있었는데 당시 학교는 그리 깨끗한 상태가 아니었다. 준비가 다 되었는지 점검하기 위해 학교 곳곳을 돌아다니다보니 두 명의 교사가 남학생 화장실에서 한 명은 변기를 닦고 또 한 명은 티라노사우루스의 머리 위에 묻은 먼지를 털고 있었다. 그렇다, 우리 학교 남학생 화장실에는 거대한 티라노사우루스의 머리가 변기 위에 앉아 있는 남학생을 금방이라도 와작 깨물 것 같은 자세를 취하고 있다.

아무튼 이야기의 요점은 그 교사들이 두 번도 생각하지 않고 화장실 청소를 떠안았다는 사실이다. 우리 교직원들은 그렇게 모두가 서로를 돕고 또 도움을 요청할 수 있는 사람들이라는 것을 잘 알고 있고, 그만큼 만족도가 높다.

RCA 개교 첫해, 어느 남학생의 집을 찾아갔다가 크게 상심한 적이 있다. 문에는 얼룩이 가득했고 카펫 위에도 여기저기 검은 얼룩이 묻어 있었으며 소파 위에는 바퀴벌레가 기어 다녔고 벽에는 아무것도 걸려 있지 않았다. 텔레비전이 있었지만 화면에 비만 내리고 유일한 가구는 무척 낡고 곰팡이가 슬어 있었다. 아이와 엄마는 마치 내가 집 안의 다른 곳을 보지 않았으면 좋겠다는 듯이 내 시선을 붙잡기 위해 나를 집요하게 쳐다보고 있었다.

그 집에서 나와 자동차로 돌아온 나는 한동안 울었다. 이유는 알 수 없었지만 그냥 마음이 아팠다. 그대로 있을 수는 없다는 생각이 들어 그 주 목요일에 아이 엄마에게 전화를 걸어 우리가 아파트에 새로 페인트를 칠하고 새 카펫과 가구 등을 들여놓아도 되겠냐고 물었다. 마침 지역의 어느 상점에서 우리 학교에 가구를 기부하고 싶다는 뜻을 내비쳤는데 아까운 기회를 놓치면 안 되므로 그 집에 선물하고 싶다고 설명했다. 아이 엄마는 당연히 좋다고 했다.

전화를 끊고 나서 나는 공황상태에 빠졌다. 대체 어디서 페인트며 카펫이며 가구 등을 구한단 말인가! 일단 RCA 전 직원에게 급히 메일을 보내 내가 하고자 하는 일에 대해 알리고 그들의 도움을 요청했다. 한 시간도 안 되어 교직원들이 카펫과 페인트를 기부할 수 있는 지역 상점을 알아냈다.

드디어 금요일 오후 4시, 나는 세 두루마리의 거대한 카펫과 페인트 열두 통, 그리고 내 발등 위로 기어오르는 바퀴벌레 한 마리와 함께 텅 빈 아파트에 홀로 서 있었다. 나는 울퉁불퉁하게 깔리는 카펫을 도저히 용납할 수가 없는 사람이다. 색깔 견본을 한 시간 넘게 살펴보는 것은 쉽지만 벽에 못을 박는 일 따위는 절대로 할 수 없는 사람이다. 그런 일에는 전혀 도움이 안 되는 인간이었던 것이다. 모든 걸 포기하려는 순간 문이 열리며 카사 선생님이 들어왔다.

"오, 일은 잘되어갑니까?"

카사 선생님은 들어오자마자 나를 와락 안아주었다. 나는 너무도 기뻐 당장 바퀴벌레들과 나란히 누워 뒹굴 뻔했다. 곧 모슬리 선생님과 스콧 선생님도 들렀다. 내가 몇 시간이나 도와줄 수 있냐고 물었을 때 모슬리 선생님이 건넨 대답을 결코 잊을 수 없다.

"끝날 때까지요."

그 후 스물네 시간이 넘도록 우리는 수납장 안을 쓸고 닦고 옷을 새로 정리해 넣고 책상이며 책장을 조립해 세우며 정말 '미친 듯이' 일했다. 스콧 선생님이 이케아 가구점에 전화를 걸어 이 아이의 집에 필요한 가구를 마련하지 못하면 절대로 자리를 뜰 수 없다고 말하자 매장관리자는 엄청난 할인을 해주었다. 마지막 손질은 토요일 밤에 이루어졌다. 등과 장식품, 수십 개의 선물상자까지 완벽하게 갖춘 크리스마스트리였다. 선물상자는 전 교직원이 직접 마련하고 포장한 것이었다. 나무에 마지막 장식을 더하다가 문득 주위를 둘러보았다. 맙소사, RCA의 전 직원이 한 명도 빠짐없이 그 좁은 집에 와 있었다. 나는 그 자리에서 잠시 눈을 감고 감사의 기도를 올렸다.

그날 밤 우리는 외할머니 댁에서 주말을 보내고 돌아온 아이가 어떤 반응을 보였는지 직접 보지 못했다. 아이의 엄마에게는 우리 교직원들이 집을 새로 단장할 거라는 걸 아이에게 비밀로 해달라고 부탁했다. 아이가 알면 불편해하거나 거북해할지도 몰랐다. 나중에 아이의 엄마로부터 아이의 반응을 전해 들었다.

할머니 댁에서 돌아왔을 때 엄마는 아들에게 먼저 문을 열고 들어가라고 했다. 아이는 집 안에 들어서다 말고 깜짝 놀라 뒷걸음질을 쳤다.

"으악, 남의 집에 잘못 들어왔어요!"

엄마는 웃으며 크리스마스의 기적이 일어났으니 얼른 들어가보자고 말했다. 아이는 몰라보게 변한 집 안을 마구 뛰어다니며 비명을 질렀다. 엄마는 그런 아들을 말리느라 애를 먹었고 솔직히 자신도 다를 바 없었다고 털어놓았다.

"선생님들이, 세상에, 우리 집 욕조까지 깨끗이 닦아놓으셨더군요. 전 그 검은 얼룩들이 영영 지워지지 않는 줄만 알았거든요."

그 다음 주 월요일 수학시간에 그 아이가 손을 번쩍 들었다. 무슨 일이냐고 물었더니 아이는 이렇게 대답했다.

"클라크 선생님, 지난 주말에 〈우리 집 대변신〉 프로그램의 주인공이 되었어요."

"뭐? 텔레비전에 출연했다는 말이니?"

"아니요. 그건 아닌데요. 아무튼 우리 집을 완전히 바꿔주었어요."

"그래? 마음에 들었니?"

"그럼요. 크리스마스 기적이었는걸요."

기적이 일어난 건 헌신적이고 온정적이며 아이들을 위해서라면 온몸을 바칠 각오가 되어 있는 사람들과 함께 일하는 덕분이었다. 이렇게 교사들은 교직이 하나의 직업에 불과한 게 아니라 더 이상 줄 게 없을 때까지 베풀며 아이들의 행복과 복지를 최우선의 소명으로 삼겠다는 각오를 하고 교단에 서야 한다. 타인에게 더 많은 도움을 가져다줄수록 언젠가는 그 도움에 보답 받게 된다는 사실을 알게 된다.

어떻게든 이루어내라

9

    누구에게나 듣기 싫어하는 말이 있다. 내 경우에는 누구에게 이러저러한 사람과 연락을 취하라고 부탁해놓고 며칠 뒤 일이 어떻게 진행되고 있는지 물어봤을 때 "이메일을 보냈는데 여태 응답이 없네요"라는 답을 들으면 말 그대로 미치기 일보 직전이 되고 만다. 그런 말은 변명과 핑계에 불과하다. 상대에게 응답이 없다면 이메일을 한 번 더 보내든지 직접 통화를 시도해보든지 했어야 마땅하다. 아이들의 힘을 북돋아주고 세상을 바꾸고자 노력하는 교사이자 최고의 뛰어남을 목표로 하는 우리다. 내게 답장이 없다는 말 따위는 아예 하지도 마라.

    RCA에서는 '어떻게든 이루어내라'가 흔한 말이다. 동시에 RCA 교직원들이 가장 두려워하는 말이기도 하다. 나는 대형마트에 전화를 걸어봤더니 화분이 없더라는 말을 듣고 싶지 않다. 학교의 책을 정리

해야 하는데 학부모들이 자원봉사에 나서주지 않는다는 불평을 듣고 싶지 않다. 스티븐이 숙제를 하지 않아 힘들다는 말도 듣고 싶지 않다. 해결책을 찾아라.

"성공시킬 방법을 찾아라. 어떻게든 이루어내라. 변명할 시간이 있다면 차라리 해결책을 찾는 데 써라."

조언이나 지도가 필요하면 언제든지 나를 찾아올 수 있다. 그러나 먼저 스스로 해결책을 찾으려고 노력했고 성공을 위한 모든 단계를 다 시도했다는 것을 보여주어야 한다.

버락 오바마가 당선된 대통령 선거운동 기간에 우리 학생들은 CNN을 비롯한 다양한 텔레비전 프로그램에 출연해 선거와 관련된 노래를 부르고 정책과 공약에 관한 토론을 벌였으며 오하이오에 달려가 투표 독려 캠페인을 벌였다. 선거 당일 아침, 나는 아이들과 함께 뉴욕의 호텔에 있었다. 공연을 위해 출발하기 직전 전화기가 울렸다. CNN이었다. 선거가 끝나는 저녁 개표에 맞춰 우리 학교에서 특별한 행사가 있다면 촬영을 하러 오겠다는 문의였다.

나는 뉴욕에서 출발한 비행기가 저녁 6시에 애틀랜타에 도착할 예정이니 저녁에 학교에서 만나자고 약속을 했다. 그리고 전화를 끊자마자 얼른 RCA의 행정실장에게 전화를 걸었다.

"모슬리 선생님, 큰일 났어요!"

모슬리 선생님은 RCA의 파수꾼으로 초창기부터 우리와 함께해왔다. RCA가 개교하기 2년 전 나는 어느 교회에서 연설을 하게 되었고 모슬리 선생님은 당시 신도석에 앉아 있었다. 내가 연설을 끝내자 목사님이 우리 학교의 앞날을 위해 기도를 올릴 사람은 앞으로 나오라고 말했다. 그때 모슬리 선생님이 나왔다. 나중에 듣기로, 그녀 자신도 모르게 내 쪽으로 끌려 나왔는데 스스로 걷고 있는 게 아니라 무언가 자신을 들어 옮기고 있는 것만 같았다고 한다. 기도가 끝나자마자 모슬리 선생님은 내 손을 와락 붙잡았다.

"선생님 학교에서 일하겠어요."

그녀는 그때까지 일해온 직장을 그만두기 전에 RCA에서 몇 달 동안 자원봉사자로 일했다. 역시 나중에 듣기로, 하느님이 자신을 RCA로 불러들여 아이들을 도와주고 학교가 지고 가는 짐을 나눠서 지라고 말했다고 한다.

그날 아침 내가 전화로 '대규모 개표축하행사'를 열어야 한다고 다짜고짜 말했을 때에도 그녀는 조금도 놀라지 않았다. 그 짐 역시 나눠서 질 마음의 준비가 되어 있었던 것이다. 모슬리 선생님이 내 일을 도와주는 보조선생님에게 연락했고 보조선생님은 공포에 찬 목소리로 내게 전화를 걸어왔다.

"론, 대체 어떻게 된 일이에요? 수백 명이 모이는 행사라고요?"

나는 애써 침착한 목소리로 말했다.

"어떻게든 이루어내세요."

곧 그 일은 어떻게든 이루어지기 시작했다. 모슬리 선생님이 학부모들에게 긴급 이메일을 보내 되도록 빨리 학교로 모여달라고 부탁했다.

"벗들이여, 우리는 곧 여기서 마법을 이뤄낼 것입니다."

자원봉사자들이 속속 달려왔고 각자 지역사업체에 연락을 취했다.

곧 선거 티셔츠 도안이 인쇄업체에 전달되었고 세 시간도 안 되어 'RCA 선거의 밤'이라고 쓴 티셔츠 300장이 제작되었다. 애틀랜타 전역에서 학부모들이 음식을 준비했고 아이들은 수백 개의 풍선을 불었으며 삼촌들은 현수막을 내걸었고 자원봉사자들은 학교 곳곳에 노트북 컴퓨터를 설치해 각 주별 '개표현황'을 실시간 업데이트했다.

학교에 도착했을 때 나는 그날 저녁 버락 오바마가 직접 우리 학교에 오는 줄만 알았다. 300명이 넘는 사람들이 멋진 선거 티셔츠를 맞춰 입고 움직이고 있었다. 교실마다 현수막이 걸려 있고 빨간색, 파란색 등으로 각 주별 개표현황을 표시한 거대한 게시판이 붙어 있었다. 복도마다 음악이 울려 퍼졌고 곳곳에 활기가 넘쳤다. 우리 RCA에서 늘 강조하는 '세부사항에 집중하라'는 원칙이 그 자리에서도 고스란히 구현되고 있었다. 뷔페 음식 앞에는 '버락콜리볶음', '펄린펀치', '연안오일딥', '좌파닭날개', '우파닭날개'와 같은 이름이 붙어 있었다. CNN이 취재를 나올 만한 행사였다.

마침내 미국의 제44대 대통령으로 버락 오바마가 당선되었고 여기저기서 울음과 비명이 터져 나왔다.

그 순간의 기쁨이 CNN 전파를 타고 전 세계로 퍼져 나갔다. 그날의 행사가 가능할 수 있었던 것은 뛰어남을 향한 의지를 가진 헌신적인 사람들이 추호의 의심과 변명도 없이 일을 추진했기 때문이다. 어떻게든 이루어내는 방법을 찾아낸 것이다.

우리 모두 이와 같은 헌신을 보여야 한다. 특히 아이들의 교육에 관한 일이라면 어떻게든 이루어지게 해야 한다. 아이들에게 그 어떤 개념도 이해시킬 수 있는 방법이 어디엔가 분명히 존재한다. 아이들 각자가 가장 높은 수준의 수행을 성취할 수 있게 돕는 방법이 있다. 아이들을 타인을 돌볼 줄 아는 사람으로 길러내는 방법이 있다. 그러나 원하는 모양대로 되지 않는다고 불평만 늘어놓는다면 그 해결책을 찾을 소중한 시간을 그만큼 허비하는 셈이 된다.

> **이렇게 하라**
>
> 해결책을 찾는 가장 좋은 방법은 도움을 요청하는 것이다. 어린 학생들에게 침묵 속에서 홀로 괴로워하기보다 교사에게 도움을 요청하라고 격려해야 한다. 대부분의 교사들은 아이의 부탁을 기꺼이 들어줄 것이다. 학부모 역시 자녀를 돕기 위해 조언이 필요하다면 주저 없이 교사에게 알려야 한다. 가정에서 자녀를 보살피는 구체적인 방법을 물어봤을 때 훌륭한 교사라면 늘 좋은 조언을 들려줄 것이다.

뛰어나라

10

전국의 대학교수들이 교육학을 전공하는 학생들에게 적극적이고 역동적인 교사가 되는 방법을 그저 책으로만 가르치고 있는 현실이야말로 우리 교육제도가 안고 있는 가장 큰 문제 중 하나다. 교수들은 역동적인 교사가 되라는 자신들의 요구와는 반대로 지루하고 따분한 강의만 늘어놓는다. 그들 중에는 수년간 한 번도 수업현장을 찾지 않았거나, 심지어 수십 년 동안 단 한 번도 일선학교를 찾지 않은 교수도 있다. 그들은 오직 시험에 맞춰서 강의를 하며 소중한 전임교수 권한을 거머쥐기 위해 해야 할 일과 하지 말아야 할 일에만 집중한다. 그러니 훌륭한 차세대 교육자들을 키우는 일에는 진심을 다해 헌신하지 않으며 그만큼 지역 공립학교 교사들의 교육과 훈련에도 그게 신경 쓰지 않는다.

킴과 나는 우리 RCA 교직원들과 함께 일하는 동안 혁신과 뛰어남을 위해 노력할 것을 주문한 만큼 우리 역시 똑같은 수준의 요구를 받는 것을 당연시한다. 즉 다른 사람에게 뭔가를 기대한다면 스스로 본보기가 되어야 한다는 생각이다.

RCA 개교 준비를 하는 동안 킴과 나는 교직원들과 공유하고 싶은 정보를 무척 많이 확보했지만 그걸 파워포인트나 인쇄물을 통해 대충 전달하고 싶지는 않았다. 그건 우리가 평소 교직원들에게 요구하는 것과 정확히 반대되는 행위였다. 우리는 발표 첫날을 일본식으로 연출했다. 킴과 나는 둘 다 일본 전통의상을 입고 교실 곳곳에 일본식 등을 걸어놓았다. 바닥에는 방석을 깔고 방 한가운데에는 천막을 쳤다. 그리고 교직원들에게 전달하고 싶은 내용을 각각의 주제에 맞는 활동과 접목시켰다.

《아이를 위대한 사람으로 만드는 55가지 원칙》에 등장하는 각 원칙과 RCA 교직원에게 거는 기대치를 사무라이 규율처럼 만들어 전달했다. 또 각 직원에게 학생들에게 바라는 소망을 쓰게 한 뒤 소원을 비는 나무에 매달았다. 일본 전통차를 마시는 다도시간을 마련해 교직원 개개인의 새해 목표와 기대치를 이야기했다. 일본 전통식으로 점심식사를 하고 난 뒤에는 킴과 내가 미리 꾸며둔 방으로 몰려가 다 함께 진짜 스모를 했다! 각자 최선을 다했고 결국엔 다 함께 바닥을 구르며 웃었다. 그게 가장 중요한 대목이다. 우리는 돈독한 유대감을 형성했고 동시에 뭔가를 배웠다. 모든 교직원이 학생들을 대할 때 마땅히 보여야 할 에너지와 노력의 수준을 정해준 놀라운 하루였다.

개교 첫 주에 우리 전 교직원은 학생들을 대상으로 한 시간 길이의 발표를 준비했다. 학생들에게 가족사진을 보여주고 취미와 관심사에 대해 말하는 등 자기소개가 그 내용이었다. 학생들과 인간적인 관계를 맺고 싶은 교사라면 마땅히 거쳐야 할 필수 절차였다. 발표방식에 관한 세부적인 지시사항은 따로 없었다. 발표가 시작되었을 때 나는 교실 문에 얼굴을 바짝 들이대고 안을 엿보았다.

와우! 너무나 감동적이었다. 칠흑처럼 어두운 교실에 영화 〈미션 임파서블〉의 주제곡이 흘러나오고 있었다. 카사 선생님을 비롯한 전 교직원이 교실 앞쪽에 늘어서 있었는데 다들 킬러처럼 검은 옷을 입고 검은 복면을 하고 있었다. 카사 선생님이 아이들을 향해 "임무를 주러 왔다!"고 선언했다. 생각했던 것보다 더 열심히 공부해야 하는데 밤새 공부를 해야 할 때도 있을 것이며 세부사항에 집중해야 하고 스스로 생각하는 한계를 뛰어넘어야 할 때도 있을 거라는 내용이 임무에 포함되어 있었다. 하지만 학생들이 임무를 받아들인다면 결코 혼자는 아닐 거라고 덧붙였다. 그러면서 그 임무를 도와줄 지원팀으로 우리 RCA의 교직원들을 한 명씩 소개했다.

소개받은 교직원은 학생들의 임무수행을 돕기 위해 자신이 어떤 재능을 지니고 있는지 설명했다. 그동안 교사들의 사진이 뒤쪽의 스크린에 떠올랐다. 먼저 제임스 본드를 능가하는 자세를 취한 현재의 모습이 비췄고, 이어서 어린 시절과 가족들의 사진들을 보여주었다. 교직원들의 발표는 흠잡을 데가 없으며 인상적이었고 훌륭했다.

우리 RCA에서는 어떤 일을 할 때 스스로에게 다음과 같은 질문을 던진다.

어떻게 하면 이 일을 더 잘할 수 있을까?
지금 기회를 특별한 순간으로 만들려면 어떻게 해야 할까?
우리가 정한 기본에 충실하기 위해 모든 노력을 기울였는가?
어떤 일이 벌어지더라도 대응할 준비가 되어 있는가?
그리고 가장 중요한 것! 이 일을 뛰어나게 하기 위해 가능한 모든 노력을 기울였는가?

우리는 가능한 가장 높은 수준으로 일하고자 하며 한계를 뛰어넘으려 노력한다. 몇 년 전 대사 한 줄까지 다 외워야 비로소 촬영현장에 나타난다는 여배우 베티 화이트에 관한 기사를 읽은 적이 있다. 그녀는 토씨 하나까지 다 외워야 비로소 나갈 준비를 했다고 한다. 예민하고 준비성이 철저했던 완벽주의자인 그녀와 함께 일하는 사람들은 그녀를 실망시키고 싶지 않아서라도 최선을 다해 대사를 외우고 연습했다고 한다. 즉 그녀는 자신이 뛰어남의 본보기가 되어 남들의 노력까지 향상시켰다. 이렇게 우리 교사들은 우리가 보여주는 수행 수준을 아이들이 받아들이고 따라 배운다는 것을 염두에 두어야 한다.

타운슬 선생님이 과학시험을 어렵게 냈을 때 많은 학생들이 형편없는 성적을 받았다. 저녁 6시, 나는 퇴근 전에 학생들의 과학 실력을 높은 수준으로 끌어올리기 위해 어떤 계획을 갖고 있는지 물어보려고 타운슬 선생님의 교실에 들렀다. 그런데 타운슬 선생님은 자신의 교실에서 아이들을 데리고 복습을 하고 있었다. 학급 전체가 부모와 함께 앉아 있었고 타운슬 선생님은 자료를 하나씩 검토해가며 학생들과 학부모들이 모두 내용을 이해하고 숙지했는지 확인하고 있었다. 그런 게 바로 뛰어남이다.

우리 RCA는 모든 분야에서 뛰어나고자 노력한다. 지나 코스 선생님이 첫 출근을 했을 때부터 나는 그녀가 마음에 쏙 들었다. 코스 선생님은 전 교직원을 위해 햄을 곁들인 하와이식 비스킷을 집에서 만들어 왔다. 서로를 위해 음식을 준비하는 것은 아름다운 일이며 학교에 온기를 더해 집처럼 만들어준다. 그런 게 바로 뛰어남이다.

RCA의 기술을 맡고 있는 버나딘 선생님을 나는 슈퍼맨이라고 부른다. 버나딘 선생님은 천재다. 어느 금요일 밤 그는 먼 도시에서 기술 협의회를 마치고 집으로 돌아오고 있었다. 열 시간을 운전해 집에 거의 도착했을 때 컴퓨터가 작동하지 않으니 월요일에 출근하면 한번

봐달라는 문자메시지를 받았다. 다음 날 내가 학교에 가보니 전날 먹통이었던 컴퓨터가 잘 돌아갔다. 나중에야 버나딘 선생님이 금요일 밤에 학교에 들러 고쳐놓았다는 사실을 알게 되었다. 그는 그날 새벽 4시까지 학교에 있었다고 한다. 그런 게 바로 뛰어남이다.

버나딘 선생님은 정말로 슈퍼맨이다!

도비코 선생님에게 지금 쓰고 있는 책의 제목을 '당밀 수업의 종말(이 책의 원제는 The end of molasses of Classes이다)'이라고 붙일 거라고 했을 때 그는 떨떠름한 표정을 지었다. 나는 책 내용에 딱 맞는 제목이라고 굳게 믿고 있었으니, 아마 도비코 선생님은 내 표정을 읽었던 것 같다. 다음 날 내 책상 위에 사과와 새 책에 대한 도비코 선생님의 축하 메시지와 당밀 한 병이 놓여 있었다. 그런 게 바로 뛰어남이다.

내 첫 직장이었던 노스캐롤라이나의 학교가 철거에 들어갔다. 아버지가 철거현장에 들러 내가 가르쳤던 교실의 문짝을 가져가고 싶다고 관계자에게 부탁했다. 아버지는 다음과 같은 쪽지와 함께 그 문짝을 내 생일선물로 보내주었다.

이 문짝을 네 집무실 책상으로 활용하면 좋을 것 같구나. 아이들의 삶을 변화시키려는 네 목표에 힘과 지지를 보내줄 것이다. 네가 처음 이 문을 열고 들어가 학생들의 삶을 변화시켰을 때처럼 매년 그렇게 말이다.

그런 게 바로 뛰어남이다. 모두 그 정도로 뛰어날 거라고는 상상조차 못했던 경험이다. 그들은 자신들이 하는 모든 일에 뛰어남을 추구했고, 스스로를 채찍질하며, 보다 훌륭하게 보다 높게 보다 멋지게 살기를 힘쓴다. 나는 주변에 그런 사람들이 있다면 그 어떤 일도 행복하게 성취해낼 수 있을 거라고 믿는다.

> **이렇게 하라**
>
> 교사도 학부모도 자신의 모습이 아이들의 삶에 놀라운 영향력을 행사할 수 있음을 항상 염두에 두어야 한다.
> - 험담하지 마라. 누군가에 대해 불평과 험담을 늘어놓다보면 끝이 없다. 그러니 하지 마라.
> - 시간을 엄수하라. 수업에 들어가는 교사나 아이를 데리러 온 부모나 교사를 만나기 위해서 온 학부모나 제 시간에 나타나는 것은 필수 사항이다. 시간을 어기는 것은 상대방의 시간을 존중하지 않는다는 뜻이며 무척 무례하게 보이고 아이들에게도 그릇된 메시지를 전달한다. 모슬리 선생님은 매일 아침 7시 전에 학교에 온다. 4년간 단 한 번도 어긴 적이 없다. 아이들이 어른들을 보고 자란다는 것을 잘 알고 있는 만큼 시간을 잘 지키는 게 특별한 일이 아니라 지극히 당연한 일

이라는 것을 몸소 보여주고 싶단다.

• 학교에 제출해야 하는 게 있다면 뭐든 제 시간에 내라. 학부모 서명을 한 동의서나 성적표 등을 늦게 보내지 마라. 바로 다음 날 보내주면 학교에 큰 도움이 될 뿐만 아니라 아이들에게도 약속을 지키기 위해 미리 서두르는 일의 가치를 가르쳐줄 수 있다.

• 교사와 학부모는 학교에 아무리 작은 휴지가 떨어져 있어도 주워야 한다. 학교에 티끌 하나 없도록 하는 데 솔선수범해야 하며 학생들에게, 특히 지저분하고 무질서한 학생들에게 깨끗한 환경에서 진정한 영혼의 힘과 성공의 정신이 탄생한다는 교훈을 가르쳐주어야 한다. 대부분의 학부모는 학교 복도나 주차장에 휴지가 떨어져 있어도 주울 생각을 하지 않는다. 그러나 이런 모습이 아이들에게 심어줄 메시지를 생각해보라.

• 교사는 학부모에게 메일이나 편지를 보낼 때 올바른 문법을 지키고 있는지 세 번 이상 확인해야 한다. 또 부모는 교사에게 보내는 메일과 편지에 존경과 감사의 마음이 담겨 있는지 확인해야 한다.

• 복장에 신경을 써라. 주름이 가거나 찢긴 자국이 있는 옷은 안 된다. 단정치 못한 복장도 안 된다. 특히 자녀의 학교에 올 때 학부모는 복장에 신경을 써야 한다. 아이들은 부모가 단정한 매무새로 자신을 데리러 오기를 바란다. 선생님과 친구들에게 자랑스러운 부모, 세련된 부모의 모습을 보여주고 싶어 한다.

아이들이 잊지 못할 순간을 만들어라

11

    과거는 늘 뭉뚱그려지기 마련이지만 값을 매길 수 없을 정도로 귀중한 순간들도 존재한다. 마음을 깊이 울리는 그 순간들은 우리의 마음속에 뚜렷하게 기억된다. 바로 그러한 순간들이 모이고 모여 현재의 우리 모습을 만들고 세상을 바라보는 가치관과 신념 등을 형성한다. 우리 RCA는 바로 그런 사실을 알고있기에 학생들에게 영원히 기억될 특별한 순간들을 선물해주기 위해 최선을 다하고 있다.

    5학년 학생들을 데리고 뉴욕으로 여행을 떠났을 때였다. 우리는 아이들에게 결코 잊을 수 없는 특별한 순간을 만들어주고 싶었다. 하지만 그러한 순간을 위해 들일 돈이 한 푼도 없었다. '뉴욕에서 우리 아이들에게 일어날 수 있는 가장 멋진 일이 과연 무엇일까?' 나는 스스로에게 묻고 또 물었다. 결국 대답이 떠올랐다. 뉴욕의 상징인 타임스퀘어의 거대한 전광판에 우리 아이들의 얼굴이 나올 수만 있다면 얼마나 좋을까? 무조건 해내야 했다. 타임스퀘어에 우리 아이들의 웃는 얼굴이 거대하게 번쩍이는 모습이 눈앞에 선했다. 그보다 더 멋진 일이 있을까? 내 생각을 들은 교직원들이 이렇게 대답했다.

"론, 그런데 그걸 공짜로 해내야 한단 말이죠?"

"그럼요. 무조건 방법을 찾아내야 합니다. 반드시 해내야 해요!"

우리는 타임스퀘어에서 가장 큰 전광판(높이 15미터)을 소유하고 있는 파나소닉에 연락을 취했고 광고비용이 어마어마하다는 이야기를 들었다. 거절당한 것이다. 하지만 포기하지 않고 음질개선 회사를 운영하고 있는 우리의 친구 제프 앤더슨을 통해 보다 공식적인 형태의 요청을 넣었다. 물론 디스크에 우리 학생들의 사진도 담아 보냈다. 파나소닉 측은 광고비용 문제 때문에 새벽 3시에나 아이들의 사진을 내보낼 수 있다는 답변을 보내왔다.

"훌륭합니다! 아이들을 깨우면 돼요. 그런 건 중요하지 않습니다. 몇 시가 되었든 저희는 무조건 감사드립니다."

결국 파나소닉은 수락을 결정했고 시간을 조절해 밤 11시 30분에 약 10분 정도 전광판을 쓰게 해주겠다고 확답을 보내왔다. 그 시간 동안 우리 학생들의 얼굴을 천천히 하나하나 보여주겠다는 것이었다.

그날 밤 우리는 아이들을 타임스퀘어 한가운데로 집결시켰다. 아이들에게 모두 내 얼굴을 보라고 일렀다. 그래야 아이들이 타임스퀘어에서 가장 큰 15미터 높이의 대형 전광판을 등지고 설 수 있었다.

"얘들아. 너희도 알겠지만 우리 선생님들은 너희의 미래가 이 불빛들처럼 휘황찬란하다고 생각한단다. 너희의 잠재력은 저 고층건물들처럼 높다고 생각해."

나는 시계를 보았다. 11시 30분이었다. 그러나 아무것도 나타나지 않았다. 나는 계속 말을 이었다.

"또 우리 선생님들은 너희 모두가 대단한 사람이라고 생각한단다. 너희 한 사람 한 사람을 몹시 사랑하지."

11시 31분. 그러나 아무 일도 일어나지 않았다.

"그래, 너희는 정말 훌륭하다. 정말, 정말이지 훌륭해."

11시 32분. 아무 일도 없었다. 망했다! 사진을 담아 보낸 디스크가 고장이거나 파나소닉 측에서 날짜를 착각했거나 아니면 뭔가가 잘못되었다는 생각이 들었다.

"아, 그러니까 선생님이 하고 싶은 말은 말이야……."

그때였다. 대형 전광판에 리처드 더글러스가 나타났다. 타임스퀘어 위에 우뚝 솟아오른 얼굴에는 치아 하나의 크기가 작은 아이의 키만 했다. 내 뺨에 눈물이 흐르고 있었다. 나는 겨우 아이들에게 이렇게 말했다.

"뒤를 돌아보렴."

아이들이 일제히 비명을 질렀다.

앨레나의 환한 얼굴이 전광판을 가득 채우고 있다.

"리처드!"

리처드가 두 손으로 얼굴을 가리며 외쳤다.

"오, 맙소사!"

그때 앨레나의 얼굴이 나타났고 앨레나 역시 기절 직전이었다. 한 사람씩 차례로 빛나는 순간을 만끽했고 타임스퀘어 일대는 아수라장이 되었다. 근처의 행인들뿐만 아니라 지나가던 택시운전사들까지

타임스퀘어 전역에 아이들의 기쁨에 찬 함성이 울려 퍼졌다.

길을 멈추고 무슨 일이 일어났는지 살펴볼 정도였다. 그들은 우리 학생들이 전광판에 떠오른 자기 얼굴을 보고 기뻐하고 있는 걸 알자 우리 아이들을 보았다가 전광판을 보았다가 했다. 곧 사진을 찍는 사람들, 축하를 해주는 사람들로 거리가 북적였다.

숙소로 돌아와 하루를 평가하는 시간에도 아이들은 전광판 이야기를 멈출 줄 몰랐다. 다들 강렬한 인상을 받았고 자신이 중요한 사람인 것 같은 특별한 느낌을 받았다고 말했다. 그게 바로 우리 RCA가 아이들에게 선사해주고 싶은 감정이었다. 아이들이 교실에서나 여행지에서나 자신이 얼마나 사랑받고 있는지, 얼마나 큰 가능성을 가지고 있는지를 깨닫게 해주고 싶었다.

아이들을 위해 마련했던 또 다른 특별한 순간이 있다. 킴이 7~8학년 여학생들을 집으로 초대해 새해 전날 밤을 함께 보내기로 했다. 일종의 파자마파티를 열기로 한 것이다. 나는 이 기회에 남학생들에게 결코 잊지 못할 순간을 선사해주기로 했다.

킴 비어든 선생님의 집에 모인 여학생들을 공격할 계획을 세우기 위해 우선 14명의 남학생들을 우리 집으로 불러 모았다. 남학생들은 완전히 흥분했고 다 함께 장난감 총을 사러 월마트로 향했다. 그러고는 차를 몰고 가 비어든 선생님의 집에서 세 블록 떨어진 곳에 주차를 하고 여기저기에 몸을 숨긴 채 그녀의 집을 포위했다. 내가 초인종을 누르자 여학생들이 달려 나와 나를 끌어안으며 반겼다. 나는 깜짝 놀랄 만한 일이 있으니 다들 나와보라고 여학생들을 유인했다. 그리고 신호로 현관문을 쾅 쳤다. 그때 온통 검은 옷으로 차려입은 남학생들이 여기저기서 튀어나왔다. 장난감 총알이 공중을 가르고 여학생들은 비명을 지르며 뛰어다녔다. 10분 동안 완전한 혼돈상태였다.

뒷문을 통해 집 안으로 도망친 여학생들이 있었는데 그녀들을 쫓은 남학생들은 제압당하고 총을 빼앗겼다. 그리고 진짜 전투가 시작되었다! 여학생들은 소파 뒤에 숨어들며 옷장에서 튀어나오며, 싱크대 뒤로 뛰어들며 총을 쏘아댔다. 결국 다들 지쳐 쓰러졌고 바닥을 구르며 웃어댔다. 아이들이 외쳤다.

"제 평생 가장 재미있는 순간이었어요!"

> **이렇게 하라**
>
> 우리에게 아이들이 얼마나 소중하고 경이로운 존재인지를 아이들에

게 알려주기 위해서는 특별한 순간들이 필요하다. 타임스퀘어의 전광판이나 새해 전날 밤 킴의 집에서 일어났던 일처럼 거창한 규모일 필요는 없다. 훨씬 더 쉽고 단순해도 좋다.

나는 5학년 때 수채화 그리기 대회에서 상을 받았는데 당시 선생님은 내 사진을 다른 두 명의 수상자 사진과 나란히 종이에 붙여주셨다. 그 종이를 아직도 간직하고 있는데, 내겐 거기에 붙은 내 얼굴이 타임스퀘어 전광판에 뜬 것만큼이나 큰 의미를 지니고 있다. 어쩌면 공을 들여 사진을 오리고 종이에 예쁘게 붙이는 수고를 감내할 만큼 선생님에게는 그 대회가 중요했는지도 모른다. 실제로 이런 일이 생기면 많은 선생님들이 학부모에게 사진을 인쇄하여 붙이도록 부탁하는 게 더 일반적이다.

비슷한 방법으로 수업시간에 모범을 보여준 학생들의 사진을 교실 게시판에 붙여놓을 수도 있다. 코스 선생님은 지역의 캐리커처 전문가에게 우등생들의 사진을 보내면서 각각의 아이들이 좋아하는 취미 등을 알려주었다. 캐리커처 전문가는 아이들 각자의 특징을 살려 그림을 그려주었고 코스 선생님은 이 사진을 '톱스타' 게시판에 붙여놓았다. 조금 더 나아가 우등생 사진을 지역 게시판에 올리는 방법을 찾아보는 것도 좋겠다. 또 지역 라디오 프로그램에 연락해 우등생들의 이름을 큰 소리로 불러달라고 부탁할 수도 있다. 시간만 완벽하게 맞추면 수업시간에 들려줄 수도 있다. 공부를 하고 있는데 갑자기 라디오 진행자가 자기 이름을 큰 소리로 불러준다고 생각해보라. 학생들의 표정이 눈에 선하지 않는가!

배움을 사랑하는 분위기를 만들어라

12

아이들에게 배움을 향한 열정을 심어주는 가장 좋은 방법은 교사가 먼저 배움을 향한 열정과 감동을 많이 보여주는 것이다. 학생들이 내가 모르는 질문을 던지면 나는 이렇게 말한다.

"오오! 우리 같이 찾아보자!"

부모와 교사는 그 정도 수준의 관심과 호기심을 아이에게 보여주어야 한다. 아이가 "왜 하늘은 파랗죠?"라고 묻는다면 부모는 답을 찾기 위해 온갖 도구를 꺼내 들고 몰두해야 옳다. 학생이 질문을 던졌는데 교사로서 답을 확실히 모른다면 절대 거짓말을 해서는 안 된다. 모든 걸 알고 있는 것처럼 보이고 싶은 어른도 있겠지만 올바른 태도가 아니다. 이 세상에 모든 것을 다 알고 있는 사람은 없다. 자신에게 주어진 어떤 질문에도 기꺼이 대답을 찾고자 노력하는 사람이 진정한 천재라는 사실을 아이들에게 가르쳐주어야 한다. 또한 우리 어른들이 지식을 향한 갈증을 늘 가슴에 품고 평생 배우려는 자세를 보이는 것도 중요하다. 어린 시절에는 대학만 졸업하면 더 이상 배울 게 없을 줄 알았고 마침내 모든 걸 다 알게 되는 영광의 날이 올 거라고 기대했다. 그러나 우리 아이들에게는 그런 마음가짐이 옳지 않으며 배움을 향한 기쁨은 끝까지 지속될 거라고 알려주어야 한다.

나는 과학교사인 타운슬 선생님과 함께 여행을 할 때가 정말 좋다. 박물관이든 사찰이든 행사장이든, 그곳이 어디든 타운슬 선생님은 늘 맨 앞에 선다. 무슨 일이 벌어질지 진심으로 보고 싶어 하고 주변 사물을 통해 뭐든 배우고 싶어 하는 마음이 간절하게 드러난다. 나는 그런 모습이 정말 좋다. 그는 세상을 어떻게 바라보아야 하는가의 완벽한 모범답안이다. 그의 눈은 늘 흥분과 경탄으로 빛나고 입은 양쪽 귀까지 찢어지는 함박웃음을 짓고 있다.

RCA가 제공하는 여행 기회 덕분에 나는 일곱 개 대륙 중 여섯 곳에서 타운슬 선생님의 빛나는 눈동자를 목격할 수 있었다. 그는 우리 모두의 경험을 한결 기쁘고 가치 있게 만들어준다. 교직원 중 한 사람을 남극으로 보내 지구온난화의 영향에 대해 배워올 기회가 생겼을 때 우리는 모두 당연히 타운슬 선생님이 가야 한다고 생각했다. 그가 남극여행을 마치고 돌아왔을 때가 생각난다. 다들 학교에 남아 있었는데 로비 쪽에서 엄청난 환호성이 들려왔다. 얼른 나가보니 타운슬 선생님이 남극점 위에서의 행색 그대로 로비 한가운데에 서 있었다. 돌아오는 길 내내 옷도 갈아입지 않고 면도도 하지 않아 거칠어 보였다. 나는 얼른 달려가 축하 사절단에 끼어들었다.

내가 양팔을 벌려 끌어안자 그는 이렇게 말했다.

"아름다웠어요, 클라크 선생님. 그냥, 엄청나게 아름다웠어요."

그리고 그는 울음을 터뜨렸다. 우리는 타운슬 선생님의 교실에 모여들었고 남극에서 목격하고 경험한 것, 거친 바다와 호기심 많은 펭귄들, 거대한 빙산과 천국의 침식현상에 대한 이야기를 들었다. 그가

일본의 와카야마에서 타운슬 선생님과 학생들.

우리에게 보여주고 싶다며 사진 한 장을 꺼내들었다. 배에 타고 있었는데 얼음 속으로 다이빙을 해볼 사람은 나와보라고 했단다. 바닷물은 얼음 조각이 가득한 슬러시 상태였다. 아이들은 흠칫 몸을 떨며 이야기에 더욱 귀를 기울였다. 타운슬 선생님이 그런 기회를 놓칠 사람이 아니라는 것을 다들 잘 알고 있었던 것이다.

"죽을지도 모른다고 생각하니 조금 무서웠지만 여러분 모두가 저와 함께 있다고 생각했고, 또 누구보다 여러분을 위해 도전하고 싶었어요. 그래서 얼음물에 뛰어들었어요. 하하. 팬티만 입고 말이에요. 머리부터 풍덩 뛰어들었죠."

우리는 모두 커다란 호기심을 품고 평생 배우면서 살아가는 게 어떤 일인지 아이들에게 보여주어야 한다. 어린 시절부터 그런 정신을 배운다면 평생 지속될 것이다. 그리하여 마침내 '뛰어들' 기회가 주어졌을 때 그들은 타운슬 선생님처럼 멋지고 거침없이 뛰어들 것이다.

모든 아이들을 내 아이처럼 대하라

13

암스테르담을 여행하던 도중에 한 학생이 생일을 맞았다. 제일런은 살면서 맞서야 할 어려움이 무척이나 많은 아이였다. 엄마는 암투병 중이었고 아빠는 처음부터 없었다. 그런데 막상 제일런의 생일날 밤 11시 30분이 되어서야 나는 생일 축하한다는 말도 해주지 못하고 하루를 그냥 보내버렸다는 것을 깨달았다. 학생들은 이미 잠자리에 들었고 나도 기진맥진한 상태로 침대에 누워 있었다. 8일간 30명의 학생들을 이끌고 영국과 프랑스와 암스테르담을 차례로 여행 중이었고 금방이라도 쓰러질 것 같이 피곤해 그냥 누워 쉬고 싶다는 생각이 굴뚝같았다. 겨우 몸을 일으켜 옷을 다시 입고 제일런과 줄이 함께 쓰고 있는 호텔 방으로 갔다. 문을 두어 번 두드려서야 제일런이 겨우 문을 열어주었다. 나는 문틈으로 속삭였다.

"얘들아, 얼른 옷 입어라. 선생님이 곧 쳐들어간다!"

제이런은 한마디도 토를 달지 않았다.

"예, 선생님."

약 60초 후에 제일런과 줄이 옷을 입고 방 밖으로 나왔다. 다소 흐트러진 복장이었지만 어쨌든 외출할 준비가 끝났다. 우리는 살금살금 복도를 걸어갔다.

"제일런, 네 생일이 이제 겨우 10분밖에 남지 않았잖아. 그러니 최대한 아껴 써야지."

그때 그 아이의 얼굴에 떠오른 기쁨의 표정은 내가 RCA에서 겪은 가장 벅찬 순간들 중 하나다. 그토록 큰 고통을 겪어온 아이가 그렇게 크게 기쁨을 표현하는 모습은 실로 아름다웠다. 순간, 우리 바로 뒤쪽에서 문 하나가 열리는 소리가 들렸다. 우리는 여행 중에 개별외출을 엄격하게 금하고 있었다. 나는 몰래 놀러 나가려는 녀석이라고 생각해 제일런과 줄에게 얼른 숨으라고 말했다. 제일런과 나는 60센티미터 정도 너비의 오목하게 들어간 벽 틈새에 얼른 숨었다. 그러나 줄은 제때 숨지 못했고 결국 공포에 가득 차서 전속력으로 복도를 내달리기 시작했다. 문을 열고 나온 사람은 론다 로키 선생님이었다. 곧 지옥의 불구덩이에서 들려오는 듯한 끔찍한 소리가 복도를 울렸다.

"주우우울!!!"

곧 로키 선생님의 발자국 소리가 다가왔다. 쿵 쿵 쿵 쿵. 로키 선생님은 줄을 잡자마자 그 아이의 목을 조를 기세였다. 게다가 제일런과 내가 숨어 있는 곳으로 다가오고 있었다. 우리는 최대한 숨을 깊이 들이마시고 벽에 몸을 납작하게 붙이려고 애썼다. 내 얼굴에 떠오른 공포의 표정을 보았는지 제일런은 금방이라도 토할 것만 같았다. 갑자기 로키 선생님이 우리 바로 옆까지 왔다. 그녀는 돌연 걸음을 멈추더니 고개를 오른쪽으로 홱 꺾어 제일런을 보고 다시 고개를 왼쪽으로 꺾어 나를 보았다.

"클라크 선생님! 하마터면 줄을 정말로 죽일 뻔했잖아요."

우리는 입을 막은 채로 복도 바닥을 데굴데굴 구르며 웃었다. 줄이 숨을 고르고 제일런이 벽에서 떨어져 나온 다음 모두 한 조가 되어 호텔 밖으로 나갔고, 두 블록 떨어진 작은 가게에서 마요네즈를 곁들인 감자튀김과 주스를 주문했다. 그리고 약 20분 동안 웃고 떠들다가 두 소년을 다시 호텔방으로 데려다주었다. 시간은 자정을 훌쩍 지나 있었다. 그렇다. 나는 적절하지 못한 시간에 아이들을 데리고 밖으로 나갔다. 하지만 제일런은 그날 밤 일을 결코 잊지 못할 것이다.

RCA에서는 8학년을 거의 마칠 무렵이면 학생들에게 학교에서 겪은 최고의 순간을 20개 정도 써보게 한다. 나는 그동안 겪은 마법 같은 교육경험이며 온 세상을 여행했던 일, 학교 전체가 가족처럼 지내며 교사와 친구들로부터 사랑을 받았던 일을 회상한다. 제일런은 자신이 겪은 최고의 순간을 다음과 같이 썼다.

암스테르담에서 클라크 선생님이 특별한 느낌을 선물해주셨을 때다. 나는 선생님이 내 생일을 알고 계신지도 몰랐다. 그날 선생님은 내 생애 최고의 순간을 선물로 주셨다.

애틀랜타로 돌아왔을 때 제일런의 엄마도 아들에게 특별한 순간을 선사해준 것에 감사하며 다음과 같은 메일을 보내왔다.

"정말 뭐라고 감사드려야 할지 모르겠어요, 클라크 선생님. 제가 할 수 없었던 일을 선생님이 해주셨군요. 평생 갚지 못할 빚을 지고 말았습니다."

제일런의 엄마는 그 여행이 있고 이듬해에 돌아가셨다. 아이가 감당하기에는 너무 힘든 일이었다. 어린 나이에 자기 몫보다 훨씬 많은 일들을 등에 지고 살아가야 하는 녀석을 보면 늘 마음이 아프다.

우리 교사들처럼 늘 아이들과 함께하는 사람들은 아이들이 짊어져야 할 부담들을 자연스럽게 알게 되지만 가끔은 전혀 모르고 지나갈 때도 있다. 아이들이 느끼는 고통과 감수해야 할 어려움에 대해 전혀 알지 못하는 경우가 있는 것이다. 그러므로 우리가 할 수 있는 최선은 아이들을 사랑하고 존중해야 할 한 개인으로 바라보는 것이다. 나는 가끔 스스로에게 묻곤 한다. "만약 어느 교사에게 내 자식을 맡겼다면 그 교사가 이 일을 어떻게 해결해주기를 바라는가?" 그러면 내가 해결해야 할 일의 정확한 답이 떠오를 때가 많다. 아이들을 진정으로 도와줄 수 있고 힘을 북돋아줄 수 있으며 필요한 사랑을 안겨주는 올바른 길이 생각난다. 그만큼 학생들에게 집중하게 되고 요즘 어떻게 지내는지 물어보게 되며 점심시간이면 아이들 옆에 앉게 되고 작은 선물을 주고 싶어진다. 때로는 한밤중에 몰래 빠져나가 감자튀김을 먹는 일도 생긴다. 별일 아닌 것 같지만 어쩌면 간절하게 행복을 갈구하는 아이에게는 몹시 특별한 순간으로 기억될지도 모른다.

상상을 뛰어넘는 혁신을 추구하라

14

킴이 나를 미워할 때가 있다. 수업시간에 활용할 그럴싸한 생각을 들고 나를 찾아와 신나게 자기 생각을 늘어놓았는데 그 위대한 생각을 다 듣고 나서 내가 이렇게 말하는 것이다.

"좀 더 좋은 생각을 떠올려봐요."

그러나 결국 그녀는 훨씬 더 좋은 생각을 들고 다시 나를 찾아온다.

"당신 말이 맞았어요. 이번에는 이 이야기를 들어봐요."

RCA의 공동설립자로 킴만 한 적임자도 없다. 킴은 창조적인 활동가이자 뛰어난 업무윤리를 지닌 탁월한 전문가다. 그녀는 RCA에 삶을 바쳐왔고 학생들을 자식처럼 사랑한다. 그러나 내가 킴과의 관계에서 가장 좋아하는 부분은 둘 다 서로에게 어마어마하게 솔직하다는 점이다. 서로에게 퍼붓는 신랄한 비평 뒤에는 아이들을 위해 최선을 다하자는 목표가 숨어 있음을 우리는 너무도 잘 알고 있다.

나는 많은 동료들이 서로의 생각에 솔직해지기를 바란다. 상대의 감정을 상하게 할까 봐, 화를 돋울까 봐 두려워 좋은 생각이라고 평가하는 건 아니라고 본다. 내가 킴을 찾아가면 그녀는 솔직하게 내 생각이 그저 그런 평범한 생각이라고 말해준다. 나는 내 능력치보다 훨씬 좋고 혁신적인 생각을 떠올릴 수 있게 자신을 밀어붙이는 것을 즐긴다. 도전이 있어야 진정한 잠재력을 발휘할 수 있고 교육자이자 한 개인으로서 성장할 수 있다. 그러나 가끔은 지나칠 정도로 밀어붙일 때가 있다.

RCA 개교 준비를 하고 있던 몇 년 전의 일이다. 영화 〈론 클락 스토리〉가 개봉하기 직전이었다. 영화제작팀이 RCA 건설현장으로 찾아와 텅 빈 공장 건물을 안내하고 있는 내 모습을 찍고 있었는데, 건물 한가운데를 걸으며 나는 이렇게 말해버렸다.

"여기 RCA의 심장부에는 누구도 생각하지 못한 것이 자리 잡을 겁니다. 이 세상 어느 학교에서도 볼 수 없었던 획기적인 것이 놓일 겁니다. 하지만 그게 뭔지 확인하고 싶은 분은 직접 찾아오셔야 할걸요?"

촬영이 끝나고 킴이 엄청 기대하며 물었다.

"론, 대체 학교 한가운데에 가져다 놓을 게 뭐예요?"

나는 대답했다.

"몰라요. 하지만 지금부터 생각해야죠."

한바탕 비난이 몰아쳤다. 나는 킴에게 이미 엎질러진 물이니 어떻게든 좋은 생각을 쥐어짜야 한다고 항변했다. 그런 발언을 하지 않았다면 정말로 좋은 생각을 떠올려야 한다는 의무감조차 느끼지 못했을 거라고도 했다.

이후 몇 달 동안 우리는 온갖 생각을 떠올리고 검토하며 보냈다. 폭포, 회전목마, 그네 등의 아이디어가 쏟아졌다. 그 어떤 것도 학교 한가운데 로비에 설치하기엔 적당해 보이지 않았지만 우리는 결코 포기하지 않았다. 폭포에 대한 생각이 물 미끄럼틀로 변신했고 학생들의 교복을 적실 수는 없었기에 그냥 미끄럼틀로 수정되었다. 하지만 정말로 '그냥' 미끄럼틀이어서는 안 되었다. 결국 거대한 이층 높이의 짜릿한 파란색 튜브 미끄럼틀로 결정되었다. 반질반질하게 왁스칠을 잘해두면 이층에서 곧장 일층 로비로 쭉 미끄러질 수 있는 그런 미끄럼틀. 그 미끄럼틀은 우리 RCA의 완벽한 상징물이 될 것이었다. 계단을 이용하지 말고 미끄럼틀을 타라. 달라져라. 대담하라. 혁신하라. 파이팅! RCA의 원칙을 완벽하게 담은 상징이었다. 이렇게 몇 주 동안, 아니 몇 달 동안 한 가지 생각을 붙들고 늘어진 끝에 마침내 훌륭한 생각이 나타난 것이다.

그러나 특별한 일을 추진하다보면 다른 사람들은 결코 겪지 않아도 되는 문제를 만나곤 한다. 당시 RCA의 새로운 자원봉사자였던 미하리 카사가 보험에 관련된 임무를 맡고 있었는데 다섯 군데의 보험사에 연락을 한 결과 학교에 미끄럼틀을 설치하는 문제 때문에 다섯 곳 모두에서 보험계약에 난색을 표하고 있었다. 학교 한가운데에 거대한 미끄럼틀을 설치한 곳은 어디에도 없었기 때문에 보험사를 상대하는 일 자체가 이미 불리한 전투를 치르는 것과 같았다. 하지만 나는 미하리에게 계속 전화를 걸게 했고 '어떻게든 이루어내라'고 당부했다.

스물일곱 번째 통화에서 존해크니 보험사의 버니 도브가 마침내 우리 이야기에 진지하게 귀를 기울여주었다. 그 일에 몇 주를 매달려온 미하리에게 계속 밀어붙이라고 요구하는 것은 부당했지만 그는 '어떻게든 이루어내라'는 말을 들은 뒤부터 자신이 하고 싶은 일이 되었으므로 계속해서 전화를 돌리고 있었던 거다. 미하리는 열정과 사랑을 품고 RCA에 대해 설명했고 미끄럼틀 이야기뿐만 아니라 세상을 바꾸고자 하는 우리 학교의 전망에 대해서도 열변을 토해냈다. 보험사는 미하리에게 감탄했고 결국 그들이 제시하는 안전수칙을 정확히 따르는 미끄럼틀을 설계하고 적절한 사용규칙을 준수하겠다는 약속만 해준다면 미끄럼틀을 설치할 수 있다고 알려왔다. 업무에 위대한 승리를 거둔 그날 미하리는 자원봉사를 그만두겠다는 뜻을 알려 왔다. 아예 RCA를 정식 직장으로 삼고 싶다는 것이었다. 다음 날 미하리 카사는 RCA의 첫 직원이 되었다.

거대한 파란색 미끄럼틀에 대한 열정은 날로 뜨거워져갔고 결국 우리는 RCA의 모든 방문객에게 미끄럼틀을 타게 하고 '미끄럼틀 자격증'을 주기로 했다. 그 자격증을 뜻하는 스티커와 구호를 새긴 티셔츠도 제작했다. RCA에 가면 '빅 블루 미끄럼틀'을 타야 한다는 소문이 빠르게 퍼져갔다. 솔직히 방문객들이 우리의 교육방법을 배우러 오는 건지 미끄럼틀을 타러 오는 건지 헷갈릴 때도 있다. 중국에서 비행기를 타고 곧장 우리 학교로 와 이틀을 보낸 뒤 다시 곧바로 돌아간 10명의 교사단도 학교에 들어서자마자 그랬다.

"미끄럼틀은 언제 탑니까?"

여든다섯 살의 노부인이 미끄럼틀을 탄 적도 있다. 아직 이 기록은 깨지지 않았다. 노부인은 40년 넘게 교직에 몸담았는데 내가 학교를 안내하는 내내 이런 학교에서 아이들을 가르치는 게 평생 꿈이었다고 감탄했다.

"여긴 우리 교사들의 디즈니랜드군요!"

빅 블루 미끄럼틀. 처음 타보면 아찔하다!

중간쯤 구경했을까. 킴이 다가와 몰래 속삭였다.

"론, 저 부인은 절대로 미끄럼틀을 태우면 안 돼요."

나는 고개를 끄덕였다. 학교 구경이 거의 끝나고 나는 부인을 부축해 중앙계단을 천천히 내려가고 있었다. 그때 노부인이 말했다.

"저 미끄럼틀을 타고 내려가면 훨씬 빨리 갈 수 있지 않을까요?"

나는 왼쪽을 보았다. 그리고 오른쪽을 보았다. 아무도 없었다.

"그럼요!"

노부인은 몹시 흡족한 얼굴로 미끄럼틀 맨 위에 앉았다. 나는 노부인을 살짝 밀어주었다. 그러고는 그녀가 제대로 나오는지 확인하려고 얼른 일층으로 달려갔다. 노부인은 현관 바닥에 쭉 미끄러져 있었다. 치마가 엉덩이 위까지 말려 올라가서 할머니들이 입는 흰색 속옷이

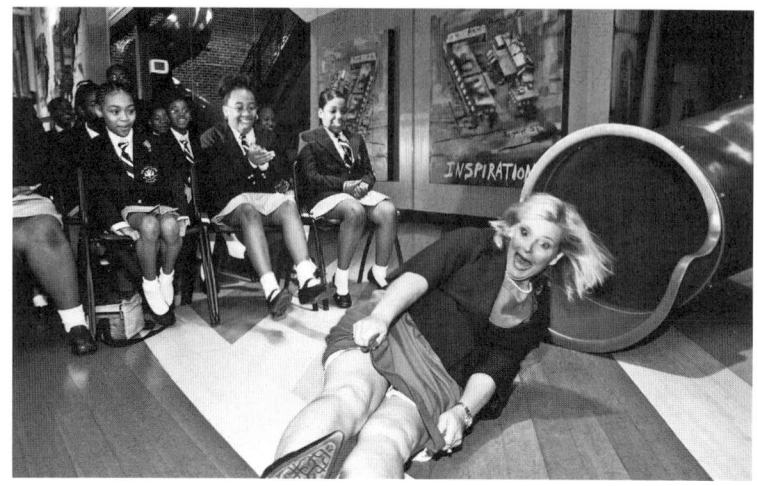
최고의 교사 론다 로키 선생님은 RCA를 방문할 때는 반드시 바지를 입어야 한다는 교훈을 여실히 보여주었다.

보였다. 그날 이후 우리는 방문객에게 RCA를 찾아올 때는 늘 바지를 입을 것을 권장한다. 노부인을 부축해 일으키자 그녀는 '미끄럼틀 자격증'을 언제 받느냐고 물었다. 내가 직접 붙여드리면 영광이겠다고 대답하자 노부인이 말했다.

"나는 더 이상 교사가 아니지만 가슴속에서는 이 학교의 열정이 고스란히 느껴집니다."

RCA에 찾아온 수천 명의 손님들처럼 노부인도 자랑스럽게 스티커를 받았다. 미끄럼틀은 우리의 임무를 상징할 뿐만 아니라 학생들을 위해 학교에 즐거움의 요소를 추가해준다는 점에서도 완벽하다. 정말이지 멋지다. 배움의 공간 한가운데에 자리 잡은 짜릿하고도 신나는 상징물이다. 스스로에게 어려운 도전과제를 던지고 참을성을 갖고 임하면 어떤 일이 벌어지는지 알려주는 상징이기도 하다. 자신에게 그리고 서로에게 더 나아질 수 있는 일, 더 많이 할 수 있는 일, 더 좋아질 수 있는 생각을 요구할 때 일어나는 기적이다.

교사와 학생, 학부모, 학교 구성원의 이름을 기억하라

15

한 학년이 마무리되는 5월이면 우리 RCA 전 직원과 재학생들은 새로 입학하는 5학년 학생들의 이름을 얼마나 외우고 있는지 시험을 치른다. RCA의 새 식구가 되는 사람에 대해서라면 이름과 성을 철자까지 정확히 알아야 한다. 교직원들은 학부모들의 성을 모두 외워야 하며 가끔은 학생의 삶에 중요한 역할을 하는 다른 가족의 이름도 알아야 한다. 또 우리는 학생의 성이 반드시 엄마와 아빠의 성과 똑같을 거라고 예상하지 않는다. 아들의 이름이 '제이 무어'라고 해서 그 어머니를 무조건 '무어 부인'이라고 부르면 실례를 범할 수 있다. 또 아이가 이모나 고모와 함께 살고 있는 경우 그 여성을 무조건 엄마로 생각하면 안 되기 때문에 학생의 가족 상황을 제대로 파악해야 한다. 학생과 진짜 가족 같은 유대감을 형성하고 싶다면 서로를 잘 알아야 하고 무엇보다 이름부터 제대로 기억해야 한다.

우리 RCA에는 학부모들에 대해서도 잘 알고 함께 돈독한 관계를 유지하는 것을 자랑스럽게 생각하고 있지만 가까워지려는 노력을 하다 보면 가끔은 실수를 저지를 때가 있다. 가을 축제 때 성적에 문제가 있는 한 여학생의 아버지를 보았다. 나는 그에게 다가가 포옹부터 하고 곧바로 내 역할에 돌입했다. 당신과 이야기를 좀 해야겠다, 나는 신디를 무척 사랑한다, 신디는 예의도 바르고 특별한 아이지만 성적이 꽤 뒤쳐져 있다, 매일 읽기시간에 제대로 따라오지 못한다, 하지만 우리 모두 신디를 정상궤도로 올려놓기 위해 노력하고 있다, 등등.

그러자 그 아버지가 나를 바라보며 말했다.

"이런, 클라크 선생님. 신디 이야기를 들으니 정말 속이 상하는군요. 윌의 아빠로서 도움을 줄 수 있다면 어떤 일이든 하겠습니다."

이 글을 쓰고 있는 동안에도 낯 뜨거워 빨리 앞 단락과 멀어지고 싶은 심정이다. 학부모에게 도움을 기대한다면 일단 그들이 누구인지부터 알아야 한다. 관계를 형성하는 첫걸음이자 존경심을 보여주기 위한 가장 쉽고도 적당한 방법이다. 많은 이름을 한꺼번에 외워야 하므로 교사보다는 학부모 쪽이 훨씬 쉽다. 교사는 학생과 학부모 전원의 이름을 외워야 하지만 학부모는 자녀의 교사 여덟 명만 알면 된다. 그러나 가정방문을 하거나 학부모와 전화 통화를 할 때면 안타까울 때가 많다. 어느 학부모가 과학숙제에 대해 물어볼 게 있다고, 혹은 체육 선생님과 통화하고 싶다고 말할 때 나는 깜짝 놀라 기절할 것만 같다. 어떻게 매주 자녀와 그렇게 많은 시간을 함께 보내는 선생님의 이름을 모를 수 있단 말인가? 부모가 교사와 친할수록 아이는 교실에서 보다 긍정적인 경험을 할 가능성이 높아진다.

우리는 학생과 교직원, 학부모가 서로의 이름을 모두 알아야 한다는 정책과 더불어 우리 학교의 주요 기부자들과 후원자들에 대해서도 열심히 가르친다. 후원자 개개인의 사진을 보여주고 누구인지 어떤 일을 하는지 우리 학교를 어떻게 도와주고 있는지 등을 알려준다. 또 복도를 지나가다 후원자를 만나면 학생이 먼저 다가가 인사를 하고 자기소개를 하며 그의 이름을 부르게 한다. 사실 아이들은 이미 후원자들에 대해 자세히 알고 있기 때문에 아는 사람에게 하듯 자연스럽게 다가가 인사를 하고 또 우리 학교를 도와준 점에 대해 진심 어린 감사의 마음을 표현하기도 한다.

나는 가장 좋아하는 주가 텍사스라고 서슴없이 말한다. 텍사스의 학교를 방문했을 때 교사들이 전문가로 대접받는 모습을 보았고 교실마다 넘쳐나는 활력을 느꼈다. 한번은 휴스턴의 학교를 찾아간 적이 있다. 급식을 나눠주는 직원들이 여름방학 동안 신입생들의 이름을 모두 외워서 아이들 한 명 한 명에게 직접 이름을 불러 인사를 하는 모습이 몹시 인상적이었다. 직원들은 음식을 나눠주는 그 짧은 시간도 특별하게 만드는 마법을 부리고 있었다.

▶ 매튜 어머니로부터

신입생 환영식에서 전 교직원과 재학생이 신입생의 이름을 처음부터 끝까지 확실하게 알고 있는 것을 보고 깜짝 놀랐어요! 어떻게 그럴 수가 있지요? 당연히 아들은 온몸으로 환영받고 있다는 느낌을 받았답니다.

"엄마, 죽어서 학교 천국에 온 것 같아요."
아이가 이렇게 말하지 뭐예요. RCA가 보내준 환영과 인사는 놀라웠습니다. 정말로 가족의 일원이 된 기분이었어요.
(2014년 졸업반 학부모 메도우즈 부인)

음악으로 활력과 동기, 영감을 불어넣어라
16

　음악은 영감을 불러일으킨다. 전통적인 학교에서는 학생들이 시험을 치르고 있거나 혹은 교실을 이동하는 시간에 고전음악을 틀어주기도 한다. 실험정신이 투철한 학교에서는 교과과정과 관련한 노래를 만들어 부르거나 수업내용을 뮤지컬로 꾸며 공연하기도 한다. 학생들이 사랑하는 학교와 교실을 만들고자 하는 학교라면 어떻게든 음악을 활용한다.

　2008년 대통령 선거 기간에 우리 학생들이 선거의 주요 쟁점을 심도 있게 이해하면 좋겠다는 생각이 들었다. 아프리카계 미국인인 버락 오바마가 백인인 존 맥케인에 맞서 경쟁을 하고 있다는 정도만 알고 넘어가는 건 싫었다. 각 후보자가 무엇을 옹호하고 나라를 어떻게 변화시키고자 하는지를 아이들이 제대로 이해하기를 원했다. 우리는 곧장 중동 위기와 연안 원유 시추, 총기 사용 권한 등 주요 쟁점이 되는 국내외 문제들을 배워나갔다. 학생들은 곧 내용을 이해하기 시작했고 다 함께 심도 깊은 토론을 벌였다.

그 후 몇 주 동안 우리 학생들은 전문가가 되어 온갖 쟁점들을 자유롭게 토론했고 국제적인 문제에 대해서도 핵심을 짚어냈으며, 매일 토론과 함께 자신감도 상승했다. 수업에 흥미와 활기를 더하기 위해 그동안 배운 내용을 노래로 만들어보자고 제안했다. 교실 안의 절반은 존 맥케인 후보를 지지하고 나머지 절반은 버락 오바마를 지지하게 한 다음 각자 정책과 공약을 노래로 만들어보게 했다.

먼저 맥케인 진영이 나섰다.

맥케인은 사나이
베트남에서 싸운 사나이
우리나라를 도울 사람이라면
당연히 맥케인이지
세금은 낮추고
그래 그렇지
연안에서 원유 시추
기름이 펑펑
우리나라 경제는
쑥쑥 자라네!

곧 오바마 진영이 지지 않겠다는 듯 답가를 보냈다.

맥케인과 부시는 정말 비슷해
둘은 똑같아, 정말 답답해
오바마는 새로워
오바마는 더 젊어
오바마는 중산층을 도와줄 거야
변화를 몰고 와
정말로 똑똑해
맥케인과 부시는 정말 똑같아
이라크 전쟁을 생각해
부끄럽잖아
4년을 또 엉망으로 보낼 순 없어!

곧 짧은 랩이 완전한 길이의 노래가 되었고 학급 전체가 주거니 받거니 노래를 불렀다.

오바마가 좋아!	오바마는 잊어!
맥케인을 찍으면 골치 아플걸?	이라크 전쟁이 더 필요해!
맥케인은 이란도 공격할 거야!	아직 미군을 철수하지 마!
오바마를 찍을 거야!	
오바마 좌파!	맥케인 우파!

(다 함께) 정치 이야기는 밤을 새도 모자라.
누구를 좋아하든 투표할 수 있어.
누구를 좋아해도 투표할 수 있어! 예!
민주당은 좌파! 공화당은 우파!
11월 4일이면 결정해야 해.
누구를 좋아하든 투표할 수 있어.
누구를 좋아해도 투표할 수 있어.

당시 코카콜라에서 주최한 장학금 수여식에서 연설을 하게 된 나는 우리 학생들을 데리고 가 관중 앞에서 선거노래를 부르게 했다. 당시 꽤 유행하던 T. I.의 〈왓에버 유 라이크Whatever You Like〉의 리듬에 맞춰 노래가 시작되었다. 학생들은 진심을 다해 노래했고 자연스럽게 춤을 추며 행사장 안 원형탁자 사이를 누비고 다녔다. 양쪽 진영이 앞서거니 뒤서거니 다툼을 벌이자 청중은 흥분하기 시작했다. 노래가 끝나자 기립박수가 나왔다.

며칠 후 모슬리 선생님이 나를 호출했다. RCA에 전화를 해봤거나 안내데스크를 찾아온 사람이라면 모슬리 선생님이 얼마나 야무지고 철저한지 잘 안다. 모슬리 선생님이 내게 물었다.

"클라크 선생님, 대체 왜 자꾸 우리 학교에 전화를 걸어 노래 이야기를 하는 거죠?"

무슨 말인지 알 수 없었다. 그러자 모슬리 선생님이 어느 부인의 전화를 바꿔주었다. 그녀는 네브래스카 주 링컨 시의 어느 학교 교장이라며 자기 학교에서 조회시간에 '오바마-맥케인 노래'를 부르고 싶으니 가사를 이메일로 보내달라고 부탁했다.

"아니, 우리 학생들의 노래를 대체 어디서 들으셨나요?"

"유튜브에서요."

모슬리 선생님과 나는 당장 인터넷을 찾아보았다. 그리고 누군가가 휴대전화로 우리 학생들을 촬영해 유튜브에 동영상으로 올려놨다는 걸 알게 되었다. 동영상 조회 수가 1만 5,000천 건이 넘어 있었다! 다음 날에는 조회 수가 2만 5,000천 건으로 껑충 뛰었고 그 주 말에는 100만 건을 넘어섰다. 학교 전체가 동영상 이야기로 북적거렸다. 월요일 아침, 캘리포니아에 살고 있는 대학 동창이 이메일을 보내왔다.

"애틀랜타의 학생들 이야기 들었어? 그 동영상 정말 끝내주더라!"

나는 곧 답장을 보냈다.

"바로 내 제자들이야. 뒤에서 춤추고 있는 남자 보여? 바로 나야!"

어느새 동영상이 여기저기 전파되어 있었고 불과 며칠 만에 유튜브에는 수십 종류의 동영상이 올라와 있었다. 우리 학생들은 애틀랜타 전역에서 초대를 받아 공연을 했고, 공연마다 누군가가 그 장면을 녹화해 유튜브에 올렸다. 곧 아이들은 〈굿모닝 아메리카Good Morning America〉, 〈투데이Today〉 등의 프로그램과 CNN 방송에 출연하게 되었다. 이렇게 우리는 음악을 활용해 배움에 대한 사랑과 영감을 높일 수 있는 방법을 전 세계와 공유할 수 있었다. 우리는 학생들이 어려운 정치 사안에 대해 이토록 많은 정보를 알고 있다는 사실이 자랑스러웠고 인정받는 모습을 볼 때마다 뿌듯했다. 동영상 조회 수가 1,000만

데이지아 커클리와 시드네이 범퍼스가 RCA 스타일을 맘껏 선보이고 있다. 공연이 거듭될수록 학생들의 자신감과 숙련도가 커져갔다!

건이 넘어가자 애틀랜타 전역이 들썩였다. 우리 학생들은 도시의 유명인사가 되었고 다들 기분이 좋아 하늘로 날아갈 것 같은 행복감을 느꼈다.

그때 몹시 속상한 일이 벌어졌다. 어느 날 아침 학생들이 울면서 교실로 몰려왔다. 유투브 동영상 조회 수가 1,000만 건을 기록한 만큼 댓글도 수십만 개 이상 달렸다. 대부분은 아이들이 어른들보다 선거에 대해 더 잘 안다는 칭찬의 댓글이었다. 또 노래 덕분에 정치 쟁점에 대해 잘 알게 되었다는 댓글도 있었다. 그러나 수만 건의 댓글은 인종차별로 범벅이 된 잔혹한 내용이었다. 우리 학생들을 향한 부정적이고 혐오스런 반응을 드러내는 댓글이었다. 우리는 몹시 충격을 받았다. 드디어 위기가 찾아온 것이다.

학생들에 대해 알아라

17

　많은 교사들이 학생을 대할 때 피부색을 보지 않는다고 말한다. 모든 학생들을 똑같이 바라보고 똑같이 사랑한다는 말이다. 그 말이 진심임을 의심치 않지만 나는 솔직히 학생들의 피부색을 보고 차이를 인정해야 한다고 생각한다. 피부색을 보지 않으면 그 문화도 보지 않는 셈이 되기 때문이다. 미국이라는 나라 안에는 남성이나 여성이나, 흑인이나 백인이나, 아시아계나 아메리카 원주민이나 멕시코계나 각자 다른 경험을 지니고 살아간다. 나는 백인 남성이라는 정체성이 무척 도움이 되는 것을 안다. 은행에서나 주차장에서나 다른 대접을 받는다. 옷가게에 들어갔을 때 인종에 따라 얼마나 대접이 다른지 잘 알고 있다.

　뉴욕에서 교사생활을 할 때의 이야기다. 동료들과 식당에 갔고 나만 유일하게 백인이었다. 식당 직원이 계산서를 들고 와 내 앞에 내려놓았다. 나는 웃으며 "저는 돈이 없어요"라고 말했지만 다른 일행은 전혀 웃지 않았다. 동료들은 모두 기분이 상했고 같은 아프리카계 미국인이었던 식당 직원에게 왜 그런지를 설명했다.

　RCA 학생들과 함께 전국을 여행하다보면 인종에 관한 편견의 시선을 받을 때가 있다. 학생들 대부분이 아프리카계 미국인이기 때문에 우릴 본 사람들은 "아, 농구팀인가 보네. 어느 팀이요?"라고 묻거나 "합창단인가 봐. 노래 좀 불러봐요"라고 말한다.

그럴 때면 나는 이렇게 대답한다.

"이 아이들은 정말로 똑똑한 영재학생팀이랍니다."

그러면 이렇게 되묻는 사람도 있다.

"아, 그래요? 그런데 여행비용은 대체 어떻게 충당합니까?"

만약 내가 백인 학생들과 여행 중이었어도 사람들은 비용에 대해 물어봤을까? 대부분은 그렇지 않을 것이다.

나는 우리 학생들이 그와 같은 현실에 대해서 준비하고, 긍정적이고 분별 있게 해결하는 방법을 찾기를 바란다. 그래서 우리 RCA에서는 인종에 대한 이야기를 공개적으로 나눈다. 마치 문제가 존재하지 않는 것처럼 숨기는 게 오히려 더 큰 문제를 야기한다. 유투브에 인종차별적인 댓글들이 올라왔을 때에도 나는 곧장 학내 전체회의를 소집해 토론을 벌이고 대처방안을 수립하기로 했다. 댓글에 관한 토론을 진행하는 동안 나는 이 나라에 여전히 꽤나 역겨운 사람들이 존재함을 깨달았다.

"이 동영상은 틀림없이 애틀랜타 동물원에서 찍었나 봐."

"애들은 노래와 춤 말고는 할 줄 아는 게 없어."

댓글 여기저기서 '흑인'을 비하하는 언어가 사용되고 있었다. 심지어 어떤 사람은 우리 학생들의 얼굴과 오랑우탄의 얼굴을 비교하는 사진을 올려놓기도 했다. 비참해하는 학생들의 모습을 보고 있자니 내 마음이 갈기갈기 찢기는 것만 같았다.

"됐어. 동영상을 올린 사람들에게 게시물을 모두 삭제해달라고 해야겠다. 너희가 이런 무시와 비난을 받을 이유는 전혀 없다."

그러자 아자네이가 나서서 말했다.

"클라크 선생님, 사람들이 마틴 루터 킹에게 달걀 세례를 퍼부었을 때 그분은 고개를 꼿꼿이 세우고 계속 걸어갔다고 가르쳐주셨죠? 편견을 깨기 위해서라도 맞서 싸우지 않았다고요. 저희도 편견을 깨고 싶어요. 노래와 춤 말고도 우리가 할 수 있는 게 많다는 것을 사람들에게 보여주고 싶어요. 그러니 동영상은 계속 올려놓아야 해요. 어리석은 사람도 있지만 저희 노력을 칭찬해준 사람들도 많아요. 우리는 이 세상을 바꾸고 있잖아요."

윌리도 거들었다.

"그래요, 선생님. 우리는 앞으로도 살아가는 내내 인종차별과 맞서야 해요. 지금부터 긍정적으로 대처하는 방법을 배워야죠."

결국 투표를 했고 전원이 동영상을 그대로 올려놓는 쪽을 선택했다. 다음 날 ABC 방송의 〈월드 뉴스 투나잇World News Tonight〉에서 요청이 있었다. 우리 학생들이 노래하는 모습을 취재하고 싶다는 것이었다. 나는 학생들에게 원한다면 거절하겠다고 말했다. 하지만 아이들은 승낙하며 조건을 달았다. 방송사가 노래 말고 정치 사안에 대한 인터뷰도 해주었으면 좋겠다고. 그러나 ABC 취재진은 학교에 도착해 아이들이 노래하는 모습만 촬영하고 곧바로 철수 준비를 시작했다. 내가 기자를 붙잡고 물었다.

"학생들이 배운 정치 쟁점에 대해서 인터뷰를 하면 어떨까요?"

"좋아요. 한 학생 이야기만 잠깐 듣기로 하죠."

나는 속으로 쾌재를 불렀다. 윌리가 선택되었다. 윌리라면 월터 크롱카이트(미국에서 가장 신뢰를 받는 방송인으로 일컬어지는 기자이자 앵커-역주)에 빗댈 수 있었다.

"이번 대통령 선거에서 누가 이길 것 같니?"

윌리가 조심스럽게 입을 열었다. 어찌나 말이 빠른지 기자의 머리가 핑핑 돌아가는 게 보이는 것만 같았다. 윌리는 자신이 왜 공화당을 지지하는지, 왜 자본이득세를 줄여야 하는지 적어도 5분 동안 줄줄 읊었다. 윌리가 말을 다 마쳤는데도 기자는 잠시 그대로 서 있었다. 이번에는 기자가 내게 물었다.

"다른 학생들 인터뷰도 할 수 있을까요?"

물론이죠! 인터뷰가 이어질 때마다 기자는 우리 학생들의 지식과 태도에 감탄했다. 마침내 기자가 이렇게 말했다.

"클라크 선생님, 아무래도 기사 방향을 바꿔야겠어요. 노래 이야기는 필요 없어요. 학생들에게 초점을 맞추겠어요. 이 학생들은 선거에 대해 어른들보다 많이 알고 있어요. 당장 투표권을 줘도 손색이 없을 만큼이요. 시청자들도 이 사실을 알아야 해요."

그날 학교 전체가 집에 돌아가지 않았다. 우리는 모두 현관 로비에 앉아 저녁 7시 뉴스가 시작되기를 기다리고 있었다. 아이들을 데리러 온 학부모들도 뉴스 이야기를 듣고 그대로 남아주었다. 다들 초조하게 앉아 아이들의 빛나는 얼굴이 나오기를 기다렸다. 마침내 방송이 시작되었고 우리 학생들이 우아하고도 편안하게 국제적인 현안에 대해 주장을 펼치는 모습이 흘러나왔다. 다들 열정적이고 영특했으며 흠잡을 데 없이 완벽했다. 〈월드 뉴스 투나잇〉의 앵커 찰스 깁슨 역시 깜짝 놀란 것 같았다. 그는 RCA의 학생들을 '이 주의 인물'로 선정했으며 모두 어린 학생들에게 배워야 한다고 발표했다. 순간 전 교직원과 학생들, 학부모들이 자리를 박차고 일어났다. 우리는 서로를 끌어안으며 소리를 질렀다. 그때 아자네이가 나를 바라보던 눈빛을 지금도 잊을 수가 없다.

"보세요, 클라크 선생님! 우리가 세상의 편견을 깨뜨렸어요!"

아자네이의 말도 옳고 앵커 찰스 깁슨의 말도 옳았다. 그러니 어린 아이의 가슴과 결단력과 인성을 절대 폄하하지 마라. 아이들은 어른들보다 훨씬 더 명징하고 정확하게 세상을 바라볼 줄 안다.

우리 학생들의 선거노래는 유튜브에서 1,500만 건 이상의 조회 수를 기록했고 2008년 가장 많이 본 동영상 중 하나로 선정되었다. 버락 오바마가 당선되자 우리 학생들은 '오바마에게'라는 제목의 노래를 만들었다. 새 대통령이 된 오바마에게 바라는 것을 편지 형식으로 쓴 노래다. 이 노래도 곧 들불처럼 인터넷에 퍼져 나갔고 우리 학생들은 워싱턴 D.C.에서 열린 다양한 취임축하 행사에 초대받았다. 우리 학생들은 미국 역사상 가장 역사적인 선거에서 당당히 일역을 담당했고, 오바마 대통령이 수락연설을 할 때는 모든 RCA 학생들의 얼굴마다 영광과 자랑스러움이 묻어났다.

다가온 기회를 놓치지 마라

18

RCA에서는 기회를 놓치지 않기 위해 한순간의 망설임도 없이 일을 추진할 때가 있다. 선거노래와 '오바마에게'가 유명해지면서 각지에서 '론 클라크 아카데미 합창단'의 공연을 요청하는 전화가 쇄도했다. 그럴 때면 우리는 이렇게 대답했다.

"론 클라크 아카데미 합창단이라는 것은 없습니다. 그냥 노래로 공부하는 영재학생들이 있을 뿐이죠."

이 말을 하도 많이 했더니 슬슬 짜증이 나려고 했다. 그러던 어느 날 영부인 미셸 오바마와 힐러리 클린턴을 대신해 연방하원의장 낸시 펠로시의 사무실에서 '론 클라크 아카데미 합창단'이 소저너 트루스(흑인노예제도 폐지론자이자 여성운동가 이사벨라 바움프리의 다른 이름 – 역주)의 흉상 제막식에서 공연을 해줄 수 있느냐고 물었다. 전화를 건 상대방이 "론 클라크 아카데미 합창단이라고 없습니까?"라고 물었을 때 나는 얼른 이렇게 대답했다.

"아니요. 있습니다. 있고말고요!"

공연은 코앞이었는데 부를 노래도 춤도 묵을 호텔도 여행기금도 아무것도 없었다. 의원 측은 제막식에 참여하려면 여행비용은 우리가 알아서 충당해야 한다고 말했고, 나는 "문제없습니다. 영광으로 생각하고 참석하겠습니다"라고 대답해버린 것이다. 어떻게 해야 좋을지 전혀 알 수 없지만 의사당 건물에 최초의 아프리카계 미국인 여성의 흉상이 건립되는 역사적인 자리에 우리 학생들이 참석할 기회를 놓칠 수는 없었다.

우리는 곧 학부모들에게 여행 이야기를 전달했고 후원자들을 찾기 시작했다. 어떤 순간에도 이 여행이 아직 확정되지 않았다는 말은 절대로 하지 않았다. 결정되지도 않은 여행에 기부를 할 사람은 없을 테니까. 누구라도 반드시 일어날 확실한 일에, 그리고 누구나 지지하는 임무에 참여하고 싶을 것이다. 전화로 도움을 요청하자 지지가 잇따랐고, 결국 여행이 가능해졌다. 그런데 한 가지 문제가 있었다. 제막식에서 공연할 노래를 정하지 못한 것이다. 그것도 수백만 명 앞에서 선보일 노래, 전국방송을 타게 될 노래를 말이다. 학생들은 욜란다 아담스의 노래 〈아이 빌리브I Believe〉에 소저너 트루스의 삶을 이야기하는 가사를 붙이기로 했다. 가사를 만들어 노래를 불러보고 이틀 연속 연습을 하고 차 안에서도 노래를 반복했다.

그날 저녁 9시, 우리는 심야 리허설을 위해 의사당 건물로 향했다. 행사 진행자들 앞에서 빨리 공연을 해보고 싶었다. 우리가 도착했을 때 다른 출연자가 리허설을 준비하고 있었다. 그다음 출연자는 바로, 바로, 욜란다 아담스였고 〈아이 빌리브〉를 부른다고 했다. 토할 것만 같았다. 나는 공연 진행자에게 우리도 같은 노래를 부르게 될 거라고 알렸다. 그녀는 다른 노래로 바꾸라고 했지만 우리에겐 다른 노래가 없었다.

"잠깐만요. 이런, 욜란다 아담스가 다른 노래를 부른다고 하네요."

이번에는 우리가 허락도 받지 않고 전국방송에서 자기 노래를 부른다는 걸 알면 욜란다 아담스가 가만히 있을지 걱정되었다. 역시 우리로선 대안이 없었다. 기왕 부르기로 한 노래나 열심히 부르는 수밖에. 윌리가 공연 전에 욜란다 아담스에게 감사의 말을 전하는 게 좋겠다고 제안했고 다시 우리는 본궤도로 돌아와 공연만 생각했다.

또 문제가 있었다. 막상 리허설을 시작하고 보니, 우리가 무대 위에 올라가 앞을 보고 공연을 하는 동안 무대 뒤편에 앉을 미셸 오바마와 힐러리 클린턴, 낸시 펠로시는 그 모습을 직접 볼 수가 없었다. 하지만 내빈을 향해 서서 공연을 하면 전국의 시청자들을 향해 등을 돌리게 되므로 난감한 상황이었다. 우리 노래는 엄청난 에너지가 필요했고 춤동작도 무척 복잡했다. 나는 뒷줄 학생들에게 물었다.

"혹시 춤동작을 거꾸로 할 수 있겠니? 너희가 내빈을 향해 춤을 추면 전체적으로는 한 동작으로 보일 수 있잖아."

아이들은 단 일초도 망설이지 않고 대답했다.

"예, 선생님!"

우리는 호텔로 돌아가 다시 연습에 돌입했다. 어느새 새벽 2시가 되었다. 아이들은 지쳐 있었지만 누구도 불평하지 않았고 우리는 계속 연습을 하며 모든 동작을 완벽하게 다듬어갔다. 아침 8시, 우리는 기운을 내 서로를 일으켜 세워 의사당으로 향했으며 드디어 역사의 한 무대를 장식하게 되었다.

윌리가 수천 명 관중 앞에 서서 욜란다 아담스의 눈을 똑바로 바라

뒷줄 왼쪽에서 환하게 웃고 있는 게 조던이다. 그는 관중을 향해 솔로를 부른 뒤 곧바로 영부인을 향해 몸을 돌렸다.

보며 소저너 트루스에게 찬사를 바치는 데 그녀의 노래를 사용할 수 있게 해주어 고맙다고 인사했다. 아담스는 대답으로 활짝 웃었고 아이들의 공연이 끝났을 때는 누구보다 먼저 일어나 박수를 쳤다. 일명 '소저너 트루스의 진실'을 우리 아이들은 나무랄 데 없이 잘해냈고, 춤을 거꾸로 춰야 했던 뒷줄 아이들도 완벽했다. 공연이 끝나고 조던 브라운이 영부인 미셸 오바마를 향해 악수를 청했다. 영부인은 바로 손을 뻗었고, 조던을 안아주며 이렇게 말했다.

"어린 솔로이스트! 훌륭한 공연이었어. 정말 잘하더구나."

가슴 벅찬 소중한 순간이었다. 희미한 한 줄기 희망의 빛을 보고 마침내 어떤 순간을 이루어냈을 때 우리는 결실을 맺기까지 겪었던 고난보다는 성취 순간의 가슴 벅참을 더 오래 기억한다. 우리 RCA에게는 그러한 순간들이 삶의 이유가 된다. 자신에게나 타인에게나 평생 축복으로 기억될 순간을 만들어내는 게 우리의 목표다. 때로는 그런 순간들을 이루어내는 자체가 불가능해 보일 수도 있지만 마침내 성취했을 때의 보람을 생각하면 일단 믿고 시작하는 게 낫다. 그냥 믿어라.

배움을 마법처럼 만들어라

19

  우리 교사와 학부모는 아이들에게서 흥미와 열정이 결핍된 모습을 목격할 때 참으로 비참한 기분에 빠진다. 수학이든 과학이든 읽기든 아이들이 수업을 즐거워하지 않으면 우리는 보다 강렬한 방법을 써야 한다! 아이들이 해당 과목을 부정적으로 바라볼수록 더 큰 피해가 발생한다. 공부에 생명력을 불어넣고 아이들의 마음속에 열정을 심어주는 방법은 언제나 존재하므로 반드시 찾아내야 한다.

  나는 《웨스팅 게임The Westing Game》이라는 그림책을 무척 좋아한다. 바니 노스럽이라는 노인이 파일럿 모자를 쓰고 16명의 인물을 찾아가는 흥미진진한 이야기다. 노인은 사람들에게 유언장 낭독회 초대장을 담은 봉투 하나씩을 건넨다. 샘 웨스팅이라는 노인이 죽었는데, 16명은 샘 웨스팅이 남긴 2억 달러의 유산을 받을 수 있는 후보자들이다. 나는 6학년 학생들과 이 책을 읽기로 했다. 함께 책을 읽으면서 아이들에게 상상력의 힘을 보여주어, 마음속에 그리는 그림과 책 속의 그림을 비교해 가르치고 싶었다. 교실에서 함께 책을 읽을 때면 등장인물의 대사에 생명력을 불어넣기 위해 온 힘을 다 쏟았다. 그러나 소용이 없었다. 아이들은 《웨스팅 게임》을 좋아하지 않았다.

뭔가 대책이 필요했다. 책과 한번 불행한 경험을 쌓으면 영영 멀어질 수도 있다. 궤도를 수정할 획기적인 방법이 필요했다. 나는 스스로에게 물었다. '이 책을 읽고 있을 때 어떤 마법이 일어날 수 있을까?' 갑자기 좋은 생각이 떠올랐다.

며칠 후 수업시간에 아이들과 이 책을 읽고 있는데 비어든 선생님이 파일럿 모자를 쓴 노인 한 분을 모시고 교실 뒤쪽으로 들어왔다(물론 내가 아는 노인이었다). 아이들이 평소대로 예의를 갖춰 자리에서 일어났다. 하지만 다들 놀라 휘둥그레진 눈을 하고 있었다. 비어든 선생님이 노인을 소개했다.

"얘들아, 여기 어르신은 바니 노스럽 씨란다."

아이들은 늘 하던 대로 인사를 차렸지만 머뭇거리고 당혹스러워했다.

"저희 반에 오신 것을 환영합니다. 노스럽 씨."

노인은 아이들에게 편지봉투 하나씩을 나눠주고 서둘러 교실을 떠났다. 노인이 떠나자 아이들이 흥분한 목소리로 외쳤다.

"클라크 선생님, 우리가 읽고 있는 책에 나오는 할아버지예요! 이 봉투는 뭐예요?"

나는 모르겠으니 직접 열어보라고 했다. 봉투 안에는 레이먼드 블러드 씨의 유언장을 읽는 자리에 참석하라는 초대장이 들어 있었다. 유언장 낭독은 토요일 밤 블러드 씨의 저택에서 있을 예정이고 주소는 웨스트 페이스 페리 로路로 되어 있었다. 또 참석한 사람 중 한 명은 2억 달러의 유산을 상속받게 될 거라는 말도 적혀 있었다.

"오오오! 너희 모두 정말 용감해져야 할 거야. 블러드 씨 저택이라잖니? 말만 들어도 으스스하고 오싹하지 않아? 거기서 별별 무서운 일들이 벌어진다는 소문이 파다하단다. 다들 행운을 빈다."

아이들의 눈이 공포로 휘둥그레졌고 교실 안은 열기로 후끈 달아올랐다. 다음 날 아침 아이들이 내 교실로 서둘러 들어오면서 말했다.

"클라크 선생님, 블러드 씨 저택 같은 곳은 없어요. 검색해봤다고요!"

나는 최근 그곳에서 끔찍한 일들이 너무 많이 일어나 인터넷에서 삭제 되었다고 둘러댔다(요즘은 이런 걸 빨리 생각해내야 한다). 그 주 토요일 저녁, 길쭉한 고급 리무진을 무상으로 사용할 수 있는 서비스를 후원받았다. 초대장에 명시된 시간에 학생들이 학교에 도착하자 리무진이 기다리고 있었다. 아이들은 리무진에 올라타며 물었다.

"클라크 선생님, 우리 진짜로 어디로 가는 거예요?"

나는 초대받은 대로 블러드 씨 저택에 가고 있고 사교계에 초대받은 사람답게 리무진을 타고 가는 거라고 말했다.

리무진 기사가 물었다.

"저기, 클라크 선생님, 어디로 모실까요?"

"웨스트 페이스 페리의 블러드 씨 저택이요."

기사가 급히 브레이크를 밟으며 외쳤다.

"말도 안 돼요! 블러드 씨 저택이라니, 그런 위험한 곳에 가면 보험 회사에서 가만히 있지 않을 거예요!"

아이들이 깜짝 놀라 입을 쩍 벌렸다. 나는 기사를 설득했다.

"걱정 마세요. 저택 앞까지는 가지 않을 테니까. 몇 블록 떨어진 곳에 내려놓으면 학생들끼리 걸어갈 수 있을 거예요."

RCA의 친구이자 후원자인 레이먼드와 루시 앨런 부부가 여러 층으로 이루어진 멋진 저택을 사용하도록 허락해주었고, 나는 미리 집 안 곳곳에 이런저런 물품을 가져다 놓았다. 출입문 앞에는 노란색 테이프로 시체 윤곽을 그리고 집 전체를 범죄 현장임을 알리는 경찰 테이프로 감아놓았다.

"클라크 선생님, 저길 보세요. 정말이에요!"

출입문 앞에 시체 윤곽을 그리고 범죄 현장용 경찰테이프를 붙여두었다.

학생들이 집에 들어서면서 외쳤다. 안으로 들어가자 앨런 부인이 온통 검은색으로 차려입고 우리를 맞이했다. 그녀는 우리를 거실로 안내해 앉게 했고 유언장을 읽기 시작했다.

"너희 중 한 사람이 오늘 밤 2억 달러를 상속받을 거야. 하지만 살해범은 바로, 너희 중에 한 사람이다!"

대단했다! 아이들은 곧 두 그

룹으로 나뉘어 실마리를 찾고 수수께끼를 풀어갔다(책에서와 똑같은 방식이었다). 예를 들어 '이층 욕실로 가 휴지통 밑을 보시오'라는 실마리를 찾아 휴지통 밑을 뒤지면 또 다른 실마리가 있는 식이었다. 아이들은 아름다운 집 안을 샅샅이 뒤지며 수수께끼를 풀어나갔다. 그러다가 데이지아의 팀이 먼저 최종 실마리를 찾아 부엌으로 갔다. 그곳에는 레이먼드 블러드가 입가에 피를 흘리며(사실은 케첩) 쓰러져 있었다. 데이지아가 벽이 울릴 만큼 비명을 질러댔고 학생들은 다 같이 현관까지 도망을 쳤다. 한 아이가 소리쳤다.

"어서 911에 전화해!"

나는 재빨리 아이들을 진정시켰고 다시 거실로 집합시켰다. 사실은 앨런 씨인 레이먼드 블러드가 일어나 자신은 죽지 않았고 살인사건 같은 것도 없었다고 해명했다. 나는 학생들에게 오늘 밤 모든 일이 재치와 기량을 시험해보기 위한 자리였다고 설명했고 살인사건도 없었으니 당연히 2억 달러 상속도 없다고 발표했다. 다들 어이가 없는지 한마디도 못하고 있는데 유일하게 한 학생이 "흥!" 하고 불만을 표시했다. 우리는 모두 리무진으로 돌아갔고 몇 억 달러를 놓쳤다는 실망감도 금세 사라졌다. 아이들은 미친 듯이 웃기 시작했고 눈물까지 흘렸다. 다들 그 순간을 진심으로 즐겼다. 솔직히 아이들이 그렇게 웃는 모습은 처음 보았다.

다음 날 아이들이 교실 안으로 뛰어들어왔다.

"선생님, 오늘 그 책 끝낼 수 있어요?"

나는 아직 150페이지나 남았기 때문에 하루 만에 책을 다 읽는 것

리무진을 타고 돌아오는 20분 동안의 기쁨을 결코 잊지 못할 것이다. 너무 웃어서 사진을 찍기조차 힘들었다.

은 불가능하다고 말했다. 아이들은 "제발요!" 하고 애원했고 나는 불가능하지만 한번 해보자고 말했다. 물론 한 시간 만에 책을 다 마칠 수는 없었다. 하지만 아이들이 먼저 책을 끝내기를 원했다는 게 중요했다. 아이들은 책 속으로 빨려 들려가 자신이 이야기 속의 일부인 것처럼 느끼고 있었다.

저택을 섭외하고 경찰테이프를 설치하고 실마리를 곳곳에 숨겨놓고 '바니 노스럽 씨'를 찾아내는 데 들인 시간은 충분히 가치가 있었다. 학생들에게 소중한 무언가를 선물해주었기 때문이다. 그건 바로 상상력을 발휘하는 능력이었다. 그해 아이들이 읽은 모든 책에는 생명력이 깃들었다. 이야기마다 재현할 필요도 없었다. 책을 펼치기만 하면 아이들은 상상력을 발휘했다. 각 페이지에서 단어를 이끌어내고 마음속에 생명력을 불어넣는 법을 배웠다. 아마 그러한 능력은 평생 사라지지 않을 것이다. 책 읽기에 생기를 불어넣는 사람이 반드시 교사일 필요는 없다. 어린 시절 어머니는 스스로 공주가 되고 사악한 왕비나 요정, 마녀, 달걀인간, 심지어 머리 없는 기사가 되어 나의 흥미를 불러일으켰다. 마법 부리기를 두려워하지 않는다면 누구나 아이들에게 그런 사랑을 심어줄 수 있다.

이렇게 하라

수업시간에 마법을 부리고 싶은데 시간이 넉넉하지 않다면 조금 더 손쉬운 방법들이 있다.

- 비나 폭풍이나 기타 날씨에 관한 이야기를 읽고 있다면 불을 끄고 빗소리나 바람소리를 배경음으로 틀어놓아라. 한 단계 더 나아가고 싶다면 아이들에게 우산과 손전등을 가지고 오게 해 분위기를 보다 생생하게 만들어라. 안개를 뿜어내는 기계까지 동원할 수만 있다면 끝내주게 멋진 마무리가 될 것이다.

- 학생들을 '적극적인 독자'로 참여시켜라. 다 함께 책을 읽다가 이야기 속 인물들이 환호성을 지르면 아이들도 환호하게 하라. '쾅' 소리가 나는 대목이 있다면 다 같이 '쾅' 하고 외쳐보자. 탐정이 옷장 속에 숨어 친구에게 전화를 거는 장면이 나오면 읽는 사람도 옷장 속에서 말하는 것처럼 속삭여야 한다. 등장인물이 한숨을 쉬면 학급 전체가 한숨을 쉰다. 학생들이 이런 일에 적극적으로 참여하는 모습을 보면 경이로움을 느낄 것이다. 교사가 조금만 길잡이를 해주면 아이들은

늘 스스로 분위기를 완성시킨다. 세세한 부분에 집중하게 하면 훨씬 더 자연스러운 반응을 이끌어낼 수 있을 것이다.

• 독립전쟁에 관한 역사시험에서 A를 받은 학생들에겐 손에 '타르와 깃털(뜨거운 타르를 몸에 부은 후 깃털을 붙여 고통을 가한 과거 잔혹한 형벌의 종류—역주)'을 묻혀줘라. 학생들은 그런 효과를 무척이나 좋아한다. 물론 진짜 타르가 아니라 당밀과 깃털을 사용해야 하지만 아이들은 꽤 멋지다고 생각할 것이다.

• 《기네스북》에 도전하게 하라. 기회는 얼마 되지 않지만 도전과제를 찾아내는 것 자체가 귀중한 교훈이 된다. 여러 가지 기획안을 제출하게 하고 도전을 위해 필요한 일들을 단계적으로 밟게 하라. 무엇보다 한 팀을 이루어 도전하는 중요성을 강조하라. 만에 하나 정말로 성공한다면 아이들은 평생 잊지 못할 추억을 갖게 될 것이다.

• 탐정에 관한 책을 읽고 있다면 여러 교직원의 소지품을 하나씩 모아 해당 품목이 누구의 것인지 단서와 수사를 통해 알아맞히게 해보자.

• 일상에 묘미를 더해보자. 예를 들어 행정직원들이 하루 동안 복도 전체를 스케이트장으로 바꿔주는 것이다! 아이들은 열광할 것이며 학교 전체에 열정이 깃들고 행정직원들의 인기도 쑥쑥 올라갈 것이다.

• 학생들에게 기대감을 품을 자리를 마련해줘라. 지향점이 생기면 삶을 훨씬 더 재미있어한다. 예를 들어 매년 말 학업경시대회를 열어라. 행사의 규모를 키우고 과거 우승자들을 보여줘라. 학생들에게 도전해볼 만한 멋진 목표가 생길 것이다.

선행은 자신에게 돌아온다고 가르쳐라

20

  학생들과 함께 여행을 가면 나는 늘 현지에서 자원봉사의 기회를 찾는다. 그리고 학생들의 노고에 보답하는 의미로 깜짝선물을 해주기 위해 노력한다. 남아프리가공화국으로 여행을 갔을 때는 자원봉사를 열심히 한 아이들에게 깜짝선물로 사파리 여행을 생각해두었다.

  나는 여행을 준비하는 동안 학생들에게 넬슨 만델라의 자서전《자유를 향한 머나먼 길Long Walk to Freedom》을 읽게 했다. 그렇게 두꺼운 책을 읽어야 한다는 점에 아이들은 조금 불평했지만 나는 그 책을 읽지 않고서는 남아프리카공화국에 갈 수 없다고 아이들을 설득했다. 만델라는 세계적인 자유의 상징이고 또 학생들이 인종분리정책에 관한 이야기를 자세히 알아야 한다고 생각했기 때문이다. 아이들은 곧 내 뜻에 동참해주었다. 용감하게 두꺼운 책을 읽어주었고 책 속에 담긴 의미를 이해하려고 노력했다.

  "클라크 선생님, 이번 여행의 깜짝선물이 뭔지 알 것 같아요."

  "그래? 그게 뭔데?"

  놀랍게도 아이들은 이렇게 말했다.

  "넬슨 만델라를 만날 거죠?"

  나는 너무 놀라 재빨리 대꾸했다.

"아니야, 아니야. 절대로 그렇지 않아."

하지만 아이들은 계속 자신들의 추측이 옳다고 주장했다. 내가 할 수 있는 말은 이것밖에 없었다.

"진짜야, 얘들아. 우린 넬슨 만델라를 만나지 못할 거야. 그분은 여든아홉 살쯤 되었어. 그런 일은 절대로 일어날 수 없어."

남아프리카공화국에 있는 동안 우리는 에이즈 고아원에서 며칠을 봉사하며 보냈다. 그리고 하루는 잠시 쉬는 시간을 틈타 헥터 피터슨 박물관을 찾아갔다. 그곳은 인종분리정책에 반대하는 평화시위 도중 죽음을 당한 남아프리카공화국의 청년을 기리는 박물관이었다. 학생들은 이미 이 청년에 대해 자세히 알고 있었다.

박물관 안을 둘러보는데 갑자기 밖에서 시끄러운 소리가 들려왔다. 앞문 쪽으로 가 보니 검은색 세단이 연달아 멈춰서고 있었다. 머리 위에는 검은색 헬리콥터가 떠 있었고 여기저기서 아이들이 뛰어다니고 있었다. 이런 소리도 들렸다.

"왕이 왔다! 왕이 왔어!"

말도 안 돼. 나는 눈앞에서 벌어지는 일을 믿을 수 없었다. 전 세계 자유의 상징, 넬슨 만델라가 차 안에 있었다. 꿈만 같았다. 심장이 마구 날뛰었다. 우리 학생들이 내 주위에 몰려들었고 세단에서 넬슨 만델라가 걸어 나오고 있었다. 우리는 거의 기절 직전이었다. 학생들이 내게 마구 소리쳤다.

"클라크 선생님! 우리 말이 맞았죠? 넬슨 만델라를 만나게 될 줄 알았다고요!"

나는 넬슨 만델라에게서 눈도 못 떼고 말했다.

"이건 선생님과는 전혀 상관없는 일이야."

만델라가 우리 쪽으로 걸어왔고 학생들은 눈물을 흘리며 고개를 숙였다. 아이들은 완전히 압도당해 있었다. 아이들은 만델라의 역사를, 그의 고통과 투쟁을 알고 있었다. 사람들에게 자유를 안겨주기 위해 애쓰다가 27년이나 감옥에 갇혀 있었다는 사실을 잘 알고 있었다. 우리는 인종분리정책과 남아프리카공화국의 역사에 대해 깊이 있게 공부했고, 모든 걸 알고 있는 아이들은 감당하기에 너무 벅찬 현실과 마주하고 있었다. 만델라가 다가오자 나는 아이들에게 말했다.

"얘들아, 고개를 들어. 고개를 반듯이 들어!"

아이들은 눈가를 문질러 닦으며 천천히 고개를 들었다. 만델라가 키가 크고 깡마른 브랜든에게 다가갔다.

"넌 왜 이렇게 배가 고파 보이니?"

브랜든은 입만 떡 하니 벌리고 아무 대답도 하지 못했다. 그런 만남은 나 역시 처음이었다. 그날 저녁 평가시간에 우리는 빙 둘러 앉아 그날 목격한 것들에 관해 이야기를 나누었다. 아이들이 내게 물었다.

"클라크 선생님, 정말로 선생님이 넬슨 만델라와 만날 수 있게 해준 게 아니에요?"

나는 백 번째로 설명했다.

"정말 아니야. 이번이 마지막이다. 선생님은 이 일과 전혀 관계가 없어."

"하지만 클라크 선생님, 우리가 잠깐 짬을 내 찾아간 조그만 박물관에서 만델라와 마주쳤다는 게 아무리 생각해도 이해가 안 돼요. 믿을 수가 없단 말이에요."

"우리 모두 지난 주 내내 에이즈 고아원에서 열심히 봉사했잖니. 너희는 온 마음과 영혼과 시간을 바쳐 남을 돕고 힘을 주었어. 살다보면 말이다, 남을 돕기 위해 열심히 일하다보면 결국 자신에게 좋은 일이 찾아오기도 하는 법이란다. 아마 그래서 오늘 넬슨 만델라를 만날 수 있지 않았을까 싶어."

평소 아이들에게 해주고 싶은 말이었다. 타인에게 베풀고 그들의 삶에 긍정적인 영향을 미치면 내 안의 기쁨이 내 영혼을 고양시켜 전혀 기대하지 못한 보답을 받게 된다.

나중에 관광안내원으로부터 왜 만델라가 그날 그곳에 들렀는지 듣게 되었다. 만델라는 오랜 친구인 헥터 피터슨의 누나를 만나러 박물관에 온 것이었다. 관광안내원은 그동안 넬슨 만델라를 우연히 만날 만큼 운이 좋은 팀은 없었다고 말했다. 또 이토록 온화하고 훌륭한 아이들은 처음 봤다고 덧붙였다. 그 영광스런 우연을 손에 쥔 게 바로 우리 아이들이어서 기쁘다는 말도 했다. 우리 아이들은 그럴 자격이 충분하다는 것이었다.

우리 RCA에서는 학생들에게 끊임없이 "나는 주변 사람들의 삶에 어떤 영향을 미치고 있는가?", "더 큰 공동체를 위해 나는 어떤 보답을 할 수 있을까?"라는 질문을 스스로 던져보라고 한다. 어려서부터 자원봉사 습관이 몸에 배면 평생 그렇게 할 것을 알고 있다. 그래서 우리는 학생들과 노숙자 시설을 찾아가고 양로원에서 캐럴을 부르며 지역센터에 페인트를 칠하고 폭력에 시달리는 여성들의 쉼터를 후원하기 위한 바자회를 열며 애틀랜타 주민들을 위해 보답을 한다.

아이들을 온정 어리고 바른 사람으로 키우고 싶다면 남을 돕고자 하는 열망을 심어주어야 한다. 토요일 오후 겨우 몇 시간에 불과해 보일지라도 아이들이 세상을 바라보는 관점에 지대한 영향력을 끼칠 수 있다. 아이들은 도움이 필요한 사람들을 두 눈으로 보게 될 것이고 다른 사람의 삶을 변화시키는 자신의 역할을 자연스럽게 받아들이게 될 것이다.

자기를 자신 있게 드러내도록 가르쳐라

21

킴 비어든과 내가 처음 RCA의 개교를 준비할 때 우리는 애틀랜타 지역사회의 큰 지지와 후원을 받는 학교가 되어야 한다고 생각했다. 솔직히 고백하건대, 그때는 대기업에 찾아가 우리의 생각과 전망만 말하면 다들 선뜻 100만 달러 수표를 써줄 거라고 기대했다. 아이들의 꿈을 지지하지 않는 사람이 있을 거라고는 상상조차 할 수가 없었기 때문이다. 하지만 많은 기업체나 재단에서 몇 년간의 학교운영 경험과 기부내역을 보고 후원 여부를 결정하겠다고 대답했다. 지금까지 들었던 말 중 가장 어이가 없었다. 아니, 그동안 기부를 받은 내역이 있다면 왜 지금 후원을 요청하며 돌아다니고 있겠는가? 하지만 처음 문을 연 학교 중에 도산한 경우가 너무 많아서 다들 성공 가능성이 불투명한 계획에 투자를 조심스러워한다는 것을 알게 되었다.

결국 지역사회에서 지지기반을 확고히 하려면 우리가 더 열심히 뛰어다니는 수밖에 없었다. 지역주민 개개인의 지지와 후원을 바탕으로 더 큰 후원자들과 대기업, 재단에 신뢰감을 심어주어야 했다. 먼저 RCA에 대한 소문을 퍼뜨리고 지지기반을 구축하기 위해 기금모집 파티를 열라는 조언을 받았다. 그리고 기금모집 파티에 참석을 부탁하러 프랭클린 시장의 집무실을 찾았다가 그곳에서 일하는 한 부인을 만나게 되었다. 부인은 아만다 브라운 스테드를 찾아가 보라고 조언했다. 누구든 애틀랜타에서 파티를 열려면 반드시 아만다 브라운 옴스테드를 거쳐야 한다는 것이었다.

나는 곧 아만다 브라운 옴스테드 부인과 약속을 잡았다. 그녀의 집에 제 시간에 도착해서 30분쯤 지났을까 요란하게 짖어대는 소리와 함께 아만다 브라운 옴스테드 부인이 거실로 들어섰다. 조각 같은 얼굴에 호리호리하고 우아하며, 목에는 바닥까지 늘어지는 화려한 모피를 두르고 있었다. 또 푸들 한 마리가 안겨 있었고 다섯 마리가 발치를 에워싸고 있었다. 그녀는 곧장 내 쪽으로 다가와 손을 내밀며 말했다.

"저를 기다리고 있는 손님이신가요? 아만다 브라운 옴스테드입니다. 제가 좀 늦었나요?"

대답을 기대한 질문은 아니었다. 그녀 같은 사람은 단 한 번도 만난

적이 없었다. 그녀는 내게 왜 파티를 열기 위해 자신의 도움이 필요한지 설명했다. 그리고 누구나 아는 상식인 것처럼 이렇게 덧붙였다.

"론, 당신이 파티를 열기 위해 나를 필요로 하는 이유는 바로 내가 여기 존재하기 때문이에요. 어떤 파티든 파티다우려면 이 아만다 브라운 옴스테드가 반드시 있어야 한답니다."

아, 정말 뭘 어떻게 해야 할지 알 수 없었다. 전화벨이 울리자 그녀는 내 무릎 위에 푸들 한 마리를 올려놓고 일어섰다. 개가 짖으며 내 얼굴을 향해 달려드는 와중에 그녀는 전화기를 들고 꽃을 어떻게 배치해야 하는지, 파티장의 의자가 정확한 암갈색이 아니면 다들 머리가 날아갈 줄 알라는 등의 이야기를 늘어놓고 있었다. 너무도 비현실적인 풍경이라 머리가 어지러웠다. 마침내 나는 재빨리 판단을 내리고 파티를 여는 데 부인의 도움을 꼭 받고 싶다고 말했다. 그녀는 이렇게 대답했다.

"당연히 그러시겠죠."

그 후 몇 달 동안 브라운 옴스테드 부인은 애틀랜타의 모든 파티에 참석해 우리의 명성을 쌓아야 한다고 제안했다. 친구가 많아져야 우리가 여는 파티에도 많은 사람이 참석하게 될 거라고 했다. 부인의 안내를 받아 처음 참석했던 파티를 결코 잊을 수 없다. 킴과 나는 파티장에 모여 있는 사람들 중 아는 사람이 단 한 명도 없었다. 다들 품위가 넘쳐흐르고 우아해서 우리로선 어색하고 거북했다. 삼삼오오 둘러서서 대화를 나누고 있는데 끼어들기가 쉽지 않았다. 킴과 나는 그때를 생각하며 가끔씩 웃지만 당시는 몇 주 동안 이런저런 파티에 연달아 참석하면서도 미래의 후원자들에게 다가가지 못하고 우리끼리 수다나 떨며 시간을 낭비했다. 우리는 불안해했고 자신감도 없었다. 결국 나는 노스캐롤라이나 동쪽 흙투성이 마을의 전형적인 남부 가정에서 자란 어린 론일 뿐이었다. 고향에서는 누군가를 만나 돈을 달라고 요청하는 이야기 따위는 들어본 적도 없었다. 잠재적인 후원자를 골라 수다를 떠는 행위 자체가 왠지 모르게 사기고 엉터리 같았다.

드디어 어느 파티에서 거대한 화분 뒤에 숨어 있다가 브라운 옴스테드 부인에게 들키고 말았다.

"정말 실망스럽군요. 자존심이 조금이라도 남아 있다면 정신 차리고 어서 이리 나와요."

"브라운 옴스테드 부인, 여기 모인 분들은 다들 고고해 보여서 말을 붙이기가 힘들어요."

"론, 상대가 고고하다고 해서 당신까지 고고해야 대화가 이루어지는 건 아니에요. 당신이 누구든 어떤 식으로 행동하든 저들에게 휘둘리지 말아요. 어서 나가서 자신의 모습 그대로 당당하게 당신의 학교에 대해 열정적으로 말해요."

결국 우리는 지루해 보이는 부인들을 향해 걸어갔고 곧장 우리 학교 이야기를 꺼내며 대화에 끼어들었다. 우리는 열정과 에너지와 개성으로 가득하게 될 학교의 전망에 대해 열심히 설명했다. 곧 부인들은 미소 지었고 우리의 이야기와 RCA의 전망에 매혹당했다. 우리의 모습을 당당하게 드러낸 방법이 정말로 효과가 있었다. 마침내 우리는 부인들에게 도움이 필요하다고 솔직히 말했고 기금모집 파티에 초대했다. 놀랍게도 그들은 기꺼이 참석하겠다고 대답했다. 이후 우리가 만난 수백 명의 사람들은 정말로 우리 행사에 기꺼이 참석해주었다. 브라운 옴스테드 부인이 장담한 대로 성대하고 멋진 파티가 되었고 우리는 50만 달러 이상을 모금할 수 있었다. 이 모든 게 두려움을 극복하고 사람들에게 솔직히 다가갔기 때문이었고, 브라운 옴스테드 부인처럼 우리를 도와준 놀라운 사람들을 만난 덕분이었다.

2년 뒤 RCA 첫 학생들을 데리고 이스트캐롤라이나 대학교의 한 행사에 참석히게 되었다. 행사장 안은 꽤 고상해 보이는 사람들로 가득했다. 나는 우리 학생들에게 말했다.

"애들아, 여기 모인 사람들이 고상해 보인다고 해서 너희까지 반드시 그래야 하는 건 아니란다. 둘씩 짝을 지어 다니면서 사람들과 어울려보렴. 너희의 매력을 맘껏 뽐내며 사람들의 마음을 휘어잡아봐."

아이들의 눈동자에 두려움이 떠올랐지만 곧 사람들 사이로 흩어졌다. 그리고 10분 뒤 행사장 곳곳에서 사람들과 섞여 웃고 있는 아이들의 모습을 볼 수 있었다. 우리 학생들은 자신만의 매력과 에너지로 사람들에게 깊은 인상을 남기고 있었다. 아름다운 장면이었다. 이렇게 좌중을 휘어잡는 방법은 우리 RCA의 모든 학생들에게 가르치고자 하는 귀중한 교훈 중 하나가 되었다.

성공의 50퍼센트는 지식에서 오지만 나머지 50퍼센트는 판을 움직이는 방법과 관계가 있다. 자기 자신을 그리고 자신의 생각을 드러내는 방법은 장래 고용주와 사업 파트너의 눈에 엄청나게 중요한 요소로 보일 것이다. 누구나 논리정연하고 세련되고 전문적으로 보이는 사람과 일하고 싶어 한다. 그러므로 아이들에게 판을 움직이는 방법을 가르쳐주고 그 방법이 성공에 얼마나 중요한 역할을 담당하는지 일깨워주어야 한다. 좌중을 휘어잡아라, 그리고 편안하게 무대 위에 올라라. 우리 아이들에게 가르치는 귀중한 교훈들이다.

이렇게 하라

우리 RCA에서는 '훌륭한 악수대회'라는 행사를 연다. 먼저 지역주민들을 초대해 학교와 체육관 곳곳에 배치시킨다. 그러면 학생들은 각 코스를 돌면서 만나는 어른들에게 자기소개를 하고 악수를 청한다. 즉 지역주민 한 사람 한 사람이 각기 다른 도전과제가 되는 것이다.

학생들은 오른손에 붕대를 감고 있는 사람, 휠체어를 타고 있는 사람, 책을 읽거나 휴대전화로 통화를 하고 있는 사람 등을 만난다. 지역주민들은 상자를 운반하는 어른의 일을 먼저 도와주고 자기소개를 했는가, 아니면 자기소개만 하고 상자 운반 일은 전혀 돕지 않았느냐 하는 식으로 학생들의 모든 행동과 상황대처법을 1점부터 100점까지 점수로 매긴다. 또 좀 더 나은 대처법에 대해 간단한 메모를 적기도 한다. 우리 교직원들은 학생들이 한 코스를 벗어나면 다음과 같은 질문을 던진다.

"저기에서 만난 부인의 이름을 말해줄 수 있겠니?"

이름을 제대로 기억하고 있으면 추가점수를 받는다.

아이들이 코스를 다 돌고 전교생이 모이면 지역주민들이 100점 행동이 어떤 건지 최종 평가해주는 시간을 갖는다. 그들은 언제나 눈을 제대로 마주칠 것, 악수를 성의 있게 할 것, 환히 웃을 것 등을 강조한다. 가장 높은 점수를 받은 학생들은 자신감이 넘쳤고 즐거워 보였으며, 억지로 꾸민 얼굴이 아니라 상대를 만나 진심으로 기뻐하는 모습을 보였다는 평가를 받는다.

행사가 끝나면 최고 점수를 받은 20명의 학생을 발표한다. 그중 일등은 '훌륭한 악수대회'의 우승자가 되어 지역주민들이 기증한 가방을 선물로 받는다. 더불어 모든 학생들에게 개선점을 구체적으로 알려주는 평가서를 전달한다.

우리 RCA 학생들은 정말로 예의바르고 우아하기 때문에 한눈에 알아볼 수 있지만 쉽게 이룬 결과는 아니다. 그러나 이러한 태도는 미래의 성공을 위해 몹시 중요한 의미를 갖기에 언제나 최우선으로 생각하고 가르칠 수밖에 없다. 고등학교 졸업식에 참석하기 위해 전국을 다녀봤지만 거의 90퍼센트의 학생들이 성의 있게 악수를 하지 않거나 눈을 제대로 맞추지 않거나 자신 없는 말투여서 실망한 적이 많다. 이런 태도가 몸에 밴다면 장학생 선발을 위한 면접 자리에서도 마찬가지일 것이다. 그러니 태도를 중시하지 않을 수가 없다.

학교 차원에서 이런 행사를 마련할 여유가 없다면 학급 단위로 할 수도 있다. 그것조차 불가능하다면 선생님이 매일 수업에 들어갈 때마다 학생들과 성의 있는 악수를 나눌 수도 있다. 시선을 맞출 것, 적절한 힘으로 악수할 것, 미소를 지을 것 등을 강조해서 가르치자. 자신의 모습에 자신감을 갖도록 격려해주고 자연스럽게 그리고 밝게 웃으라고 말해주자.

두려움 없이 살아가라

22

언제부턴가 '두려워하지 말고 한번 해보자'가 내 삶의 지표가 되었다. 나이가 들어갈수록 '두려워하지 말고 한번 해보는' 삶에는 언제나 최악의 고난이 따르기 마련이며 그 최악의 사건이 오히려 최고의 보답으로 돌아온다는 것을 배우게 되었다.

언젠가 아이들과 집라인(zip line, 두 개의 산 정상에 있는 나무 사이에 튼튼한 와이어를 설치하고 탑승자와 연결된 도르래를 와이어에 걸어 빠른 속도로 반대편으로 이동하는 레포츠-역주)을 시도해보기로 했다. 산 정상에 도착해 주위를 둘러보니 사방에 구름이 몰려와 있었다. 그리고 거대한 나무에 커다란 와이어가 묶인 채 광활한 골짜기를 지나 600미터 너머 반대편 산에 묶여 있는 게 보였다. 우리를 돕는 조교가 양손으로 작은 손잡이를 붙들고 와이어에 매달린 채 골짜기를 지나가게 될 거라고 설명해주었다.

솔직히 너무 무서웠다. 원래 고소공포증이 있는 터라 당장 그 자리에서 죽을 것만 같았다.

"우와, 얘들아. 정말 신나는 경험이 될 것 같지 않니? 두 눈 똑바로 뜨고 경치를 봐야 해. 알았지? 선생님은 밑에서 기다리고 있을게."

내가 내려가려고 하자 아이들이 깜짝 놀라 물었다.

"클라크 선생님! 선생님은 같이 안 가세요?"

나는 얼른 대답했다.

"아니. 선생님은 안 해."

"그럼 우리도 안 할 거예요!"

"아니야. 너희는 해야지. 자, 어서 시작하자. 자, 브랜든. 넌 할 수 있어. 그동안 겪었던 온갖 일들을 떠올려봐. 네 자신이 얼마나 강인한 아이인지 생각해보라고. 네가 헤쳐온 일들에 비하면 이까짓 것 아무 일도 아니란다. 선생님은 널 믿는다."

브랜든이 내 눈을 똑바로 쳐다보더니 코를 훌쩍였다. 그러고는 손잡이를 단단히 붙잡았다. 조교가 그의 허리에 줄을 묶어주었다. 브랜든이 혹시 손잡이를 놓치더라도 그 밧줄이 붙잡아줄 것이었다. 하지만 그다음부터는 밧줄을 붙들고 다시 와이어까지 기어 올라가 반대편에 도착해야 했다. 브랜든은 갑자기 출발했다. 피융! 마치 날아가는 것만 같았다! 속으로 숫자를 세어봤더니 약 45를 헤아렸을 즈음에 반대편에 도착했다. 브랜든은 점점 작아지더니 나중에는 작은 점으로밖에 보이지 않았다. 마침내 600미터 건너에 도착하자 그 작은 점이 위아래로 폴짝폴짝 뛰고 있었다. 나는 다시 아이들의 얼굴을 들여다보며 말했다.

"넌 할 수 있어! 두려워할 시간은 없다. 지금 하지 않으면 후회할 거야."

아이들은 차례차례 골짜기를 지나가는 모험을 감행했다. 결국 아이들이 모두 건너가버리고 나 혼자 남았다. 맙소사! 나도 해야 한다는 생각이 들었다. 손바닥에서 마구 땀이 솟아났다. 어지럽기까지 했다. 내 입으로 학생들에게 '두려워 말고 해보라'고 말했으니 나 역시 '두려워 말고 해봐야' 했다. 조교에게 하겠다고 말하자, 그는 1초도 안 되어 내 몸을 갈고리에 걸고 손잡이를 단단히 붙잡으라고 말했다. 그리고 마지막으로 준비가 되었냐고 물었다.

"아뇨. 아직요. 몇 초만 기다려요."

하지만 조교는 온 힘을 다해 내 몸을 밀었다. 으아아악! 바람이 얼굴을 사정없이 때렸고 눈물이 마구 흘러나왔다. 두 눈을 질끈 감고 속으로 숫자를 세기 시작했다. 일단 45까지는 세어야 한다. ……27, 28, 29. 속도가 점점 느려지고 있었다. 30, 31을 셀 때는 거의 멈추었다. 눈을 떠 보니 골짜기 한가운데에 내 몸이 딱 멈춰서 있던 것이었다. 지면에서 600미터 높이에 대롱대롱 매달려 있었다. 공포심으로 가슴이 터져버릴 것만 같았다. 100명 중 한 명꼴로 도중에 멈춰서기도 한다는 조교의 말이 비로소 떠올랐다. 조교는 그럴 경우 일단 침착하게 주위를 둘러본 다음 스스로의 힘으로 반대편까지 가야 한다고 말했다. 나는 우선 주위를 둘러본 다음 양손을 머리 위로 치켜든 자세로 허공에서 뒷발질을 했다. 내 몸이 다시 움직이기 시작했다. 얼마나 빠른 속도였는지 묘사할 수 있는 말이 생각나지 않는다. 건너편에 도착하자 비명 같은 환호성과 포옹 세례가 기다리고 있었다. 학생들은 나를 무척이나 자랑스럽게 여겼다. 만약 집라인을 포기했다면? 아마 이 같은 결과는 없었을 것이다. 가끔은 나 자신이 두려움에 맞서는 당사자가 될 필요도 있다. 그래야 아이들에게 또 다른 모습의 본보기가 되어

줄 수 있을 것이다.

처음 집라인을 탄 뒤 일곱 번을 더 해야 했다. 고문이 따로 없었지만 솔직히 그날 이후 발걸음에 자신감도 붙고 활력도 생겨났다.

'집라인도 해냈는데 뭔들 못하겠어?'

그날의 경험이 지금껏 내 가슴속에 살아 있듯이 아이들의 마음속에도 살아 있을 것이다. 모든 교사가 학생들을 산꼭대기로 데려가 집라인에 태울 수는 없다. 하지만 다른 방법을 찾아볼 수 있다. 그날 이후로 나는 아이들과 만나는 매 순간마다 두려움 없이 살아가라고, 자신을 믿고 꿈을 향해 도전하라고 격려하는 게 훨씬 쉬워졌다. 아이들이 학교 응원단에 뽑히지 못할 거라고 회의할 때, 시험에서 A를 받지 못할 거라고 생각할 때, 우등과정에 들지 못할까 걱정할 때 우리는 아이들을 응원해주고 눈을 마주치며 "넌 할 수 있어!"라고 말해줄 수 있다. 결국 아이들은 집라인을 타고 골짜기를 건너갈 것이고, 그 보상으로 평생 간직할 자부심과 자신감을 얻게 될 것이다.

2011년 1월 애틀랜타에 폭설이 내려 도시 전체가 마비되다시피 했을 때 나는 집 안에 틀어박혀 이 책을 열심히 쓰고 있었다. 그때 CNN의 한 프로듀서가 메일을 보내왔다. 두 가지 주제로 기사를 준비하고 있는데 내가 스튜디오로 직접 와 인터뷰를 해주었으면 좋겠다는 내용이었다. 솔직히 그날 나는 아버지가 크리스마스 선물로 주신 '입는 담요'를 둘러쓰고 있었기 때문에 양복을 꺼내 입고 머리를 빗고 밖에 나가고 싶은 생각이 손톱만큼도 없었다. 하지만 평소 학생들에게 좋은 기회는 절대로 그냥 흘려보내서는 안 된다고 강조해왔기 때문에 기꺼이 가겠다는 내용의 답장을 보냈다. 그리고 기사의 주제가 뭐냐고 물었더니 프로듀서가 꽤나 충격적인 대답을 했다. 아카풀코에서 일어난 아동참수와 멕시코의 마약 관련 사망사건에 관한 내용이란다.

나는 놀란 눈으로 가만히 앉아 있었다. 뭐? 인터뷰 내내 "정말 안타까운 일입니다"라고만 말해야 하나? 달리 내가 무슨 말을 할 수 있겠는가? 총기통제와 총기허가에 관한 논쟁에 끼어들고 싶은 마음은 추호도 없었다. 왜 그런 주제에 관해 내게 의견을 묻는지 알 수 없었다. 내가 그 인터뷰의 적임자인지 잘 모르겠다는 내용의 메일을 보냈더니 다시 답장이 왔다.

"지금 농담하세요? 선생님이야말로 완벽한 적임자시잖아요!"

미치기 일보 직전이었다. 양복을 꺼내고 당장 샤워부터 하러 갔다. 집 밖으로 나가기 전에 마지막으로 컴퓨터 앞에 앉아 지금 스튜디오로 가는 길인데 정말로 내가 꼭 필요하다면 출발하겠지만(내가 언론에 노출될수록 우리 학교에 도움이 될 테니까) 멕시코의 아동참수 같은 문제보다는 보다 교육적인 주제를 논의할 때 불러준다면 훨씬 마음이 편할 것 같다는 내용의 메일을 보냈다. 몇 초 후 답장이 왔다.

"맙소사! FBI의 돈 클라크 씨에게 메일을 보낸 줄 알았어요. 정말 죄송해요."

하마터면 녹화시간에 딱 맞춰 스튜디오에 나타날 뻔했다. 카메라가 내 얼굴을 향해 다가왔을 것이고 그들은 나를 FBI의 전문가 돈 클라크로 소개했을 것이며 내 얼굴은 하얗게 질려버렸을 것이다.

이 이야기의 요점은 RCA에 도움이 되는 기회라면 얼마든지 기꺼이 달려갔을 것이라는 사실이다. 때로는 마음이 반대편을 외치고 있어도 그냥 모험에 나서야 할 때가 있다. 수업시간에 역사 속 인물처럼 변장을 해야 할 수도 있고 소설을 읽으며 등장인물의 성대모사를 해야 할 수도 있다. 또 학습내용에 관한 노래를 만들어 부르거나 랩을 할 수도 있어야 하고 학생들의 뛰어난 성취에 대한 보답으로 물구나무를 설 수도 있어야 한다. 다시 말해 다른 사람이 어떻게 생각하느냐에 크게 개의치 않고 아이들의 성공에 도움이 되는 일이라면 기꺼이 한다는 것을 아이들에게 몸소 보여주어야 한다. 우리 스스로 타인의 시선을 의식한다면 아이들에게 나쁜 본보기가 될 것이다.

아이들은 우리의 모든 행동을 지켜보고, 우리 모습을 본보기 삼아 자신을 다듬어간다. 우리가 두려움 없이 살아가면 아이들도 힘과 용기를 가지고, 그리고 타인의 시선에 아랑곳하지 않고 당당하게 살아야 한다는 믿음을 새긴다.

▶ 교사 레베카 프라이스로부터

2009년 봄 RCA를 다녀온 후 제 교직관과 인생이 달라졌습니다. 저는 소수자 계층 출신의 학생들이 많은 몹시 빈곤한 초등학교의 5학년을 맡고 있습니다. RCA를 방문하기 전 저는 이런 아이들에게 어떻게 다가가야 할지 몰라 몹시 힘들어했습니다. 그러나 RCA를 다녀온 뒤 저와 동료 교사들은 아이들 앞에서 바보 같이 보일까 두려워서 진심으로 소통하지 못하고 머뭇거렸음을 깨달았습니다.

집으로 돌아가는 차 안에서 여섯 시간 동안 우리는 학생들이 어려워하는 수학 개념 등에 대해 이야기를 나누었습니다. 결국 몇 가지 개념을 추려냈고 분수를 소수로 바꾸는 방법을 〈애플 보텀 진스Apple Bottom Jeans〉에 맞춰 노래로 만들었습니다. 저는 두려움을 버리고 곧바로 책상 위로 올라가 학생들의 주의를 끌어모은 뒤 과감하게 노래를 불렀습니다. 가장 놀라웠던 순간이 언제였는지 아세요? 학교에서 수행평가를 하는데 우리 반 학생 절반 이상이 '분수를 소수로 만들어보자, 분자를 분모로 나누고, 몫을 구하고 소수점을 찍어보고 계속해서 나누고 또 나누면……'이라고 흥얼거리며 문제를 풀고 있는 것이었어요!

저는 계속해서 정부의 삼권분리와 각 부서의 역할에 대하여 〈마이 립 글로스My Lip Gloss〉에 맞춰 노래로 만들었고, 1812년 전쟁을 이끈 사건들에 대해서는 〈솔저 보이Soldier Boy〉라는 곡에 맞춰 노래로 만들었어요. 모든 방법을 동원해서 학생들과 진심 어린 소통을 위해 몰두했답니다. 정말 효과가 대단했어요. 또 《아이를 위대한 사람으로 만드는 55가지 원칙》 가운데 일곱 가지를 선택해 절대로 어겨서는 안 되는 절대 원칙으로 삼았습니다. 이 일곱 가지 기대치를 교실에 붙여놓고 누구나 볼 수 있게 했어요. 학생들은 저를 '무서운' 선생님이라고 해요. 절대로 핑계나 변명을 받아주지 않고 문제를 스스로 풀게 한다는 것을 잘 알고 있으니까요. 물론 제가 그 과정을 도와주고 기대치를 높게 잡고 있다는 것 역시 잘 알고 있지요. 제가 진심으로 그들을 사랑하고 있으며, 학습에 대해서도 세심하게 신경 쓰고, 도전으로 가득한 세계에서 성공할 수 있도록 최선을 다해 도우리라는 것도 잘 알고 있답니다.

미끄럼틀을 타게 해주셔서, 당신의 학교 학생들을 만나게 해주셔서, 또 가끔은 바보처럼 보일지라도 기꺼이 껍질을 깨고 해야 할 일이 있다는 것을 일깨워주셔서 진심으로 감사드립니다.
(인디애나 주 에반스빌, 케이즈 초등학교 5학년 교사 레베카 프라이스)

학생들이 사랑하는 것을 함께 사랑하라

23

부모도 교사도 아이들과 더 가까워지고 싶다면 아이들의 관심사로 대화할 수 있어야 한다.

처음 교직생활을 시작했을 때 아이들 사이에 구스범스 시리즈(Goosebumps, 미국의 아동용 공포소설-역주)가 유행했다. 나는 공포물을 별로 좋아하진 않았지만 열심히 읽으며 이야기 속에서 재미를 찾으려고 노력했다. 그다음 날 점심시간에 학생들에게 구스범스를 읽었냐고 물었더니 누구는 읽었다고 하고 누구는 읽지 않았다고 했다. 책 내용을 잘 아는 아이들은 어떤 부분이 특히 오싹하고 어떤 부분이 별로였는지 열띠게 이야기했고 책을 읽지 않은 아이들도 금세 흥미를 보이며 읽고 싶어 했다. 대단했다. 짧은 시간 안에 아이들과 부쩍 친해진 느낌이 들었다.

내 조카 오스틴은 '록밴드 히어로'라는 게임을 무척이나 좋아하고 또 아주 잘한다. 오스틴과 그 게임을 할 때면 녀석은 기타를 치고 나는 드럼을 친다. 처음으로 20분 남짓 게임을 했을 때 오스틴은 능숙하게 연주해냈지만 나는 꼭 바보가 된 기분이었다. 몇 가지 노래를 제대로 연주해야 다음 단계로 넘어갈 수 있는데 내 연주 실력이 형편없다보니 다음 단계로 전혀 넘어가지 못했다. 애틀랜타로 돌아오자마자 그 게임기를 구입했고 혼자서 연습을 거듭했다. 다음에 고향에 갔을 때 오스틴과 나는 또다시 그 게임을 했고 이번에는 오스틴이 졌다! 녀석은 몹시 놀랐고 우리는 몇 시간 동안이나 게임을 하면서 다음 단계로 훌쩍 넘어갔다.

RCA 첫 학생들이 8학년이 되었을 때, 나는 여학생들을 위해 뭔가 특별한 일을 해주고 싶었다. 우리 학교는 처음부터 아이들이 좋아하게끔 설계되었지만 10대 여학생들이 성숙해질수록 그에 맞는 요소가 추가되었으면 좋겠다고 생각했다. '여학생들이 가장 좋아하는 게 뭘까?' 답은 명확했다. 남자들. 그냥 남자가 아니라 '그' 남자들. 〈트와일라잇〉에서 제이콥 역을 맡았던 테일러 로트너나 저스틴 비버, 유명 운동선수, 배우, 가수들 말이다. 흐음, 이 남자들의 매력을 학교에 어떤 방법으로 도입해야 긍정적인 효과가 있을까?

오래도록 생각해보았지만 적당한 방법이 떠오르지 않았다. 우선 주말 내내 몇 명이 힘을 합쳐 10대 여학생들이 좋아하는 남자들 사진과 포스터를 수십 장 모았다. 그리고 적당한 사진을 골라 여학생 화장실 곳곳에 걸어놓았다. 월요일 아침 여학생들이 등교할 무렵에는 이미 화장실 전체가 가슴 뛰게 할 멋진 사진들로 도배가 되어 있었다. 어떤 반응이 나올지는 알 수 없었지만, 적어도 좋아했던 학교를 더 좋아하게 되기를 바랐다. 사진을 다 건 뒤 나는 화장실 문에 내 이름과 함께 다음과 같은 글귀를 붙여놓았다.

너희는 믿기 힘들 만큼 강인하고 멋지고 아름다운 사람임을 잊지 마라. 누구도 지금 너희의 모습을 쥐고 흔들 수는 없다. 선생님은 언제나 너희를 사랑하고 너희 안에 깃든 최고의 모습을 볼 수 있단다.

그리고 나는 교실로 가 하루를 준비했다. 학생들의 반응에 대한 기대감으로 가슴이 떨렸다. 누가 먼저 화장실을 보게 될까? 어떤 반응을 보일까? 학생들이 도착하는 소리가 들렸다. 하지만 화장실에 다녀왔는지는 알 수 없었다. 아직은 조용했다. 그때 갑자기 비명소리가 터져나왔다. 나는 얼른 문가로 가 복도를 내다보았다. 크리스털 모베스가 가슴을 움켜쥔 채 화장실 밖으로 뛰어나왔다. 그 아이는 거친 숨을 몰아쉬다가 눈 깜짝할 사이에 다시 화장실로 돌아갔다. 야호, 성공이다! 나는 다시 책상으로 돌아갔고, 차례차례 비명소리가 들려왔다. 화장실 안을 목격한 여학생들이 밖으로 뛰쳐나가 다른 여학생들을 붙잡아 화장실로 끌고 가고 있었다. 잠시 후 마음을 가라앉힌 여학생들이 몰려와 내게 포옹 세례를 퍼부었다.

"정말, 정말 감사해요, 클라크 선생님! 마음에 쏙 들어요."

며칠 후 여학생 화장실 문에 다음과 같은 쪽지가 붙었다.

"사진에 뽀뽀 금지! 사진 속 입술들이 닳고 있음!"

여학생 화장실 벽을 장식하고 있는 50여 장의 사진 중 일부이다.

여학생들에게서 남다른 에너지가 샘솟는 게 느껴졌다. 아이들은 흥분해 있었고 웃음이 넘쳤으며 거의 빛이 날 지경이었다. 데이지아는 내게 이렇게 말했다.

"클라크 선생님. 화장실 덕분에 선생님이 진심으로 저희를 아끼고 사랑한다는 것을, 지금 우리의 모습 그대로를 인정해주신다는 것을 깨달았어요. 감사합니다."

교사와 부모는 지금 우리가 누구를 가르치고 있는지를 분명히 알아야 한다. 그들이 누구인지 어떤 삶을 살아가고 있는지 두 눈을 크게 뜨고 똑똑히 봐야 한다. 그래야 그들이 사랑하는 것들을 통해 더욱 가까이 다가갈 수 있다.

지속되는 전통을 세워라

24

개교 첫해가 끝나갈 무렵 깜짝파티가 있었다. 킴과 나는 다음 수업을 위해 교무실에서 복도로 나갔는데 아무도 보이지 않았다! 복도에도 교실에도 안내데스크에도 아무도 없었다. 꼭 유령도시 같았다. 우리는 주차장을 뛰어다니고 위아래 복도를 훑고 다녔지만 정말로 아무도 없었다. 마지막으로 내 교실 문을 열었더니 학교 안의 모든 사람들이 거기에서 "서프라이즈!" 하고 외쳤다. 대체 이게 무슨 일이란 말인가? 킴과 내가 어리둥절해 있는데 카사 선생님이 자초지종을 설명했다. 킴과 내가 학교를 건립하기 위해 그동안 얼마나 힘들게 일해왔는지 곁에서 지켜보았다는 이야기를 하다가 카사 선생님이 갑자기 울음을 터뜨렸다. 킴도 울고 나도 울고 교실 전체가 울음바다가 되어버렸다. 카사 선생님이 '설립자들의 날'을 제정했다고 말하며 감사패를 주었다. RCA의 건립과 개교를 기리는 날이었다. 킴과 나는 정말로 감격했지만 사실 학교는 절대로 우리 두 사람이 건립한 게 아니었다. 우리에겐 훌륭한 이사회가 있었고 세상에서 가장 헌신적인 교직원들이 있었으며, 보석 같은 카사 선생님과 자식을 무한히 사랑하는 학부모들이 있었다. 그리고 킴과 나를 누구보다 진정한 RCA의 설립자라고 인정해주는 학생들이 있었다. 돌림판, 미끄럼틀, 환호성, 북과 음악, 열정, 그리고 모든 전통이 학생들과 우리 모두의 손을 거쳐 탄생했다. 모두가 성취의 뒤에 숨은 주역이자 RCA의 진정한 설립자들이었다.

몇 년 후 RCA의 첫 졸업식이 다가왔다. 우리는 전교생을 건물 밖으로 데리고 가 잔디밭에 앉게 했다. 풀밭에는 가로 세로 너비가 1.5미터의 커다란 덮개가 놓여 있었다. 킴과 나는 졸업생들을 향해 우리가 그들을 얼마나 사랑하는지 말했고 모두가 진정한 설립자들이라고 말하며 덮개를 걷어냈다. 그러자 아이들 얼굴이 새겨진 기념판이 모습을 드러냈다. 얼굴 밑에는 아이들이 각자 학교에서 겪은 가장 좋은 기억이 새겨져 있었다. 기념판을 본 아이들은 모두 울음을 터뜨렸다.

"오, 세상에. 제가 꼭 시민운동가가 된 것 같아요."

줄이 이렇게 말했던 게 기억난다. 그 말에 다 같이 웃었다.

RCA 2010년 졸업반 오세이 에이브릴, 윌리 손톤, 치치 어그워, 아자네이 콜슨.

"시민운동가는 아닐지 몰라도 너희 모두 우리 학교에, 그리고 세계 곳곳의 수천 명 교육자들에게, 또 그 학교 학생들에게 커다란 영향을 미쳤단다. 너희의 추억은 여기에 새겨져 영원히 남게 될 것이고 우리 마음속에서도 평생 지워지지 않을 거야."

우리는 졸업생들의 모습을 동영상으로 촬영했고 움직이는

초상화처럼 보이는 아이들의 이미지를 1층 현관 입구에 설치한 다섯 개의 커다란 모니터로 보여주었다. 우리는 그 학생들이 고등학교에 가서 또 그 이후의 인생에서 성취를 거둔다면 새로운 동영상을 만들어 추가할 것이다. 졸업생들의 초상화는 마치 RCA 재학생들을 굽어보며 너희의 초상화도 곧 여기에 걸릴 테니 열심히 살아가라고 격려하는 것만 같다. 이것은 졸업생들의 정신을 영원히 기리는 우리만의 방식이며 동시에 RCA 미래 세대에게 훌륭한 영감을 심어줄 유산이기도 하다.

이렇게 하라

- 비슷한 효과를 내고 싶다면 1년 내내 우수한 성적을 거둔 학생들의 얼굴 사진을 찍어 교실 게시판에 붙여주는 방법도 있다. 해가 지날수록 사진은 점점 늘어갈 것이고 아이들은 자신의 얼굴을 게시판에 붙이고 싶어서라도 더 노력할 것이다.
- 한 학년이 끝나는 마지막 날에 다음 후배에게 보내는 편지를 쓸 수도 있다. '새로운 5학년에게'라는 제목의 글을 통해 자신만의 조언과 격려를 후배에게 전해줄 수 있다.
- 또 미래의 자신에게 편지를 쓰게 할 수도 있다. 대학을 졸업한 뒤 어떤 사람이 되고 싶은지 써보게 하라. 편지 끝에는 교사가 직접 그 학생의 최대 강점이라고 생각하는 내용을 덧붙여도 좋다. 편지를 봉한 다음 교실 뒤나 책상 위에 붙여놓을 수 있다. 학생들에게는 먼 훗날 대학 졸업장을 가지고 찾아오면 이 편지를 주겠다고 약속한다.

THE END OF MOLASSES CLASSES

/ 2 /

아이의 성공을 위한
부모의 역할

아이의 삶에서 부모만큼 중요한 사람도 없다. 그러므로 학생들을 가르칠 때는 교사와 학부모가 협력해야 한다. RCA는 학생의 성공을 돕기 위해 학부모에게 몇 가지 당부를 한다. 이 조언을 적극적으로 받아들이는 부모라면 아이가 학업에서나 사회성에서나 놀랄 만큼 성장하는 것을 지켜볼 수 있다.

긴 안목으로 준비하라

25

신입생 학부모가 자녀의 성공을 위한 비결을 물을 때면 나는 늘 간단하게 대답한다. 열심히 하라. 정말이지 마법의 공식 같은 것은 없다. 맡은 일을 열심히 하면 된다. 그래서 나는 학생들과 학부모들에게 미래의 성공적인 삶을 원한다면 지금 열심히 노력하고 한계점까지 자신을 밀어붙이라고 당부한다. 이런 내 말을 이해하는 부모는 아이들의 본보기가 되기 위해 노력한다. 스스로 공부하고 주기적으로 책을 읽고 필요한 양보다 늘 더 넓은 범위를 탐구하면서 RCA의 기대치라는 게 어느 정도인지를 몸소 보여준다. 그러나 소임을 다할 준비가 되어 있지 않은 부모도 있다. 그런 부모는 우리 학교 측도 딱 그만큼밖에 해줄 수 없다는 걸 깨닫게 된다. 실로 마음 아프고 절망적이다.

수업시간에 숙제도 거의 해 오지 않고 시험에서도 낙제를 받은 학생이 있었다. 그 아이는 원래 학습이 부진한 상태로 RCA에 들어왔고, 우리는 부모에게 아이를 원하는 수준으로 끌어올리려면 훨씬 더 많은 공부와 노력이 필요할 거라고 당부했다. 부모는 이미 마음의 준비가 되어 있다고 말했고 아이 엄마는 나를 꼭 끌어안으며 눈물을 흘렸다. 아빠는 내 눈을 똑바로 쳐다보며 RCA를 만난 것은 가족에게 축복이며 우리의 일을 힘껏 지지하고 아이를 돕겠다고 말했다.

넉 달 후 그 아이는 모든 과목에서 다시 낙제점을 받았다. 교과목 담당교사들이 아이 부모와 지속적으로 면담을 했고 아이를 도울 수 있는 다양한 방법들을 제안했다. 면담 자리에서 아이 엄마는 나에게 이렇게 말했다.

"저기요, 클라크 선생님. 우리는 이번 금요일 시험을 전혀 걱정하지 않아요. 우리 애가 잘할 거라고 굳게 믿고 있으니까요. 모든 걸 하느님의 손에 맡기고 기도할 겁니다."

나는 기도를 하고 믿음을 갖는 것도 좋지만 일단 노력이 필요하니 아이가 매일 저녁 확실하게 공부할 수 있게 부모가 많은 도움을 줘야 한다고 당부했다.

"클라크 선생님은 제 말을 이해하지 못하셨군요. 우리는 무조건 하늘의 뜻에 맡긴다니까요. 하느님이 금요일 날 우리 아이와 함께 시험을 치러주실 겁니다. 그분은 늘 우리 애를 굽어살펴 보시니까요."

나는 부모가 학습지도를 해주고 플래시카드를 만들어 학습내용을 복습시키는 게 얼마나 중요한지 다시 한 번 강조했다. 그러나 아무런 응답이 없었다. 아이는 결국 그 시험에도 낙제했다. 그 후로도 여러 차례 면담을 가졌지만 매번 같은 대답을 들어야 했다. 아이의 부모는 저녁 개인지도시간에 나타나지 않았고 우리가 당부한 일들을 해주지 않았다. 결국 아이는 모든 과목에서 낙제했고 그 학년을 제대로 통과하지 못했으며, 다음 해부터는 RCA에도 나타나지 않았다. 우리에겐 커다란 충격이었다.

우리는 모든 학생들이 성공을 거머쥐길 바란다. 최선의 노력을 기울였는데도 충분한 결과가 나오지 않으면 절망스럽다. 물론 학부모가 아이의 학습에 전혀 관여하지 않아도 학업상 성공을 거두는 경우는 있다. 그러나 대개의 경우 부모가 적극적으로 동참해주지 않으면 아이의 성공은 불가능하다.

RCA가 생각하는 최고의 부모는 아이를 위한 희생의 중요성을 아는 부모, 아이를 위한 시간을 무엇보다 우선시하는 부모다. 또 텔레비전을 보는 시간보다 아이와 함께 책을 읽고 숙제를 하고 보드게임을 하며 지내는 시간을 귀하게 여기는 부모다. 텔레비전에서 본 야구경기나 영화는 몇 년 지나면 까맣게 잊어버리겠지만 그 시간에 자녀와 쌓아 올린 유대관계는 평생 지속될 것이다.

이렇게 하라

자녀에게 다음과 같이 해보자.
- 혼란스런 아침을 연출하지 말 것. 아이가 차분한 마음으로 학교에 가서 하루를 시작할 수 있게 하자. 아침형 인간이 아니라 해도 억지로라도 일어나 제대로 하루를 시작하라.
- 학교에서 보낸 자료는 모두 읽을 것. 준비물을 제대로 갖추지 못하고 학교에 가면 아이는 스트레스를 받는다.
- 텔레비전 예능 프로그램보다 교육방송을 봐라.
- 다른 부모들과 관계를 맺고 서로 질문하고 탐구하라.
- 함께 차를 타고 가는 시간에 수업시간에 배우는 내용에 대해 이야기를 나눠보자. 음악을 듣는 것이 더 좋고 혼자 생각할 일도 있겠지만

아이가 배우고 있는 지식을 공유하는 습관을 만들면 결국 아이에게 큰 도움이 된다.

- 모든 숙제를 점검하되 숙제를 해주어서는 안 된다.
- 학교행사는 가능한 한 모두 참석하라.
- 도시락 속에 작은 쪽지를 넣는 식으로 아이에게 '깜짝선물'을 줘보자. 아이는 거기에 있는 걸 보기만 해도 무슨 의미인지 알 것이다. 아이와의 비밀공간을 만들어 사탕 같은 선물을 넣어두는 것도 좋다.
- 아이가 학습에 관한 노래를 부르면 따라 배우고 함께 불러보자.

▶ 안톤 어머니로부터

RCA의 학부모는 언제나 융통성이 있어야 하고 학교와 아이들의 성공을 위해서라면 언제 어디서나 무엇이든 할 준비를 갖추고 있어야 한다고 생각합니다. 대통령 선거 기간에 이 융통성의 의미가 무엇인지 확실히 깨달았답니다.

오전 11시 5분, 딸아이와 함께 슈퍼마켓에서 장을 보고 있었는데 모슬리 선생님께서 메시지를 보내셨습니다.

"학부모 여러분, 낮 12시 30분까지 아이들의 교복이 필요합니다. 우리 아이들이 벼락 오바마 후보를 만날지도 모르거든요."

하느님, 맙소사! 슈퍼마켓 안에 있던 사람들이 아마 저를 보고 미친 사람인 줄 알았을 거예요. 저는 식료품이 가득 담긴 쇼핑카트를 버리고 유모차를 끌며 냅다 달렸어요. 결국 기록적인 시간에 집에 도착했고 교복만 집어 들고 곧장 출발했지요. 경찰인 남편에게 전화를 걸어 동료 경찰들에게 이렇게 전해달라고 부탁했어요.

"85번 도로에서 남쪽 방향으로 달리고 있는 속도위반 흰색 자동차를 붙잡지 마세요. 국가보안상 문제 때문에 과속 중입니다!"

학교에 도착하고 보니 12시 15분이더군요.

아이들과 학교를 위해서라면 언제 어디서나 무슨 일이든 해야 합니다. 자정까지 플래시카드를 만들어야 할 때도 있고 교복을 바느질하는 일에 자원봉사자로 나서야 할 때도 있으며, 지역사회에 우리 학교에 대해 긍정적인 평가를 전파하거나 선생님들께 감사의 말을 전하는 일일 수도 있습니다. 이런 모든 일이 결국에는 우리 아이들에게 도움이 될 것을 믿기 때문입니다.

(2012년 졸업반 학부모 윌리엄스 부인)

덧붙일 말이 있다. 학부모들에게 책에 실을 수 있는 여러 가지 이야기를 부탁했을 때 많은 분들이 엄청난 지지를 보내주었다. 원고 마감일 하루 전날 밤 열심히 마무리 작업 중이라는 '트윗'을 날렸다. 그러자 윌리엄스 부인이 밤새 기다리고 있을 테니 도움이 필요하면 말하라는 답장을 보내왔다. 그날 밤 윌리엄스 부인은 수십 개의 훌륭한 일화를 보내주었고 위에 실은 편지는 새벽 2시 30분에 도착했다. 이게 바로 학부모들이 우리에게 보내준 헌신이다. 영혼에서 우러난 헌신을 등에 업고, 우리는 아이들을 돕기 위해 훨씬 더 열심히 노력하게 된다.

(론 클라크)

영원히 아이를 구하러 달려올 수는 없다

26

　1983년 만 25~34세의 성인 중 부모와 함께 사는 사람은 11퍼센트 미만이었다. 그런데 2010년 그 수치는 43퍼센트까지 치솟았다. 대체 무슨 조화인지 모르겠다. 부모는 자녀를 보호하고 구하려는 본능을 지니고 있다. 그러나 자녀가 성장해가고 있는데도 부모가 지나치게 개입하면 도리어 문제가 된다. 우리 아버지가 학교에 다니던 시절에는 선생님에게 단 한마디만 안 좋은 말을 들어도 집에 오면 엉덩이에 불이 날 만큼 맞았다고 한다. 당시에는 교사의 말 한마디 한마디가 모두 존중받았다. 이렇듯 요즘 부모들도 우리 교사들을 조금 더 신뢰해주었으면 하고 바랄 때가 있다. 학교와 교사의 행동에 번번이 반기를 드는 부모들은 우리 교육에 커다란 해를 끼치며, 아이에게도 문제가 있을 때마다 매번 누군가 자신을 도와줄 것이라는 그릇된 기대감만 심어준다.

　RCA에서 만난 한 남학생의 부모가 생각난다. 이 학생은 친구의 숙제를 고스란히 베껴 냈고 그 증거도 꽤나 분명했다. 결국 그 남학생은 깜박 잊고 숙제를 다 못해서 다음 날 아침 친구의 숙제를 베꼈다고 인정했다. 그는 과제물 점수는 0점을 받았고 방과 후 남기 벌도 받았다. 그러자 당장에 아이의 부모가 달려왔다. 부모는 단단히 화가 난 얼굴로 자기 아들은 절대로 부정행위를 할 아이가 아니라고 주장했다. 심지어 아이 엄마는 전날 저녁에 아들과 둘이 부엌 식탁에서 직접 학습지를 다 풀었다고 말했다. 나는 아이가 이미 숙제를 다 못 끝내서 다음 날 친구 것을 베꼈다고 솔직히 고백했다고 설명했지만 아이 아빠는 아들이 지나치게 긴장한 바람에 하지도 않은 부정행위를 허위자백했다고 주장했다. 나는 한동안 말문이 막혔다.

    나는 자리에 가만히 앉아 두 부모를 바라보았다. 엄마의 얼굴에서 솔직하게 말하지 않았다는 걸 읽었다. 아이 본인이 부정행위를 시인했고 친구도 이 아이가 자기 숙제를 베꼈다고 말했으며 부모의 태도에서는 진실이 엿보이지 않았다. 이 상황을 어떻게 해결해야 할지 도무지 알 수 없었다. 일단 조금 더 생각해보기로 하고 24시간 안에 아이에게 내린 벌이 유효한지 여부를 통보하겠다고 말했다. 그 말에 부모는 분개했다. 내 처사가 부당하고 터무니없다는 것이었다. 아이 아빠는 주먹까지 불끈 쥐고 앉아 있었다.

    내가 그동안 어린 학생과 가족을 위해 했던 일들이 떠올랐다. 크리스마스 선물을 마련할 수 있게 도와주고 전기가 끊긴 집에 전등을 켤 수 있게 해주고 집에 찾아가 개인지도를 해주고 아이가 장학금을 받을 수 있도록 기금을 마련했던 일들이 주마등처럼 눈앞을 스쳐갔다. 그 모든 일을 했던 내 말을 믿고 처벌을 인정할 만큼 나를 존중하지 않는다면 과연 교사들이 학부모와의 관계를 어떻게 풀어가야 한단 말인가. 대부분의 교사들과 학교당국은 왕따문제나 부정행위, 비행 등에 대해서 알면서도 일을 크게 만들고 싶지 않아 눈을 감는다. 시끄러운 일에 휘말리고 싶지 않아 쉬쉬하는 것이다.

항복하고 싶은 마음이 굴뚝같았지만 그럴 수 없었다. 처벌을 강행한다면 아들과 함께 숙제를 했다는 엄마의 말까지 거짓으로 생각한다는 뜻이 되겠지만, 없었던 일처럼 넘어갈 수는 없었다. 나는 학생을 불러 거짓말을 하는 것보다 차라리 0점을 받는 게 더 낫다고 말해주었다. 성적보다 자존심이 훨씬 더 중요하다는 말이었다. 전에도 숙제를 베낀 적이 있느냐고 물었더니 과거에도 같은 친구의 숙제를 베꼈다고 고백했다.

"그러니까 숙제를 베낀 게 두 번이라는 말이지?"

"예, 선생님."

그것으로 충분했다. 나는 아이 엄마에게 전화를 걸어 처벌은 그대로 진행될 것이고 내 결단을 존중해주고 이해해주면 고맙겠다고 덧붙였다. 그러자 그 엄마는 도중에 전화를 확 끊어버렸다.

독자들 중에는 그 학생의 부모가 비합리적인 사람이거나 제정신이 아니라고 생각할지도 모르겠다. 그러나 자기 자식의 문제가 되면 상황을 객관적으로 보기 어렵다. 부정행위가 아니더라도 요즘 부모들은 자식의 성적이 낮게 나온 일부터 체육시간에 자식이 속한 팀의 출전시간이 짧은 문제까지 일일이 불평을 하며 학교로 찾아온다. 누구나 그런 부모가 될 수 있다. 그렇게 흔한 일이지만 나는 왜 그 상황에서 그토록 강경하게 처벌을 고수했을까? 그건 한 가지 사례보다 전체적인 형편과 원칙이 훨씬 중요하기 때문이다. 아이에게 문제가 생길 때마다 부모가 와서 구해줄 것이라는 기대치를 심어주기는 싫다. 자신이 제대로 하지 못하면 부모가 대신 해줄 거라는 생각도 싫다.

부모들이여! 때로는 자식이 벌을 받아도 그냥 놔두어야 한다. 그래야 교훈도 얻고 올바른 인성도 생긴다. 언제나 부모가 달려와 구해주면 아이는 어떤 일을 저질러도 부모가 해결해줄 것이라고 기대한다. 부모의 역성들기는 빠른 속도로 아이들을 잠식한다.

몇 년 전 비슷한 상황을 겪었다. 두 여학생이 난생처음으로 보고서 점수에서 C를 받았다. 사실 그 정도 성적은 우리 RCA에서 평균적으로 좋은 점수인데 두 여학생은 펄쩍 뛰었다. 나는 두 학생을 교무실로 데리고 가서 지금 기분을 잘 기억해두면 오히려 큰 동기부여가 될 거라고 말해주었다. 다가오는 기말시험 준비를 더욱 열심히 하면 두 사람 모두 우등상을 받을 거라고 격려했다. 그런데 두 여학생 중 '안젤라' 엄마가 모슬리 선생님에게 전화를 걸어 킴과 나와 함께 '긴급면담'을 하고 싶다고 알려왔다. 그날 오후, 안젤라의 엄마를 만났다. 안젤라가 C를 받아서 몹시 좌절하고 있으니 우등생 명단에 들어가기 위해 필요한 B학점을 받으려면 추가로 무슨 일을 할 수 있는지 알고 싶다고 했다.

부모는 지지와 개입의 차이를 분명히 알아야 한다. 평가가 끝난 뒤 추가점수를 요구한다면 교사 입장에서는 짜증나는 일이 아닐 수 없다. 게다가 성적평가 기간에만 자녀교육에 개입하는 부모는 교사가 보기에 절망스럽기까지 하다. 이것은 지지가 아니라 방해다.

나는 추가점수를 줄 수 없다고 설명했다. 그러나 안젤라 엄마는 지난 시험에서 본 논술문제를 다시 풀어보면 안 되겠냐고 물었다. 집에서 공부할 때는 내용을 다 이해하고 있었는데 왜 시험을 볼 때는 제대로 서술하지 못했는지 모르겠다고 했다. 나는 논술문제를 다시 풀게 하는 것은 우리 학교 정책도 아니고 다른 학생들에게 공평하지 못한 처사라고 설명했다. 그러자 안젤라 엄마는 시험 당일 아이가 아팠다고 변명하며 그동안 본 시험 중 가장 낮은 점수를 하나 골라 다음 기말고사 성적에 합산해줄 수는 있냐고 물었다. 킴과 나는 그만 이야기를 마무리해야 한다는 데 동의했고, 결국 안젤라의 성적은 그대로 C가 될 것이며 다음 기말고사 준비를 더욱 열심히 하는 기폭제가 되기를 바란다고 못 박았다.

그런데 다음 날 안젤라 엄마가 다시 학교를 찾아왔다. 그녀는 안젤라의 답안 채점이 잘못되었다고 주장했다. 내가 직접 면담을 했고 살펴보니 그녀의 말이 옳았다. 다시 채점해보니 점수가 60점에서 90점으로 바뀌었다. 안젤라의 엄마는 무척이나 의기양양해 보였다. 나는 실수에 대해 곧바로 사과했고 성적을 수정하겠다고 말했다. 그 과목 점수가 79.6점이 되었고 전체 점수는 80점이 되어 안젤라는 우등생 명단에 올랐다.

그러나 다음 기말고사에서 안젤라는 우등상을 받지 못했다. 세 개 과목에서 C를 받았다. 엄마가 다시 학교를 찾아왔지만 딸의 성적이 너무 낮아 이번에는 승산이 없다는 걸 인정하는 것 같았다. 안젤라는 세상이 끝난 사람처럼 하염없이 울었다. 솔직히 우등상을 받지 못한 아쉬움보다 엄마가 자신의 성적을 바꿔주지 못한 것에 대한 분노의 눈물로 보였다. 아마 안젤라는 기말고사를 준비하며 공부를 열심히 하지 않았을 것이다. 엄마가 달려와 구해줄 거라고 믿었을 테니까.

그렇다면 처음 안젤라와 함께 C를 받고 슬퍼한 그 여학생은 어떻게 되었을까? 그 아이는 기말고사에서 우등상을 받았다. 누구도 자신을 도와주지 않을 것을 깨닫고 스스로 길을 찾아냈기 때문이라고 나는 강력하게 믿고 있다.

자녀를 지지하고 보호하는 게 부모의 몫인 건 분명하다. 그러나 아이 스스로가 자신의 문제를 해결하도록 격려하지 않는다면 애지중지 키운 자녀는 어른이 되어서도 직장을 구하지 못하고 이런저런 핑계만 늘어놓으며 여전히 부모에게 의존하는 삶을 살 것이다.

▶ 로빈 어머니로부터

학부모는 항상 교사의 편에 서야 합니다. 체벌을 가하는 경우가 아니라면 말이에요. 요즘 들어 저는 부모들이 무조건 자녀 편부터 들고 교사를 충분히 지지하지 않는 게 오늘날 교육이 안고 있는 가장 큰 문제라고 생각합니다. 부모가 그렇게 할 때 오히려 자녀에게 큰 손해가 돌아간다는 것을 알아야 합니다. 아이들이 '선생님이 공평하지 못하다'라고 불만을 토로하면 저는 늘 선생님의 편을 듭니다. 물론 객관적으로 아이가 옳고 교사가 그릇된 경우라면 당연히 개입할 것입니다. 그러나 큰 딸이 스물네 살이 된 지금까지 아이들 일로 제가 개입한 적이 단 한 번도 없었습니다. 제대로 된 교육이 이루어지기 위해서라도 우리는 늘 교사를 믿고 의지해야 합니다.

(2013년 졸업반 학부모 오쿠노우 부인)

감사의 힘을 인정하라

27

　전국을 돌며 강의를 하다보면 "아이가 정말로 끔찍한 선생님을 만나 힘들어하면 어떡하죠?"라는 질문을 던지는 사람들이 많다. 그럴 때 나는 보통 이렇게 대답한다.

　"선물을 주세요."

　농담이 아니다. 누구나 자신의 노고를 인정받고 감사받을 때 더 열심히, 더 잘 한다. 나는 8학년 때 역사 선생님을 몹시 싫어했다. 선생님은 수업시간에 사슴 사냥과 나스카 레이싱 이야기에만 열을 올렸다. 성적을 매길 때에도 다른 아이들에게 A나 A플러스를 줄 때 내겐 언제나 B를 줬다. 내가 훨씬 더 열심히 공부했는데 성적은 더 낮았다. 완전히 어이없었다. 다른 과목에서 가까스로 낙제를 면하는 아이들도 그 선생님 앞에서 나스카 레이싱과 사슴 사냥 이야기를 하면 노력점수로 A를 받았다. 하지만 아무리 선생님이 마음에 들지 않아도 크리스마스에는 선생님을 위해 정성껏 선물을 마련하고 어떤 식으로든 좋은 관계를 만들기 위해 최선을 다해야 한다는 것을 알고 있었다. 나는 선생님에게 직접 선물을 건네며 이렇게 말했다.

　"좋은 선생님이 되어주셔서 감사합니다. 올해 선생님께 많은 것을 배웠습니다."

크리스마스 휴일이 끝나고 역사수업에 들어가자 그 선생님이 내 등을 찰싹 때리며 말했다.

"어이! 잘 있었냐?"

나는 깜짝 놀랐다. 맞은 자리가 얼얼했다. 하지만 이런 게 바로 긍정적인 상호작용이다. 그 후 6주 동안 선생님은 내게 훨씬 더 다정했고 노력점수도 갑자기 A로 껑충 뛰었다. 사실 내 노력 정도는 변함없었고 달랐던 거라곤 크리스마스 선물뿐이었다. 어쩌면 그 선생님은 내가 자기를 좋아하지 않거나 수업시간에 성의가 없다고 생각했을지도 모르겠다. 그런데 내가 크리스마스 선물을 건네며 감사의 인사를 전하자 좋은 관계가 형성된 것이다. 이런 전략으로 모든 상황에서 효과를 기대할 수는 없겠지만, 감사하는 마음은 늘 좋은 결과를 낳는다.

매년 크리스마스가 다가올 무렵이면 5학년 학생들을 데리고 워싱턴 D.C.에 간다. 그리고 여행 마지막 날 저녁이면 가장 모범적인 행동을 한 학생들과 가장 노력을 많이 한 학생들을 시내로 데리고 나가 일종의 '보상'을 해준다. 어느 해인가는 아이들에게 백악관의 크리스마스트리를 보여주기로 했다. 그런데 늦은 시간에 출발한 데다 16명이 백악관까지 걸어간 탓에 막상 도착했을 때는 이미 10시를 넘어버렸고, 우리 앞에 서 있는 건 그냥 불 꺼진 평범한 한 그루의 나무뿐이었다. 아이들은 몹시 실망했다. 우리는 정문까지 걸어가 1년 동안 배운 정치와 역사를 되새김질했다. 그때 티아라라는 학생이 말했다.

"클라크 선생님, 여기 보안을 좀 더 강화해야겠어요. 누구라도 이 담장을 훌쩍 뛰어넘어 곧장 백악관 현관까지 갈 수 있겠어요."

나는 웃으며 아마 곳곳에 경호원들이 50~100명 정도는 배치되어 있을 것이며, 만약 우리가 정말로 이 담장을 뛰어넘으면 경호원들이 순식간에 튀어나올 거라고 말했다.

"클라크 선생님, 그분들은 정말 멋진 일을 하고 계신 거네요? 이렇게 추운 날씨에 대통령을 지키기 위해 오래도록 밖에 나와 숨어 있어야 하다니, 그분들께 감사드리고 싶어요."

티아라의 말에 나는 이렇게 대답했다.

"티아라, 아마 그분들이 내 말을 들었을 것 같구나. 틀림없이 담장 전체에 도청장치가 되어 있어서 우리 이야기도 다 듣고 있을 거야."

그러자 티아라와 아이들이 모두 휘둥그레진 눈으로 입을 떡하니 벌렸다. 그러더니 갑자기 고개를 숙이고 문을 향해 말을 시작했다.

"우리나라를 지켜주셔서 정말 감사해요."

"이렇게 추운 데서 일하고 계시다니 정말 대단하세요."

"대통령을 지켜주셔서 고맙습니다. 물론 지금은 많은 국민들이 그분을 싫어하지만요."

나는 얼른 대통령에 대해 안 좋은 말은 삼가라고 당부했다. 아이들이 몇 차례 더 감사의 말을 전하고 우리는 발걸음을 돌렸다. 그때 어디선가 검은 트렌치코트 차림의 남자가 나타나 묵직한 저음으로 말했다.

"다들 돌아서서 담장 쪽을 봐주시기 바랍니다."

심장이 툭 떨어지는 줄 알았다. 우리가 잘못이라도 저지른 걸까? 우리는 모두 담장 쪽으로 몸을 돌려 담장의 창살을 붙잡았다. 나는 순간 시내로 나온 것 자체가 후회되기 시작했다. 그 남자가 다시 말했다.

"아니, 그게 아니라, 다들 백악관 꼭대기를 올려다보십시오."

다들 고개를 들어 위를 보았다. 12명 정도의 경호원들이 백악관 꼭대기에서 우리를 향해 손을 흔들고 있었다. 우리는 너무 놀라 입을 다물 수 없었다. 경호원들은 지붕 위의 거대한 스포트라이트를 우리를 향해 쏘아주었다. 순식간에 대낮이 된 것 같았다. 우리는 애써 웃음을 짓고 천천히 손을 들어 화답했다. 그러자 갑자기 조명이 꺼지고 경호원들의 그림자도 사라졌다. 돌아보니 검은 트렌치코트의 사내도 사라지고 없었다. 우리는 충격을 받은 얼굴로 서로를 멀뚱멀뚱 쳐다보다가 이내 다 같이 부둥켜안았다. 그렇게 서로를 꼭 붙든 채 덜덜 떨며 호텔을 향해 네 블록 정도를 걸어간 뒤에야 겨우 걸음을 멈추고 서로를 바라보다 일제히 웃음을 터뜨렸다.

이렇게 하라

자녀가 별로 좋아하지 않고 감사를 표현해도 별 효과가 없는 교사와 함께 지내야 하는 상황이라면 다음과 같이 해보자.

- 직접 만나서 이야기하라. 언짢은 일이 생겨도 교사에게 이메일로 연락하는 일은 피하라. 말의 뜻이 잘못 전달될 수도 있고 괜히 문제를 키울 수도 있다.
- 답변이 없다면 교사와 연락을 시도했던 기록을 자세히 남겨라. 의사소통의 시도가 상세한 기록으로 남아 있다면 이후 변론을 하기가 한결 수월해진다.
- 교장과 접촉하기 전에 먼저 담당 교사와 대화를 나눠라. 교장에게

가면 이 문제로 교사와 먼저 대화를 나누었는지 물을 것이고 그렇지 않은 경우라면 부정적인 인상만 남길 것이다. 적절한 절차를 따르고 교사에게도 먼저 개선의 기회를 줘야 한다.

• 아이 앞에서 교사에 대한 부정적인 언급을 피하라. 부모가 교사를 존중하지 않으면 아이 역시 교사에게 불손하게 행동한다.

• 아이가 불만을 토로하면 이 세상에는 여러 유형의 교사가 있으며 상황과 관계없이 성공하는 법을 배워야 한다고 일깨워줘라.

• 가정에서도 배움의 기쁨을 느낄 수 있도록 분위기를 마련하자. 수업 내용을 보충할 방법을 찾고 배움을 향한 열정이 꺼지지 않도록 하자.

• 학교 안의 모든 교사를 대상으로 좋아하는 것을 묻는 설문조사를 하고 교무실에 그 자료를 비치하는 방법을 고려해보자. 아이들이 교사를 위해 깜짝선물을 하고 감사의 마음을 표현할 방법을 찾을 때 도움이 될 것이다.

노력의 가치를 강조하라

28

아이들에게 감사하는 마음에 대해 가르치는 것은 아무리 강조해도 지나치지 않다. 아이들은 교육을 받고 성공할 기회가 주어지는 자유로운 나라에 살고 있는 게 얼마나 큰 행운인지 깨달아야 한다. RCA 학생들이 나를 찾아와 뭔가 부당하다고, 혹은 다른 아이가 자신보다 더 나은 대우를 받았다고 불만을 토로할 때마다 나는 진정한 공정함에 대해 논하고 싶다면 이 세상 모든 열다섯 살 아이들의 상황을 비교해봐야 한다고 말한다. 이 세상에는 굶주리거나 교육을 제대로 받지 못하거나 저임금을 받고 장기노동에 시달리는 아이들이 있다는 이야기를 들려준다. 이런 상황에서 꽤 여유로운 삶을 살고 있는 우리가 불평을 늘어놓는 것 자체가 부끄러운 일임을 지적한다.

진지하게 말하건대, 아이들을 감사할 줄 모르고 너무 많은 것을 기대하게 만든다면 그들을 실패와 불손의 구덩이로 내동댕이치는 것과 같다. 감사할 줄 아는 아이로 키우고 싶다면 자원봉사도 좋은 방법이다. 또 텔레비전이나 전화기, 비디오 게임기 등의 사치품을 한동안 허락하지 않는 방법도 있다. 요즘 부모는 자녀를 벌주고 사치품을 빼앗는 것 자체를 두려워한다. 그런다고 나쁜 부모, 비열한 부모가 되지는 않는다. 오히려 아이에게 올바른 기대치를 형성해주는 강인한 부모가 될 수 있다.

부모가 나서서 가정에서 일어나는 모든 일을 관장하고 통제력을 발휘해야 한다. 부모에게 불손하게 구는 아이를 바라지 않는다면 일단 그러한 행동을 막을 수 있는 권한을 손에 쥐어야 한다. 기본원칙을 분명히 세우고 입장을 고수해야 한다. 아들에게 전화기 사용권을 일주일 동안 박탈하겠다고 선언해놓고, 이틀 만에 냉큼 돌려주어서는 안 된다. 더 나쁜 건 평생 전화기를 빼앗겠다고 협박하는 것이다. 실천에 옮길 수 없는 공허한 협박은 아이들이 더 빨리 간파한다. 존경받고 싶다면 통제권을 보여주어야 한다. 두려워 말고 가정과 자녀를 책임져야 한다. 때로는 올바른 일과 쉬운 일이 결코 일치하지 않는 법이다.

우리 RCA에서는 학생들에게 노력과 감사의 마음을 심어주기 위해 한 가지 전통을 고안해냈다. 처음 운동복을 제작해 나눠주었을 때 아이들은 전혀 고마워하지 않았다. 운동복을 받기 위해 노력할 필요도 없었고 돈을 주고 산 것도 아니었다. 모든 학생에게 지급한 운동복이 학교 곳곳에서 아무렇게나 굴러다니는 사태가 발생했다. 감사하는 마음은커녕 운동복에 대한 소유의식도 전혀 보이지 않았다.

같은 시기에 우리는 운동경기용 재킷을 제작할 계획을 세우고 있었다. 우리는 이 재킷을 팀 내 견고한 일원이 된 후에야 받을 수 있는 대학 대표팀 재킷처럼 노력에 대한 보상으로 나눠주고 싶었다. 후원자 톰과 앨리샤 맥시 부부에게 연락을 취해 우리의 생각을 전달했고, 그들도 동의했다. 우리는 일단 모든 학생들의 재킷을 구입해서 11월부터 '재킷 수여의 날'을 제정했다. 매주 금요일, 수업이 끝나고 전교생이 모이는 평가시간에 RCA의 재킷을 받을 학생들을 발표하기로 했다. 재킷을 주기 전에 자격이 된 학생들에 대해 짤막한 소개를 했다. 학생을 칭찬하고 상을 줄 때는 훌륭한 점을 먼저 말하고 궁금증을 자아낸 다음 해당 학생의 이름을 나중에 발표하는 게 효과적이다.

"위 학생은 올 한 해 우리 모두에게 깊은 인상을 주었습니다. 학업 성적이 몹시 뛰어났을 뿐 아니라 훌륭한 인성과 결단력, 타인을 위한 배려의 마음을 보여주었습니다. 우리는 학교의 반짝이는 별과 같은 이 학생을 진심으로 자랑스럽게 생각합니다. 영광스런 재킷을 받게 된 위 학생을 다 함께 축하해주시기 바랍니다. 학교를 향한 진심 어린 애정과 노력, 기여를 높이 사 이 재킷을 수여하는바, 영광의 주인공은 바로 데리어스 헐버트 군입니다."

첫 '재킷 수여의 날'에 총 다섯 명이 재킷을 받았고 이 학생들은 몹시 기뻐했다. 다들 앞으로 달려나와 킴과 나를 얼싸안았고 나머지 학생들이 환호하는 동안 우리는 아이들에게 재킷을 입혀주었다. 모든 일이 처음에는 특별하지만 시간이 갈수록 점점 빛이 바래기 마련이다. 그러나 첫 번째 수여식에서 재킷을 받는 모습을 지켜본 나머지 학생들은 몹시 재킷을 받고 싶어 했고, 재킷을 받기 위해 어떻게 해야 할지 골몰했다. 우리는 매주 전 교직원이 투표를 해 만장일치로 '찬성'을 받은 학생만이 재킷을 받을 수 있으므로 엄청난 노력이 필요할 거라고 귀띔했다.

둘째 주에 또 다른 다섯 명의 학생이 재킷을 받게 되었을 때 몇몇은 너무 기뻐 울기도 했고 또 몇몇은 데리러 온 부모를 향해 자랑스럽게 재킷을 흔들며 달려가기도 했다. 셋째 주에는 이미 재킷을 받은 열 명의 아이들이 의기양양하게 재킷을 입고 다녔고, 새로 다섯 명이 재킷을 받았을 때는 눈물과 콧물이 흥건한 감격의 도가니였다. 많은 부모들이 아이들이 집에서도 재킷을 벗으려고 하지 않으며 심지어 입고 자려고도 한다는 말을 들려주었다. 재킷을 입고 있는 동안 학생들의 얼굴은 자랑스러움으로 빛이 났다. 단 한 벌도 아무렇게나 굴러다니지 않았다. 재킷은 곧 자랑스러움의 상징이 되었고 아이들이 가장 아끼고 소중히 여기는 소유물이 되었다.

물론 재킷을 한 명도 못 받는 주도 있었다. 아이들이 의기소침해한다고 해서 재킷을 그냥 주지는 않았다. 우리는 학생들이 최선을 다해 재킷을 '획득'하기를 바랐다. 상대적으로 너무 일찍 재킷을 받은 학생들은 적당히 만족스러운 모습을 보였지만 진심으로 노력을 쏟아 재킷을 받은 아이들은 더없이 만족스러워하는 미소가 얼굴에 가득했다. 또 한 번의 성취이자 영광이자 자랑스러움인 것이다.

어떤 아이들은 새킷을 받기까지 1년이 넘게 길리기도 한다. 힌 남학생은 학업성적이나 존경심, 규율, 급우들을 대하는 태도 모두에서 재킷을 받을 자격이 없었다. 솔직히 말해 다루기 힘든 아이였다. 나는 매주 그 아이를 만나 노력이 필요한 부분을 지적해주고 격려의 말을 전했다. 오랜 시간이 걸리더라도 희망을 포기하는 것은 결코 원치 않았다. 드디어 '재킷 수여의 날'에 이름이 불리자 그 아이는 울음을 터뜨렸다. 게다가 놀랍게도 그 아이의 급우들도 모두 울고 있었다. 정말 아름다운 광경이었다. 그 학생은 6월 첫 주에 재킷을 받았는데 다음 날 아침 32도가 넘는 무더위에도 당연한 듯 재킷을 입고 나타났다.

그 의미는 차지하고 까짓 재킷 하나를 가지고 그렇게까지 할 필요가 있느냐고 너무 잔인하다고 말할지도 모르겠다. 누구는 받고 누구는 못 받으면 아이들이 자존심에 상처를 받을 것이라고 생각할지도 모르겠다. 그러나 아이들은 자라면서 모든 어른들이 똑같은 보상을 받지는 않는다는 것을 깨닫게 될 것이다. 열심히 노력하고 일한 사람은 그만큼 보상을 받는다는 것, 그것이 바로 우리 RCA에서 아이들에게 가르쳐주고 싶은 교훈이다. 어려운 교훈인가? 그렇다. 그러나 노력과 감사가 무엇인지, 지금 손에 쥔 것을 받기까지 어떤 과정이 필요했는지 진심으로 이해할 수 있는 기회를 준 것이다.

이렇게 하라

아이에게 뭔가를 사줄 때 가정에서의 행동과 연결을 지어보자. 방이 깨끗하지 않거나 맡은 집안일을 끝내지 않았거나 불손하게 굴었다면 선물을 사주어서는 안 된다.

여름방학 동안 게으른 나날을 보낸다면 개학을 해도 새 옷이나 새 신발을 사주지 않겠다고 선언해보자. 만약 새 학기가 되었는데 새 옷을 입지 못한다면 아이는 어떻게 반응할까? RCA의 학부모인 사브 부인은 딸이 고등학교에 입학한 첫해에 새 옷을 사주었다. 그런데 딸이 불손한 말투를 쓰자 그날 입은 옷을 그다음 날 또 입고 가게 했다.

"공손하게 말할 때까지 매일 같은 옷을 입고 학교에 가야 해."

일주일 뒤 부인은 이렇게 말했다.

"클라크 선생님, 저희 집 분위기가 정말 좋아졌어요. 요즘은 전혀 문제가 없답니다."

때로는 거칠게 보일지라도 아이들의 권한을 박탈하는 문제에 대해 죄책감을 느낄 필요는 없다. 부모들이여, 해야 마땅한 일은 하라. 그대들은 통제력을 갖고 있다. 보상을 받으려면 반드시 노력이 필요하고 존경과 감사의 태도를 길러야 한다는 것을 자녀에게 가르쳐라.

나쁜 태도는 싹부터 잘라내라

29

　부모라면 자녀에 대한 교사의 충고를 받아들이기가 힘들 수 있다. 부모만의 믿음이 있다는 걸 나 역시 이해한다. 그러나 문제를 가장 먼저 목격하는 교사들이 건네는 충고와 조언에 부모들이 좀 더 마음을 열어주면 좋겠다. 열 살 아이가 "나도 알아, 그냥 내버려둬"와 같은 냉소적인 반응을 보여도 대수롭지 않게 넘긴다면 이 아이가 청소년기에 접어들었을 때 문제는 감당할 수 없을 정도로 커질 수 있다. 부모가 엄격한 규율을 고수하지 않는다면 아이들은 그만큼 엇나갈 것이다.

　로버트라는 아이가 생각난다. RCA 이전 학교에서 가르쳤던 학생인데 그 아이는 부모에게 매우 불손하게 굴었고 매사에 퉁명스러웠다. 가정방문을 했을 때도 부모가 똑바로 앉아라, 큰 소리로 대답해라 등등을 지적하는데도 눈알을 굴리며 불만스럽게 중얼거렸다. 그리고 부모는 그런 모습에 크게 개의치 않는 것처럼 보였다. 아무리 지적해봐야 소용이 없다는 것이었다. 로버트의 부모는 그때 아들에게 벌을 내려야 했고 불손한 태도는 용납하지 않는다는 것을 분명히 알려야했다.

　5학년 때 로버트의 성적은 많이 올랐지만 태도는 그다지 변함이 없었다. 부모에게 이야기를 해봐도 별다른 반응을 보이지 않았고 진지하게 듣지도 않았다. 내 수업시간에 로버트의 성적이 오른 것은 내가 절대로 참아주지 않는다는 것을 그가 잘 알기 때문이었다. 나는 한계를 정해놓았고 로버트는 그 한계를 넘지 않았다. 그러나 가정에서는 한계가 존재하지 않았기 때문에 제멋대로였다.

그 후 몇 년 동안 로버트는 불손한 태도 때문에 여러 차례 정학을 받았다. 7학년 때는 다른 학생들에게 오만하게 굴다가 집단 싸움에 휘말렸고 코가 부러질 만큼 얼굴을 심하게 맞기도 했다.

결국 로버트는 졸업을 못하고 대안학교를 선택했다. 몇 해가 지나고 시내에서 그의 부모와 우연히 마주쳤다. 그들은 지치고 힘들어 보였다. 로버트의 엄마는 아들이 질이 나쁜 아이들과 어울리면서 법률 위반 등 골치 아픈 일들을 일으키고 있다고 털어놓았다. 설득해봤지만 소용이 없었다고 했다. 나는 로버트에게 직접 연락을 해서 한번 만나보겠다고 말했지만 솔직한 심정은 이랬다.

"지금 로버트가 부모님 말씀을 안 듣는 이유는 열 살 그때 말을 듣지 않은 것에 아무 대응도 하지 않아섭니다. 집에서 제멋대로 굴고 부모에게 불손하게 굴어도 가만히 놔두었기 때문에 지금도 말을 듣지 않고 그 누구에게도 조심하지 않게 된 겁니다."

모질고 혹독한 말이라는 건 나도 안다. 하지만 사실이다. 아이들이 아니라 바로 우리 어른들이 상황을 통제해야 한다. 아이들을 지도해야 하고 존경과 예의를 가르쳐야 하며 바른 길로 인도해야 한다. 이른 나이에 반항을 시작하고 불손의 조짐을 보인다면 빨리 그만두게 해야 한다. 한계를 넘으면 절대로 참아주지 않을 것을 서로 명확히 해야 한다.

부모는 통제력을 가져야 하며 아이의 태도를 바로잡을 능력도 있다. 요점은 불손한 태도가 뿌리 깊은 습관으로 자리 잡기 전에 싹을 잘라줘야 한다는 것이다. 행동은 학습된 습관이며 아이의 태도를 부모가 어느 정도까지 용인했느냐에 의해 형성된다. 나쁜 실천이나 좋은 실천이나 영구적인 습관으로 뿌리 내릴 수 있음을 잊지 말자.

▶ 카일리 어머니로부터

얼마 전 누가 아이의 예의와 규율, 존경심 등을 지나치게 강조하는 학교에 다니는 것을 어떻게 생각하느냐고 묻더군요. 지는 단 1초도 망설이지 않고 적극 지지한다고 대답했답니다. 그 사람은 약간 놀라며 어떻게 대답하기 전에 조금도 망설이지 않을 수 있느냐고 되물었어요. 저는 선생님들이 아이의 모습을 가족보다 오히려 더 많이 지켜보기 때문에 선생님들의 관점과 생각을 믿을 수밖에 없다고 대답했습니다. 전남편과 제가 아이를 책임지는 공동의 부모인 것처럼 학교는 우리 아이를 함께 키우는 제3의 부모라고 생각해요.

그날의 대화를 계기로 카일리의 하루를 되짚어보았어요. 카일리는 월요일부터 금요일까지 방과 후 활동을 포함해 하루 평균 10시간을 학교에서 보냅니다. 그리고 저와 함께 보내는 시간은 단지 3~4시간 정도지요. 주말에는 우리 집, 아빠네 집, 친구네 집에서 몇 시간씩 보냅니다. 그러니 각각을 합해보면 일주일에 깨어 있는 시간 중 50시간을 학교에서 보내고 저와는 30시간을 함께 보내는 겁니다. 아이가 20명 남짓한 교직원 선생님들과 함께 보내는 시간이 더 많다는 사실이 새삼 놀랍더군요.

선생님들은 아이에게 읽기, 쓰기, 수학 등 기본 교과뿐만이 아니라 이후 고등학교, 대학교를 졸업한 후에도 오래도록 도움이 될 삶의 기술들을 가르쳐주십니다. 정직과 예의, 자신과 타인을 모두 존중하는 마음, 친절, 온정, 타인과 지역사회에 보답하고자 하는 마음 등이 그것이지요. 모두가 제가 집에서 가르치고자 하는 덕목들이고 학교에 가서 강화되는 삶의 교훈들입니다. 조금만 시간을 내면 가르칠 수 있는 것들이지만 그 투자가치는 엄청나지요.
(2013년 졸업반 학부모 앤드루스 부인)

통제할 수 없다면 게임기를 사주지 마라

30

비디오게임은 더 이상 이따금씩 즐기는 오락거리가 아니라 우리 문화의 엄연한 일부분이 되었다. 요즘 아이들은 비디오게임에 푹 빠져 있으며, 이런 상황은 주도면밀하게 감독되지 않는다면 그들의 삶 전반에 부정적인 영향을 끼칠 수 있다. 좀 더 어렸을 때는 학교생활에 몹시 열심이고 숙제를 시키는 것도 크게 힘이 들지 않다. 그때는 학교를 재미있고 신나는 곳으로 여긴다. 그러다가 얼마 후 비디오게임을 경험하면 '재미'의 정의가 달라진다. 이에 대적할 만한 것은 아무것도 없으며 학교도 숙제도 즐거움을 가로막는 장애물로 전락해버린다. 가

상세계에서 마법사와 기관총을 갖고 놀고 있는 아이를 끌어내 의자에 앉히고 책을 읽게 하는 것 자체가 소를 끌고 뒷걸음질 치게 만드는 것처럼 힘들어진다. 비디오게임이나 텔레비전에서 보는 이미지보다 아이들 스스로의 상상력이 훨씬 더 강렬하다는 것을 가르쳐주기가 힘들어진다.

비디오게임을 아예 금지시켜야 한다는 말이 아니다. 솔직히 1984년 누구라도 내 아타리(1970~1980년대를 풍미했던 게임기_역주)를 빼앗아버렸더라면 나는 내 방에 붙어 있는 마이클 잭슨과 신디 로피 포스터를 갈기갈기 찢으며 베개에 얼굴을 묻고 울었을 것이다. 문제는 게임을 많이 하는 아이들은 대부분 성적이 좋지 않고, 설령 좋다고 하더라도 밖에 나가 운동을 하거나 지역사회에서 자원봉사를 하는 일이 거의 없다는 데 있다.

언젠가 성적이 몹시 뛰어난 학생을 가르쳤던 적이 있다. 내 수업에 A 이하를 받아본 적이 한 번도 없었는데, 공부 외의 나머지 시간은 모두 비디오게임을 하며 보냈다. 학생의 엄마는 연속해서 A를 받아오기만 하면 나머지 시간은 하고 싶은 대로 하게 놔두기로 약속했다고 했다. 그 학생이 8학년이 되어 사립 고등학교에 장학생으로 입학하기 위한 원서를 작성하게 되었다. 과외활동을 기입해야 하는데 쓸 게 전혀 없어서 곤혹스러웠다. '슈퍼마리오: 9단계까지 완성' 같은 것을 기입할 수는 없었다. 그 학생에게 장학금을 줄 만한 학교들을 찾아 연락을 취했지만 대부분 보다 성숙한 학생을 찾고 있었다.

비디오게임을 아예 금지하는 게 거의 불가능하고 시도해봐야 불리한 싸움만 된다는 것을 나 역시 잘 알고 있다. 그런 의미에서 아이들의 손에 비디오게임을 쥐어주지 않으려고 노력하는 부모들을 나는 적극 지지한다. 아이를 위해 악역을 자처하는 부모들이 진심으로 존경스럽다. 일단 가정에서 비디오게임을 허락하려면 부모가 강인한 마음을 먹고 규칙을 정해야 한다. 아이가 예의바르고 학업성적도 뛰어나다고 해서 한도 없이 비디오게임을 하게 놔두어서는 안 된다. 게임기 앞에서 보내는 시간에 인생에서 중요한 또 다른 기회들이 사라지고 있다는 것을 알게 해야 한다.

비디오게임을 둘러싼 싸움에서 결코 이길 수 없다는 생각이 든다면 다른 방법으로 활용할 수도 있다. 친구들과 비디오게임으로 시합을 하게 해보자. 또래와의 상호작용을 촉진시키고 스포츠 정신에 대해 생각해볼 수 있는 기회로 만들 수 있다. 또 비디오게임의 배후산업에 대해 논의해볼 수 있는 워크숍에 참여시키거나 비디오게임 기술이 수술실과 우주왕복선, 군대와 실험실 등에서 어떻게 다른 모습으로 사용되고 있는지 알아보게 하자.

아이에게 허락하는 게임의 종류 역시 중요하다. 수년간의 연구결과 악기연주는 기억력과 학업성적을 향상시킬 수 있다는 게 입증되었다. 록밴드 히어로 게임이 실제 악기연주와 같을 수는 없겠지만 눈과 손의 협응과 리듬의 이해에는 도움이 된다. 게임을 선택할 때 폭력적인 게임은 반드시 피해야 한다. 연구결과 폭력적인 비디오게임에 장시간 노출된 청소년은 교사와 대적하기도 하고 공격적이어서 또래와의 싸움이 빈번하고 학업성적이 하락하는 경향이 있다고 한다. 아이가 게임을 원한다면 다른 선택으로 유도하기가 힘들 수 있다. 하지만 언제나 부모의 역할을 등한시해서는 안 된다. 상황을 책임지고 이끌어가는 것은 아이가 아니라 부모다.

공부하는 법을 보여줘라

31

시험을 준비하며 할 수 있는 모든 노력을 기울였는데도 성적이 좋지 않을 때가 있다. 몇 년 전 학생들이 공부에 많은 시간을 투자했는데도 결과가 몹시 실망스럽게 나온 적이 있었다. 나는 학생들에게 집에서 어떻게 공부하고 있는지 구체적으로 보여달라고 했다. 위기가 따로 없었다. 아이들은 내용을 대충 한번 쭉 훑어보거나 의미를 파악하지 않고 빈 종이에 베껴 쓰거나 아니면 아예 별다른 공부를 하지 않는다고 했다.

무엇보다 먼저 공부하는 방법을 가르쳐야 했다. 책 한 페이지를 공부하는 방법을 보여주는 것으로 첫걸음을 내딛었다. 교실에 설치된 카메라로 한 페이지를 찍어 다 함께 볼 수 있도록 큰 화면에 띄웠다. 먼저 학생들과 함께 글을 읽고 방금 읽은 내용 중 기억나는 것을 옆 사람에게 말해보게 했다. 아이들은 어리둥절한 표정으로 나를 보았다.

읽으라고 해서 그냥 읽기만 했지 내용을 기억해야 되는지는 몰랐다고 했다. 맙소사! 나는 아이들에게 집에서 수업내용을 '보라고' 시켰을 때 실제로 어떻게 하냐고 물었다. 아이들은 그것을 '읽지만' 실제로는 전혀 머릿속에 집어넣지는 않는다고 대답했다. 아이들은 아직도 내 질문의 요지를 이해하지 못하고 있었다. 나는 일단 기억나는 대로 옆 사람에게 방금 읽은 내용을 들려주라고 했다. 그런 다음 다시 한 번 그 페이지를 읽게 했다. 이번에는 가능한 한 많은 정보를 습득해야 한다는 것을 아이들도 알고 있었기 때문에 옆 사람과 공유하는 지식의 양이 한결 나아졌다.

학생들은 공부를 할 때 가장 좋은 방법이 한 번에 한 페이지씩 읽고 얻은 정보를 가족이나 친구와 공유하는 것임을 배웠다. 도와줄 사람이 옆에 없어서 힘들다는 학생에게는 혼자서도 할 수 있는 방법을 알려주었다. 아이들은 한 페이지의 절반을 읽고 빈 종이를 받친 다음, 방금 읽은 것 중 얼마나 기억할 수 있는지 적었다. 그런 다음 원래 페이지에서 얼마나 기억했는지 확인했다. 누락되거나 정확하지 못한 부분이 있으면 눈에 띄게 표시해두고 정확히 옮겨 적을 수 있을 때까지 반복했다. 아이들은 책 전체를 그런 과정을 거쳐 습득해갔다.

다른 전략으로 여러 색의 필기도구를 사용하고 그림이나 그래프를 곁들이면 학습 내용을 기억하는 데 도움이 된다고 가르쳤다. 예를 들어 독립전쟁의 여러 전투에 대해 공부하고 있다면 각 전투와 그에 관한 하위정보는 하나의 색깔로 적는다. 렉싱턴과 콩코드는 모두 파란색으로 적고 요크타운 전투는 빨간색으로 적는 식이다. 요크타운 전투에 관한 내용을 떠올릴 때는 빨간색으로 적은 정보만 기억하면 된다. 파란색 정보는 상관없는 것이다.

셰익스피어의 희곡에 등장하는 사건들이나 대통령의 연대기처럼 연달아 이어지는 정보를 공부해야 한다면 중요한 사건마다 플래시카드에 적어 그것을 마구 섞어놓은 다음 시간 순으로 재배치해보는 것도 좋다. 상식적인 전략으로 보이겠지만 공부를 시작하는 아이들에게는 생소할 수 있다. 아이들에게 공부법을 따로 가르쳐준다면 평생 도움이 되는 귀한 정보가 될 것이다.

이렇게 하라

공부를 재미있게 할 수 있도록 부모가 도와줄 수 있다. 변기 밑에, 우유곽 위에, 양말서랍 속에 학습내용을 적은 쪽지를 붙여보자. 또 영리한 아이들을 네 명 정도 초대해 공부파티를 열어줄 수도 있다. 학급의 최상위 우등생들과 어울릴 기회를 준다면 아이도 비슷한 수준으로 향상될 수 있다.

그러나 부모가 가정에서 이루어지는 학습을 위해 해줄 수 있는 가장 중요한 역할은 언제나 긍정적이고 활기찬 분위기를 만드는 것이다. 부모가 먼저 재미있고 신나게 정보에 접근하는 모습을 보여주면 아이도 따라온다. 부모의 행동이 흐트러지면 아이도 늦은 저녁까지의 공부를 끔찍하다고 여길 것이다.

▶ 카메론 어머니로부터

RCA는 카메론에게 끊임없이 새로운 것들을 열정적으로 보여주며 모든 감각에 불을 지피는 것 같아요. 집에서도 기대치를 높이기로 하고 저녁 공부와 숙제 시간에 지루함 없이 '화끈하게 불타오를' 방법을 찾아보기로 했습니다. 중요한 시험이 다가왔을 때 우리는 집을 떠나 커피숍과 공원, 심지어 역사적인 오래된 교회 등을 찾아다니며 공부했어요. 카터센터, 모어하우스 대학교, 에모리 대학교 등 온 가족이 멋지고도 자유로운 공간을 찾아 환경을 바꿔보았지요. 이제 모두 특별한 공부시간을 고대하게 되었답니다. 대부분은 공부를 시작할 때 언제 끝낼지 확실하게 정하지 않아요. 가끔 아이스크림이나 열 가지 맛 슬러시를 먹으며 끝을 내기도 하지요. 일종의 보상 선물이랄까요?
(2012년 졸업반 학부모 네스미스 부인)

▶ 카일리 어머니로부터

올해 카일리는 클라크 선생님에게 국제사회 수업을 받았습니다. 원래 카일리는 국제사회 성적이 가장 나빴습니다. 지난 해에도 올해도 고전을 면치 못했지요. 나름대로 공부도 하고 과외선생님의 도움도 받았지만 여전히 힘들어했어요. 1학기가 끝날 무렵, 클라크 선생님에게 카일리가 국제사회 공부에 갈피를 전혀 못 잡고 있으니 뭔가 도움이 될 만한 정보를 알려주시면 고맙겠다고 연락을 드렸어요. 그랬더니 선생님이 저희 집에 직접 오시겠다더군요. 저는 깜짝 놀랐습니다. 엄청나게 바쁘고 빡빡한 선생님의 일정을 생각하면 우리 아이를 위해 특별히 시간을 내주신 것 자체가 소중한 배려였으니까요.

선생님과 함께 저녁을 먹고 카일리는 공책을 꺼내 공부를 시작했고 저는 옆에서 선생님과 아이를 지켜보았습니다. 저도 저녁마다 아이와 함께 공부를 했고 플래시카드를 만들어 필기내용을 검토하기도 했습니다. 또 철저한 수업으로 유명한 과외선생님에게 배우기도 했고요. 카일리와 마주 앉은 선생님은 주로 아이의 말을 듣고 계셨습니다. 대화를 나누고 가끔 농담도 했지만 선생님은 주로 교과내용에 관해 간단한 질문만 던지고 아이의 대답을 경청하시더군요. 간단한 일처럼 보일 수도 있지만 그동안 저는 아이와 함께 공부를 하면서 제 쪽에서 아이의 말에 귀를 기울여야 한다는 생각은 한 번도 해본 적이 없었답니다. 아이가 무엇을 어떻게 배우고 있는지, 내용을 기억하기 위해 어떤 식의 사고를 하는지, 색깔이나 그림 등이 학습내용 습득에 무슨 도움을 주는지 한 번도 생각해보지 못했어요. 아이를 돕겠다고 열의를 갖고 나서긴 했지만 핵심기법이 부재했다는 것을 깨달았어요. 이렇게 선생님은 아이뿐만이 아니라 부모들까지 가르쳐주셨습니다.

선생님은 또 학습내용을 습득하는 과정에서 아이만의 연상기법을 쓸 수 있게 하셨어요. 아내의 손에 살해당한 것으로 알려진 로마의 황제 클라우디우스에 관한 대목이 나오자 선생님이 이 부분을 외우려면 어떤 연상법이 좋을지 생각해보라고 하셨고, 아이는 잠시 생각을 해보더니 전구에 불이 들어온 것처럼 "아하!" 하며 말했습니다.

"이제 알았어요! 선생님 이름도 CLA로 시작하고 클라우디우스도 CLA로 시작하잖아요. 클라우디우스의 아내가 버섯에 독약을 섞어 먹인 것처럼 우리도 방금 선생님 저녁식사에 독약을 탔다고 생각하면 되겠네요!"
클라크 선생님과 저는 깜짝 놀랐지만 아이는 무척이나 신나하더군요. 잠시 후 우리는 다 같이 웃음을 터뜨렸답니다. 저는 절대로 독약을 타지 않았으니까 안심하시라고 말씀드렸고 선생님은 별일 아닌 듯 흔쾌히 받아주셨어요.

카일리와 저는 지금도 그때 일을 떠올리며 웃는답니다. 저 역시 한 박자 쉬며 아이의 말에 귀를 기울이고 아이가 자기만의 학습법을 생각해낼 수 있도록 기다려주어야 한다는 귀중한 교훈을 배웠어요. 우리 부모들은 가끔 아이의 공부법을 좌지우지하려고 하는데, 클라크 선생님이 보여주셨듯이, 잠시 뒤로 물러앉아 아이 스스로가 길잡이가 되도록 하는 게 최선일 수 있다는 것을 깨달았습니다.
(2013년 졸업반 학부모 앤드루스 부인)

착한 아이도 거짓말을 할 때가 있음을 인정하라

32

어린 시절 누구나 위기를 모면하기 위해 부모에게 거짓말을 해본 적이 있을 것이다. 나 역시 부모님에게 거짓말을 한 적이 있다. 그런데 왜 부모들은 자녀가 거짓말을 할 수 있다는 것을 인정하지 않는 걸까? 아이가 거짓말을 한 게 분명한 상황인데도 굳건히 아이 편만 드는 부모들을 수없이 목격해왔다. 그들은 흔히 이렇게 말한다.

"우리 애는 거짓말을 하지 않아요."

"제 아이가 거짓말을 할 리가 없어요."

"한 번도 거짓말을 해본 적이 없는 아이예요."

개인적으로 마음에 드는 말도 있다.

"저는 제 아이를 잘 압니다. 이런 일로 거짓말을 할 아이가 아니에요. 확신합니다."

그러나 부모들이여! 아이들은 거짓말을 한다. 궁지에 몰리면 엄청나게 설득력을 갖춘 거짓말도 할 수 있다. 부모가 엄할수록 거짓말을 더 잘하기도 한다. 처벌이 혹독할 것을 알고 있기 때문이다.

부모와 면담을 하는 자리에서 학교에서 보이는 학생의 모습에 대해 이야기할라치면 아이를 돌아보며 "정말이니?"라고 물어보는 부모가 있다. 그럴 때면 당혹스러울 따름이다. 교사의 권위를 완전하게 훼손하는 행위이기 때문이다. 학교에서 일어난 일에 대해 상세히 설명했을 때 "제가 들을 이야기는 다 들었네요"라며 곧장 아이를 데리고 가버리는 부모들을 보면 아이가 문제투성이 환경에서 살고 있음을 절감한다. 또 교사가 아이의 문제에 대해 이야기를 하면 그 자리에서 아이에게 사실인지 확인하고 아이의 친구들에게도 사실 여부를 확인하려 드는 부모도 있다.

교사는 거짓말을 할 이유가 없다. 벌받을 처지도 아닌데 왜? 우리는 부모를 돕기 위해, 또 부모가 알아야 하기 때문에 아이의 문제에 대해 이야기하는 것이다. 그러니 아이가 유쾌하지 못한 일에 연루되어 부모를 만나야 할 때 교사의 마음도 결코 편하지 않다는 것을 제발 알아주길 바란다. 부모가 어떤 반응을 보일지 너무도 잘 알기에 더욱 마음이 좋지 않다. 그걸 알면서도 굳이 부모와 마주 앉아 이야기를 나누려고 하는 것은 그만큼 부모가 알아야 할 중요한 일이 있다는 뜻이다. 그러니 거꾸로 생각할 충분한 이유가 없다면 일단 교사를 믿고 문제 해결에 나서주기를 바란다.

RCA에서 학교 버스를 타고 농구경기를 하러 갔을 때 두 남학생이 손을 꼭 잡고 간 일이 발생했다. 별일 아닌 것처럼 보일 수도 있지만 우리 RCA에서는 위기상황이었다. 우리는 교육과 예의범절, 규율을 모두 100퍼센트 중시하기 때문에 손을 잡고 다니는 행동도 처벌의 대상이다(미국 문화에서는 동성 사이에 손을 잡고 다니는 행동을 부자연스럽게 생각한다_역주). 두 학생 모두 약 30초 동안 손을 잡고 있었다고 인정했다. 친구들도 둘이서 손을 잡고 있었다고 말했다. 그만큼 공공연하게 알려진 사실이었다. 세 명의 학생이 두 사람이 손을 잡고 있는 모습을 보았다고 인정하기도 했다. 나는 부모에게 전화를 걸어 상황을 설명하고 아이들이 어떤 벌을 받게 될지 말해주었다. 그것으로 상황이 끝났다고 생각했는데 다음 날 한 남학생의 부모가 몹시 '분개'한 상태로 찾아왔다. '분개'라는 단어를 20포인트 크기로 조절하고 불 같은 빨간색에 뿔까지 첨가할 수 있다면 그렇게 했을 것이다. 그들의 모습을 제대로 묘사하려면 그 정도는 되어야 한다. 이렇게 그냥 쓰고 넘어가기엔 모자라도 한참 모자란다.

부모는 자기 아들이 절대로 손을 잡은 적이 없다고 말했다며 친구들도 모두 거짓말을 하고 있는 거라고 주장했다. 안 봐도 뻔했다. 아이는 겁에 질려 집에 돌아갔을 것이고 부모가 벌을 주려고 하자 곧바로 거짓말로 둘러댔을 것이다. 나는 분명히 일어난 일이고 백 퍼센트 확신할 수 있으며 아들도 인정했다고 설명했다. 그러나 부모는 자기 아들은 절대로 거짓말을 할 아이가 아니며 이 세상에 백 퍼센트 확신할 수 있는 것은 없다고 맞섰다. 또 내 눈으로 똑똑히 목격하지 않은 문제에 대해 처벌을 해서도 안 된다고 밀했다. 나는 아들이 솔직하게 털어놓지 못했다는 사실을 깨달아야 한다고 설득했지만 아이 아버지는 도리어 내게 화를 냈다.

"선생님의 문제해결 방식은 정말이지 졸렬해서 봐줄 수 없군요!"

주먹으로 얼굴을 한 대 맞은 기분이었다.

나는 심호흡을 한 번 했고 아이 아버지가 아들과 온 가족의 정직이 의심받고 있는 상황을 개탄하며 퍼붓는 폭언을 가만히 듣고만 있었다. 참을성 있게 기다렸고, 마침내 폭언이 끝났을 때 나는 이렇게 말했다.

"아버님의 생각은 충분히 알겠습니다. 아드님과 다시 한 번 이야기를 나눠보겠습니다. 조금 더 깊이 생각해볼 시간을 주십시오."

부당하고 적절하지 못한 결정을 성급히 내리느니 시간을 두고 올바른 결정을 내리는 게 나을 것 같았다. 그리고 그 학생과 다시 이야기를 나누어보았다. 정말로 손을 잡지 않았느냐고 물었더니 아이가 고개를 푹 숙이고 "안 그랬어요, 선생님"이라고 대답했다. 아이는 내 눈을 쳐다보지도 못했다. 아이는 부모에게 거짓말을 했을 뿐만 아니라 상황에 대한 압박감에 시달려 이제 내게도 거짓말을 하고 있었다. 처음에는 솔직했던 아이였다. 그러나 부모가 아이를 부정직하게 만들었고 그 과정에서 아이의 인성까지 훼손하고 있었다.

부모는 누구나 자녀를 사랑한다. 그런 자녀가 거짓말을 했다고 생각하면 죽을 만큼 괴로울 것이다. 그렇다고 아이들이 부모를 사랑하지 않는다는 뜻은 아니다. 때로는 부모를 지극히 사랑한 나머지 상처를 주고 싶지 않아 거짓말을 하기도 한다. 그러니 교사를 믿어달라. 교사는 매일 아이들과 함께 생활하고 있으며 거짓말을 할 이유도 없다.

참을성을 발휘하라

33

이 책을 쓰고 있던 중에 일어난 일이다. 부모님 집에 있었는데 어머니가 친척집에 같이 다녀오자고 했다. 같이 있다 보면 살짝 짜증스러워지는 친척이었다. 나는 책을 마무리하느라 바빠서 못 갈 것 같다고 말했다. 어머니는 두 번 말해봐야 소용없다는 걸 재빨리 간파하고 아버지에게 돌아섰다.

"그럼 당신이랑 가야겠네요."

"뭐? 말도 안 돼. 론, 엄마 모시고 다녀오너라. 그 망할 놈의 책은 내가 쓰마."

우리는 다 함께 웃음을 터뜨렸다. 결국 내가 어머니와 함께 친척집에 가기로 했다. 집에 돌아와 보니 나스카 레이싱과 서부극, 플라이슈만 진gin을 좋아하는 아버지가 노트북 한 페이지 가득 뭔가를 써놓았다. 나는 아버지가 쓴 글을 이 책에 그대로 넣기로 결심했다.

론 녀석이 이러저러한 일을 하고 있냐기에 좋은 아버지로서 가만히 있을 수는 없어서 도와줄 일이 있느냐고 넌지시 물어보았다. 혹시 아는가? 라스베이거스에 가거나 파티를 열거나 어디 가서 연설을 하게 될지?
"아버지가 제 새 책에 글을 한 페이지 써주셨으면 좋겠어요."
뭐? 괜히 발등만 찍고 말았군! 나는 까짓것 한번 해보겠다고 말했다.
훌륭한 교사가 지녀야 할 두 가지 덕목을 말해보라고 한다면 나는 헌신과 인내심을 꼽겠다. 내가 젊었을 때는 이 인내심이 부족했다. 론이 여덟 살쯤 되었을 때 나는 녀석에게 마당의 잔디 깎는 법을 가르치려고 했다. 녀석이 바깥 날씨가 35도나 되고 텔레비전에서 〈가이딩 라이트 Guiding Light〉(미국의 최장수 드라마_역주)가 저 혼자 돌아가도록 놔둘 수는 없지 않느냐고 반문하던 게 기억난다.
맙소사! 나는 얼른 나가서 잔디깎기 기계 위에 앉으라고 호통을 쳤다. 나는 녀석을 안아 기계 위에 앉혔고 작동법과 어떻게 잔디가 베이는지를 보여주었다. 녀석은 제법 잘 따라 했다. 이제 마당 손질을 거들 사람이 생겨서 진심으로 기뻤다. 그런데 마실 것을 가지러 잠깐 집 안에 들어갔다 나왔더니 마당이 뭔가 이상했다. 론은 내가 일러준 대로 마당을 오르락내리락하고 있었지만 그때마다 약 30센티미터 정도로 깎이지 않은 잔디 띠가 남아 있었다. 나는 얼른 기계 작동을 멈추고 다시 한 번 제대로 깎는 법을 가르쳐주었다. 그런데 녀석은 계속해서 30센티미터의 잔디 띠를 남겼다. 녀석은 내가 참을성이 부족하다는 걸 잘 알고 있었다. 결국 나는 포기하고 론을 집 안으로 들여보냈다. 녀석이 뒤돌아서서 씩 웃고 있을 게 빤히 보였다.

그 후 몇 년 동안 나는 혼자서 마당의 잔디를 깎았다. 피곤해서 하기 싫은 날도 많았지만 론과 씨름하고 싶지가 않았다. 결국 나 혼자 훨씬 많은 일을 떠안아야 했던 것이다.

나이가 들어가면서 드는 생각인데, 당시 내가 딱 30분만 더 참았다면 그 후 10년 동안 꽤 많은 시간을 절약할 수 있지 않았을까. 론은 그때도 잔디 깎는 법을 알고 있었을 것이고 내가 가르쳐준 대로 하지 않으면 어떻게 될지도 잘 알고 있었을 것이다. 첫날 녀석을 제대로 가르치지 못한 탓에 책임을 나눠 질 수 없었다. 결국 기대치를 보여주고 그곳에 도달할 때까지 기다리는 인내심을 발휘해야 했었다.

훗날 나는 남들을 가르치는 직업을 얻었다. 함께 일하는 사람들을 가르쳐야 하는데 만약 내가 제대로 가르치지 못하면 내 일이 훨씬 더 많아질 게 분명하기 때문에 이번에는 참을성을 발휘했다. 당시 나는 꽤나 훌륭한 선생님이었다고 믿는다. 만약 내가 대학을 나오고 정식 교사가 되었더라면 나 역시 디즈니가 주는 올해의 교사상을 받을 수 있었을 것이다. 물론 처음부터 인내심을 가지고 제대로 가르쳤다면 말이다.

추신: 내 페이스북의 농장 관리를 누군가 도와주면 좋겠다. 이 책을 읽은 독자들은 자유롭게 내 농장에 들어와 닭도 먹이고 채소도 가꾸고 젖소의 우유도 짜주기를 바란다.

(로니 클라크 시니어)

다들 나의 아버지를 사랑해주었으면 좋겠다. 아버지는 인내심에 대해 제대로 이야기했다. 인내심은 단기적인 측면에서뿐만 아니라 장기적인 측면에서도 중요한 가치를 지닌다. 그동안 성적이 낮아 낙제를 겨우 면한 학생들을 많이 만났다. 이 아이들은 학습능력도 상식도 사고능력도 부족했다. 그러나 그런 능력은 향상되기 마련이니, 부모가 믿고 끝까지 포기하지 않는 게 중요하다. 내가 가르칠 때 성적이 낮아 힘들어했던 학생들 중 여럿이 훗날 대학원에 진학하고 훌륭한 직업을 얻었다. 다만 남들보다 조금 더 오래 걸렸을 뿐이다. 이 학생들의 공통점은 발전하고자 하는 욕구와 절대로 포기하지 않는 근성이었다. 부모가 자녀에게 그런 본보기가 될 수 있다. 아이의 성공을 위한 필수 요소를 부모가 가르쳐줄 수 있다.

▶ 매튜 어머니로부터

아이가 학교 공부로 힘들어할 때 엄마로서 가장 큰 도움은 아이를 잠시 혼자 있게 해주는 것임을 깨달았습니다. 저 역시 감정이 격해지기 전에 화를 누그러뜨릴 수 있었고, 다시 아이 곁으로 가 격려와 지지를 보여줌으로써 아이의 마음을 어루만져줄 수 있었습니다. 가끔은 공부의 스트레스를 이겨내기 위해 함께 초콜릿 쿠키를 굽기도 했어요. 그러면서 아이에게 할 수 있다는 격려와 칭찬을 계속해서 들려주었고 결국 둘 다 훨씬 더 단단해진 마음으로 공부에 임할 수 있었답니다.

언젠가는 제가 몹시 화를 냈고, 소리를 지르며 난리를 피웠지요. 결국 아이까지 화를 내고 짜증을 내게 되었어요. 그날 저는 극단에 치달을 때까지 공부 스트레스를 받지 않도록 하자고 다짐했습니다. 아이와 '우리는 언제나 함께'라는 공부 철학을 세우고 좀 더 창조적인 공부법을 생각해냈습니다. 가끔은 온 가족이 침대에 엎드려 공부를 하기도 했습니다. 그리고 매일 저녁 아이와 RCA 선생님들을 위해 기도를 하고 있어요.

"신이시여, 아이의 학습능력과 배움의 열정이 더욱 커지게 해주세요."
부모가 먼저 아이들을 지지하고 격려하며 해낼 수 있다는 사실을 알려주면, 아이들도 결국 자신을 믿는다는 것을 깨달았습니다.
(2014년 졸업반 학부모 메도우스 부인)

모든 아이들에게서 잠재력을 발견하라
34

나의 어머니는 외증조할머니인 모드 놀라 메이 미제트 여사가 세상에서 가장 훌륭한 부인이라고 늘 말한다. 할머니는 매일 성경을 읽고 어린 어머니에게 찬송가를 가르쳐주었고, 농장일이든 부엌일이든 가리지 않고 열심히 했고, 가족 모두의 옷을 직접 바느질했고, 밤이면 옆에 누인 어린 어머니의 차가운 발을 자신의 두 다리 사이에 끼워 따뜻하게 데워주었다고 한다.

이른 아침 날이 밝으면 모드 할머니는 가족들과 함께 담배농장으로 향했다. 노스캐롤라이나의 새벽은 안개가 자욱하고 끈적거릴 만큼 습했다. 담배창고 문을 열면 시렁에 매달아놓은 말린 담뱃잎에서 악취가 풍겨 나와 코를 찔렀다. 아버지도 나도 소년 시절에 밭에서 담배를 베고 줄기에서 잎을 뜯어내 노새가 끄는 수레에 던져 쌓은 다음 창고까지 옮기는 일을 했다. 어린 어머니는 어른들보다 담뱃잎을 다루는 손놀림이 더 빨랐다고 한다. 수레에 쌓인 담뱃잎을 차곡차곡 같은 방향으로 포개어 꾹꾹 누른 다음 옆 사람에게 넘겨주면 그 사람은 잎자루를 끈으로 꽁꽁 묶어 시렁에 거는 사람에게 건네주었다. 새벽부터 두어 시간을 쉼 없이 일하고 새참 때가 되면 모드 할머니는 집에서 만들어 온 식은 비스킷을 꺼냈다. 고된 노동에 온몸이 흙먼지와 담뱃잎 진액으로 범벅이 되어 있을 때는 집에서 만들어 온 식은 비스킷보다 더 맛있는 게 없었다.

비스킷이 담긴 갈색 종이봉지가 차례차례 돌아가고 모드 할머니 차례가 되면 할머니는 식은 비스킷을 하나 꺼내 손가락으로 한가운데를 눌러 거기에 가져온 당밀 병을 기울여 천천히 부었다. 그리고 한입에 털어 넣곤 했다. 실로 천국의 맛이었다. 어머니는 당시 비스킷이 꿀맛이었던 건 그걸 얻기 위해 열심히 일해야 한다는 것을 알았기 때문이라고 말했다. 어린 어머니는 모드 할머니의 자랑스러운 손녀딸이 되는 것이 가장 큰 소망이었다고 한다. 할머니는 모두에게 이렇게 말했다.

"바바라 진만큼 손놀림이 빠른 아이는 본 적이 없다."

그래서 어머니는 할머니의 기대치에 부응하며 살고 싶었다. 할머니가 자신을 높이 평가한다는 것을 알았기 때문에 매일 열심히 노력하고 싶은 열망이 솟구쳤다. 할머니의 인정과 자랑이 가장 큰 목표였다.

지금껏 어머니와 같은 직업윤리를 가진 사람을 본 적이 없다. 나는 평생 어머니가 보퍼트카운티 학교에서 임금대장을 가져와 부엌 식탁에 앉아 거기 적힌 무수한 숫자들을 몇 번이고 반복해서 계산하는 모습을 보아왔다. 어머니는 결코 실수를 용납하지 않았고 내게도 자신이 하고 있는 일에 대해 자부심을 품는 게 얼마나 중요한지 일깨워주곤 했다. 그렇게 직업정신이 투철한 와중에도 어머니는 하루 세끼를 직접 요리했고 우리 집을 소굴로 알고 모여드는 내 친구들을 알뜰히 거두어 먹였으며 학교 자원봉사에도 쉼 없이 참석했다. 그런데도 우리 집은 늘 지나칠 정도로 깔끔했다. 어머니는 이미 설거지를 깨끗이 한 그릇을 다시 식기세척기에 집어넣을 정도로 모든 일에 완벽을 기하려고 애쓰고 언제나 최선을 다 하는 게 눈에 보였다.

어머니는 왜 그렇게 사는 걸까? 왜 그토록 큰 자부심을 품고 매사에 열심일까? 여러 요인이 있겠지만 어머니는 늘 담배창고에서 일하던 시절 모드 할머니를 자랑스럽게 만들고 싶어 열심이었던 이야기를 한다. 할머니를 향한 사랑과 할머니가 발견해준 잠재력을 발휘하고 싶다는 열망이 어머니를 그토록 근면한 사람으로 만들었던 것이다. 그 시절의 경험들이 오늘날까지 어머니를 움직이는 힘이라고 믿는다.

우리 역시 우리가 아이들에게서 발견하는 모습대로 될 거라고 상기할 필요가 있다. 아이에게 방이 더럽다고 반복적으로 잔소리를 늘어놓으면 아이는 정말로 자기 방이 늘 더럽다고 믿게 된다. 수학을 못한다고 반복적으로 말하면 스스로 수학실력이 형편없다고 믿기 시작하고 곧 수학을 몹시 싫어하게 된다. 버릇이 없다고 말하면 정말로 그렇게 믿는다.

이 대목에서 나를 예민하게 만드는 것을 얘기하자면 바로 과학 과목이다. 어린 여학생들 상당수가 과학시간에 하는 뱀 잡기나 개구리 해부 등의 실험을 싫어한다. 이때 여학생에게 빠지라고 한다면 과학에서 멀어지도록 등을 떠미는 셈이 된다. 중요한 전문영역에 잠재적인 훌륭한 지성을 잃는 결과를 낳을 수도 있다. 암 치료법을 발견할 수 있는 미래의 과학자를, 최고의 뇌 전문 외과의사를, 과학분야에 혁명을 일으킬 인재를 놓칠지도 모른다. 모든 게 여학생은 과학을 좋아하지 않을 거라는 편견 때문이다. 아이가 슈퍼마켓에서 짐 드는 걸 도와주거나 엄마를 위해 문을 열어주는 등의 기특한 행동을 보이면 "우리 아들이 엄마를 위해 늘 문을 열어주네? 엄마가 참 든든하다"라고 말해주자. 그러면 아이는 다음에도 엄마를 위해 문을 대신 열어주는 노력을 지속적으로 할 것이다.

교사도 마찬가지다. 아침에 만난 학생이 예의 바르게 인사를 하면 "언제나 밝은 미소로 선생님의 아침을 밝혀주는구나"라고 말해보자. 매일 아침 누구보다 활짝 웃으며 인사를 건넬 것이다. 아이들은 어른들을 보고 자신에 대해 배우고 우리가 기대하는 대로 되기 위해 노력한다. 그러므로 아이가 지니고 있는 훌륭한 자질들을 발굴하고 칭찬하라. 부정적인 발언은 피하라. 우리의 말 한마디가 아이의 습관과 인성, 가치관, 자아의식에 영향을 미친다. 우리가 지금 가르쳐주는 크고 작은 행동들이 아이가 어른이 되었을 때의 모습을 형성한다는 사실을 잊지 말자.

말의 힘을 강조하라
35

아이의 어휘력은 꼭 가르쳐야 할 중요한 영역이다. 아이와 같이 책을 읽다보면 어떤 단어의 뜻을 정확히 알고 있는지 물어야 할 때가 있다. 다른 문장에서도 그 단어를 사용할 수 있는지 확인할 수도 있고, 새로 습득한 어휘를 가지고 놀이를 할 수도 있다. 다른 책에서 그 단어를 찾아보게 하거나 함께 텔레비전을 보다가 그 단어를 들었는지 확인해볼 수도 있다. 엄마가 긴 문장을 말하고 해당 단어를 들었을 때 위아래로 폴짝폴짝 세 번 뜀뛰기를 시킨다거나 돼지처럼 쿵쿵거리게 하는 놀이를 할 수도 있다. 또 아이가 엄마 이외의 사람에게 말을 할 때 그 단어를 정확하게 구사하면 그날 하루 '왕자님'이라고 불러줄 수도 있다. 요점은 아이의 어휘력을 향상시키기 위해 다양한 방법을 고안해내야 한다는 것이다. 그렇지 않으면 몇 년 후 본격적으로 읽고 이해하기를 할 때 어려움을 겪을 수 있다.

언젠가 국제사회 수업에서 부정을 저질렀다는 죄목으로 헨리 8세에 의해 참수형을 당한 앤 불린에 대해 배우고 있었다. 나는 앤 불린이 왕과 국가에 대한 배반행위를 저지른 것으로 간주되어 사형을 받았다고 설명해주고 이렇게 되물었다.

"자, 그럼 앤 불린에게 떨어신 죄명은 무엇일까?"

아무도 손을 들지 않았다.

"왕에게 부정을 저질렀고 그게 나라를 배반한 행위로 간주되었다고 했잖아. 그러니까 무슨 죄목이겠니?"

아무도 대답하지 않자 나는 힌트 삼아 칠판에 철자를 쓰기 시작했다. 'TRA'까지 썼더니 갑자기 학급 전체가 큰 소리로 외쳤다.

"매춘부!"

오, 맙소사! 아이들은 '반역자 traitor'는 무슨 뜻인지 모르면서 '매춘부 tramp'는 정확하게 이해하고 있었다. 놀랍게도 6학년 학생들 가운데 누구도 반역자의 뜻을 정확히 모르고 있었다. 이렇게 아이들은 우리 교사나 부모가 당연히 알고 있을 거라고 생각하는 단어조차 모르고 있는 경우가 있다.

어휘에 대해 아이들과 가능한 한 많은 이야기를 나누길 바란다. 텔레비전과 노래, 소설과 학교 과제물에 등장하는 단어들을 가리켜보자. 아이들은 단어의 뜻을 제대로 몰라도 안다고 말할 때가 많다. 그러니 아이가 해당 단어를 확실히 알고 있다는 확신이 들기 전까지는 당연히 알 거라고 믿고 넘어가지 말자.

겉과 속이 다른 부모가 되지 마라
36

    동전에는 앞면과 뒷면, 이렇게 양면이 존재한다. 교사이자 교장으로서 나는 가끔씩 앞과 뒤가 있는, 즉 말과 행동이 속마음과 다른 학부모를 만날 때가 있다. 물론 부모들이 내 앞에서 협조적인 태도로 지지를 보내주면 고맙지만 그게 겉모습일 뿐이라면 싫다. 나는 학부모들에게 문제가 있으면 언제든지 찾아오라고 말한다. 많은 학부모들이 그러겠다고 대답한다. 그런데 개인적으로 만나면 나를 안아주며 별일 없이 잘 지낸다고 말했던 부모가 무슨 일로 불만을 품고 있다는 소문이 들려오면 어쩔 수 없이 약간의 배신감이 든다. 나는 완벽주의자라서 누군가 어떤 일로 속상하다면 그 문제에 대해 함께 해결하고 싶다. 어차피 우리는 한 배를 탄 사람들인 것이다. 다른 사람에게 불만과 불행을 털어놓을 수 있는 학부모라면 교사와도 편안하게 공유해주기를 바란다.

    RCA는 숙제를 해오지 않으면 방과 후 남기 벌을 준다. 한번은 트레이 윌리엄스가 수학 숙제를 하지 않아서 방과 후 남기 벌을 주었다. 그러자 트레이의 엄마가 전화를 걸어 그날 아침에 아들이 자동차에 숙제를 놓고 내리는 바람에 엄마가 대신 안내데스크의 모슬리 선생님에게 주었고, 모슬리 선생님도 내게 전해주겠다고 약속했다고 해명했다. 나는 모슬리 선생님의 성격과 원칙을 잘 알고 있지만 그래도 한번 확인을 해보았다. 역시 모슬리 선생님은 트레이의 엄마에게 자신은 숙제를 대신 전달해주지 않을 것이며 어디까지나 학생의 책임이라고 분명히 말했다고 했다. 나는 곧 트레이의 엄마를 만나 학교에 숙제를 뒤늦게 가지고 와서는 안 되며 방과 후 남기 벌은 그대로 진행할 거라고 알렸다. 그랬더니 트레이 엄마는 내 말을 백 퍼센트 이해하고 지지한다고 대답했다. 어찌나 싹싹하고 쾌활한지 고마울 따름이었다.

그런데 로비에서 만난 모슬리 선생님이 대체 어떻게 된 거냐고 물었다. 트레이 엄마와 만나 이야기가 잘되었다고 했더니 그녀가 학생들 앞에서 '멍청이' 어쩌고 하는 말을 중얼거리며 몹시 거칠게 현관문을 나가는 모습을 봤다는 것이다. 나는 트레이 엄마가 무슨 일로 화가 났는지 모르겠지만 분명히 나 때문은 아닐 거라고 자신 있게 말했다. 그러자 모슬리 선생님이 나를 빤히 쳐다보더니 "알겠습니다, 클라크 선생님" 하고 대화를 마무리했다.

다음 날 저녁, 학부모 회장으로부터 전화를 받았다. 트레이 엄마가 여러 학부모들에게 전화를 돌려 RCA의 방과 후 남기 벌 제도를 바꾸는 데 동참할 의사가 있는지 물어봤다는 것이다. 또 부모가 대신해서 학교에 숙제를 제출해도 된다는 정책을 찬성하는지의 여부도 물었다고 했다. 나는 몹시 충격을 받았다. 왜 트레이의 엄마는 내 앞에서 자신의 속내와 정반대로 행동했던 것일까? 나는 트레이의 엄마를 학교로 불렀다. 이번에도 역시 싹싹한 모습이었지만 나는 그동안의 일을 다 알고 있다고 추궁했다. 결국 그녀는 솔직히 털어놓았다.

"솔직히 속상했지만 사실대로 말씀드릴 수 없었어요. 선생님이 우리 트레이에게 화풀이를 하실까 봐서요."

모욕이 따로 없었다. 부모의 행동 때문에 교사가 자녀를 벌할 거라고 추측하다니, 그건 교사를 엄청나게 폄하하는 생각이다. 아이와 함께 일하는 사람은 누구나 아이와 부모를 구별해서 생각하고 행동할 줄 안다. 누군가의 행동을 전혀 다른 사람에게 책임지게 한다면 전문가의 자세가 아니다.

나는 트레이의 엄마에게 부모가 RCA의 정책에 불만을 품고 있다고 해서 그 자녀에게 화풀이를 하는 것은 있을 수도 없고, 있어서도 안 되는 일이라고 설명했다. 그러나 책임감과 방과 후 남기 벌에 관해서는 교사인 나를 믿어달라고 부탁했다. 아들이 숙제를 깜박 잊고 챙겨가지 않았다고 해서 평생 엄마가 뒤를 쫓아다닐 수는 없으며, 학교 입장에서는 질서와 책임감에 대해 가르칠 의무가 있다고 설명했다. 습관은 어릴 때부터 길들이는 게 좋은 것이다.

동전형 부모는 학교에 대해 부정적인 소문을 퍼뜨리는 게 오히려 아이에게 해가 될 수 있다는 사실을 전혀 모른다. 우리 할머니는 빨랫줄에 더러운 빨래를 널어서는 안 된다고 말씀하셨다. 즉 집안의 안 좋은 일을 동네방네 드러내서는 안 된다는 말이었다. 학부모가 학교에 대해 부정적인 말을 하고 다니면 소문은 삽시간에 퍼져 나간다. 그리고 학교를 부정적으로 생각하는 사람들은 학생들에 대해서도 부정적으로 생각할 것이다. 결국 아이들만 손해를 보게 된다.

나는 모든 학부모에게 불만이 있으면 기탄없이 학교나 교사에게 말하라고 한다. 직언을 두려워하지 마라. 주변에 말하고 다니지 말고 우리에게 말하라. 그래야 학부모의 요구를 적극 반영하고 함께 협력해 학교를 발전시킬 수 있다.

THE END OF MOLASSES CLASSES

/ 3 /

올바른 수업 분위기와 학교 문화

우리는 아이들과 함께하는 어른으로서, 올바른 환경을 조성하고 적절한 기대치를 정하며 활력의 모범이 되어야 한다. 그리고 배움이란 즐거운 일이라는 것을 알려주어야 한다. 모든 아이들이 배움을 즐기고 지식을 향한 호기심과 열정을 품을 수 있는 분위기를 만드는 것, 바로 어른들의 책임이다.

한 가족으로 멋있게 맞이하라
37

매년 대략 400명의 학생들이 RCA에 지원한다. 우리로선 두 달 넘게 거의 모든 지원자들을 직접 만나 면접을 치러야 하는 엄청난 도전 과제다. 우리는 다양한 구성원으로 학습 집단을 만들려고 노력한다. 성적이 좋은 학생들만 받아들인다면 우리 학교의 성공이 학생들의 탁월한 능력 때문이라고 생각할 것이다. 또 학업에 어려움을 겪고 있는 학생들만 받아들인다면 특수교육이 필요한 학생들에게만 유용한 교육이라는 오해를 살 수 있다. 그래서 우리는 학업에 성공을 거두어본 적이 전혀 없는 아이들부터 영재로 불리는 아이들, 규율의 문제가 있는 아이들까지 다양한 학생들을 받아들인다.

보통 400명의 지원자 가운데 30명을 뽑고 나머지 370명의 학부모에게는 안타까운 내용의 편지를 보낸다. 솔직히 무척 속상하다. 몇 주 동안 고민을 하기도 한다. 입학이 허가되지 않은 학생들 중에 지금까지도 그 모습이 떠오르는 아이들이 있다. 그리고 뽑힌 30명은 아주 특별한 편지를 받는다. 얇은 봉투 속에 반짝이는 종이 한 장이 들어 있다. 이른바 '윌리 웡카의 초콜릿 공장'으로 가는 황금 티켓이다. 편지에는 이렇게 쓰여 있다.

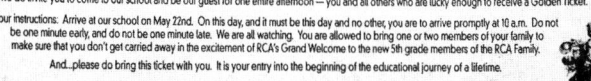

RON CLARK ACADEMY
Golden Ticket
ADMIT ONE

A fond hello to you, the lucky recipient of this Golden Ticket, from the Ron Clark Academy! It would appear that congratulations are in order! You have been accepted as a rising 5th grader at RCA! BRAVO! Unique, amazing and unimaginable things are in store for you — many wonderful surprises at every turn! Be patient; your time as a student at the Ron Clark Academy is just around the corner, and on September 1st, your magical journey will begin.

For now, we do invite you to come to our school and be our guest for one entire afternoon — you and all others who are lucky enough to receive a Golden Ticket.

Your instructions: Arrive at our school on May 22nd. On this day, and it must be this day and no other, you are to arrive promptly at 10 a.m. Do not be one minute early, and do not be one minute late. We are all watching. You are allowed to bring one or two members of your family to make sure that you don't get carried away in the excitement of RCA's Grand Welcome to the new 5th grade members of the RCA Family. And...please do bring this ticket with you. It is your entry into the beginning of the educational journey of a lifetime.

With heartfelt congratulations,
Ron Clark, Kim Bearden & the entire RCA Family

RCA에 합격한 학생들만이 받을 수 있는 황금 티켓. 평생 잊지 못할 소중한 순간으로 초대하는 입장권이다.

RCA가 보내는 황금 티켓을 받게 된 행운의 주인공에게.

그대는 RCA의 5학년이 되었습니다! 이제 그대 앞에는 상상조차 할 수 없었던 특별하고 놀라운 일들이 준비되어 있습니다. 조금만 기다리세요. RCA의 학생이 될 날도 얼마 남지 않았으니까요. 9월 1일이면 마법 같은 여행이 시작된답니다.

그대를 우리 학교에 초대합니다. 그대를 위한 축하의 자리가 마련되었습니다! 이 황금티켓을 받은 다른 행운의 주인공들과 함께 손님이 되어 주세요. 5월 2일에 학교로 와주세요. 다른 날은 안 돼요. 반드시 이날이어야 해요. 정확히 낮 12시에 오세요. 1분이라도 일찍 오거나 늦어서는 안 돼요. 우리가 지켜보고 있을 거예요. 한두 명의 가족과 함께 와도 좋아요. RCA의 거창한 환영식을 혼자서는 감당하기 힘들 테니까요.

이 황금티켓을 꼭 가지고 오세요. 영광스러운 배움의 여행길로 들어서는 입장권이랍니다.

테세마 해스킨스가 너무나 능숙하게 레드카펫을 통과하고 있다!

　우리는 신입생들을 위해 놀라운 일을 준비한다. 먼저 학교 출입문마다 커튼을 드리워 학교 안을 들여다볼 수 없게 한다. 신입생과 그 가족은 정문 밖에서 길게 한 줄로 서서 기다려야 한다. 그러면 갑자기 정문이 열리면서 RCA의 재학생과 학부모, 교직원과 이사회, 후원자, 친구들이 나타난다. 동원된 밴드와 가수들이 힘차게 노래를 부르고 사람들 사이로 긴 레드카펫이 깔려 있다. 신입생과 가족이 레드카펫을 밟으며 지나가면 양옆에 늘어선 우리는 박수갈채를 보내며 춤도 추고 환호성을 지른다. 한마디로 흥겹고 떠들썩한 광경이 연출된다. 레드카펫의 끝자락에는 재학생 학부모들이 카메라를 들고 서서 다가오는 신입생의 사진을 찍어대고 사인을 해달라고 요청하며 파파라치 흉내를 낸다. 신입생은 대단한 인기 스타로 대접받는다.

신입생들이 처음 레드카펫을 밟으며 학교에 들어서는 순간 우리 모두는 진심으로 한 가족이 된다.

모든 아이들이 레드카펫 끝자락에 도착하면 다 함께 춤을 추기 시작한다. 이런 장면을 처음 본 신입생들은 어리둥절해하지만 곧 선배들의 손에 이끌려 함께 웃고 춤을 춘다. 재학생들에게는 이날의 주인공은 신입생이므로 우리 모두 관심과 사랑을 보여주어야 한다고 미리 당부해둔다. 이 부분에 대해 우리 학생들이 나를 실망시킨 적은 단 한 번도 없었다. 노래를 몇 곡 부르고 재학생들이 자기소개를 한 다음 학부모들이 정성껏 마련해온 음식을 야외에서 함께 먹는다. 우리 모두가 한 가족이라는 사실을 생생하게 전해주는 아름다운 날이다. 또 모두가 사랑받고 인정받을 수 있는 학교이며 마법이 가능한 곳임을 알려주는 날이기도 하다.

▶ 다리우스 어머니로부터

처음 RCA 입학면접을 보고 나오던 날을 잊을 수 없습니다. 아들의 눈에서 빛이 되살아나는 게 보였거든요. 흥분과 희망, 그리고 자신감이 보였어요. '승리를 향한 강한 욕구'였지요! 그 사실 하나만으로도 저와 남편은 힘이 났습니다. 다리우스가 학교에 대한 흥미를 잃기 시작했을 때였거든요. 다리우스가 면접을 마치고 나와 우리 부부를 와락 끌어안았을 때 우리는 떨리는 목소리로 물었습니다.

"어떻게 됐어, 아들?"

아이는 자신 있게 웃으며 말했어요.

"합격할 것 같아요."

남편과 나는 아이를 빤히 쳐다보다가 미심쩍은 목소리로 물었어요.

"아, 정말?"

우리는 그냥 신나게 웃으며 자동차로 향했어요.

집으로 돌아가는 길에 다리우스는 RCA에 데리고 와줘서 고맙다고 하더군요. 순간 불안해진 저는 지원자가 400명이 넘고 합격자는 겨우 30명밖에 안 된다고 설명해주었어요. 아이가 살짝 풀이 죽은 목소리로 말하더군요.

"그냥 이렇게 좋은 학교에 데려와주신 것만으로도 감사해요. 합격하지 못하더라도 말이에요."

그때 저는 생각했습니다. '면접 한 번만으로 아이에게 이토록 큰 영향을 미쳤는데 정말로 이 학교에 다닐 수만 있다면 꿈이 실현될 수 있겠어!' 집으로 돌아와 다 함께 기도를 드리고 다리우스의 믿음내로 RCA에서 답변이 오기만을 기다렸습니다. 몇 주 후 학교에서 돌아온 다리우스가 갑자기 편지함으로 달려갔어요. 뭔가 느낌이 왔다는 거였어요. 아이는 집 안으로 뛰어들어와 깡충깡충 뛰면서 말했어요.

"왔어요! 드디어 왔어요! RCA에서 편지가 왔어요!"

봉투를 열자 아름다운 일이 벌어졌어요. 황금색 티켓이 들어 있었거든요. 아이가 몇 줄을 읽었어요. 그러고는 갑자기 무릎을 푹 꿇더니 울음을 터뜨렸습니다. 그 순간의 아이 얼굴을 잊을 수가 없어요. 특별한 축복에 눈물을 흘리던 그 모습을 말이에요. 우리는 다 함께 울며 기도를 올렸어요. 우리 삶을 영원히 바꿔놓을 놀라운 여행이 시작되었음을 알았지요. 돌이켜보면 모든 게 아이의 믿음에서 시작되었다는 생각이 듭니다. 아이는 단 한 번도 RCA에 들어가게 될 것을 의심하지 않았어요. 그곳이 자신의 자리임을 알았던 겁니다.

지금 아이는 학교생활을 무척이나 좋아합니다. 시와 말하기를 특히 좋아하지요. 연설, 연기, 역사, 독서뿐만 아니라 정치와 시사와 국제경제에 이르는 온갖 주제에 대해 어른들과 수준 높은 대화를 나누는 것도 좋아합니다. RCA가 아니었다면 아이의 내면에 그런 것들이 깃들어 있다는 사실조차 모르고 넘어갔을 거예요.

RCA는 아이의 인생을 바꾸었을 뿐만 아니라 온 가족에게 영향을 미쳤습니다. 가정 안의 많은 일들이 변했어요. RCA는 생각보다 훨씬 더 많은 것을 우리에게 선물해주었답니다.

(2013년 졸업반 학부모 엠마누엘 부인)

모든 아이들이 차별 없이 배울 수 있음을 믿어라

38

전국을 다니며 강연을 하다보면 이렇게 말하는 사람들을 만난다.

"당신네 학생들에겐 효과 있는 일이었는지 모르지만 우리 학교 학생들에겐 아닐걸요. 우리 반에는 온갖 규율문제를 일으키고 성적도 바닥인 학생들만 있어요. 교장한테 밉보였는지 올해도 그런 애들을 모두 제 반으로 보냈어요."

이런 말을 들으면 마음이 아프다. 어른들이 아이들에게서 잠재력을 찾아내지 못한다면, 모든 아이들이 배울 수 있다는 사실을 진심으로 믿지 못한다면, 어떻게 아이들에게 희망을 품고 자신의 잠재력을 믿으라고 말할 수 있겠는가? 부모도 교사도 긍정적인 자세로 아이들을 대하는 법을 알아야 한다.

RCA 이전 학교에서 가르쳤던 조지라는 학생이 생각난다. 한마디로 골칫거리였다. 처음 내 학급에 들어왔을 때 읽기 점수는 가장 낮은 등급이었고 규율문제도 있었다. 수업시간에 책을 한번 읽어보라고 하면 반항적인 말투로 "싫어요"라고 말하곤 했다. 가만히 놔둘 수가 없었다. 그런데 조지는 머리 나쁜 아이가 아니었다. 상대방이 자신을 좋아할 때와 그렇지 않을 때를 예민하게 간파할 줄 아는 아이였다. 아무래도 조지를 바라보는 방식을 바꿔야 할 것 같았다.

다음 날 방과 후에 나는 조지를 붙잡고 수업시간에 함께 읽고 있는 소설의 한 단락을 읽어보라고 했다. 아이는 당연히 거절했다. 그럼 둘이서 함께 읽어보자고 했다. 아이는 그러겠다고 했지만 첫 문장을 읽으면서 아이가 진짜로 읽는 게 아니라 내 말을 따라하며 웅얼거리고만 있다는 것을 알 수 있었다. 어떻게 5학년까지 올라왔는지 의문스러울 정도였다. 이전 교사들은 규율문제가 잦은 조지를 다시 맡기 싫어서 성적이 안 돼도 다음 학년으로 올려 보냈을 것이다. 나는 일부러 활기차고 유쾌한 목소리로 말했다.

"좋아, 선생님에게 좋은 생각이 있어!"

나는 방 안을 통통 뛰어다니며 매직펜과 플래시카드를 가져왔다. 조금 과장되게 보였겠지만 사실 조지와 함께 공부를 하는 게 무척 즐겁다는 것을 보여주기 위해 나름대로 최선을 다한 것이었다. 나는 우선 책에 나오는 단어를 플래시카드로 만들어 함께 이 단락을 '박살'내자고 말했다. 또 약간의 어휘력 문제만 극복하면 반짝이는 읽기 실력을 한껏 뽐낼 수 있을 거라고 말했다. 우리는 함께 매직펜으로 플래시카드 한쪽 면에 단어를 쓰고 뒷면에는 단어의 뜻을 썼다.

내가 먼저 단어와 그 뜻을 말해주면 아이가 어떤 색깔의 펜으로 쓸지를 정해주었다. 아이는 단어에서 연상되는 색깔을 골랐다. 예를 들어 '분쟁'이라는 단어는 사람들이 화가 나서 붉어진 얼굴로 싸우는 모습이 연상되어 빨간색을 골랐다. 나는 아이에게 빨간색 매직펜을 찾게 했고 카드 한쪽에 화가 난 얼굴을 그려 넣었다. 이렇게 플래시카드를 모두 완성한 뒤에는 각 단어를 색깔별로 모았고 그림과 뜻까지 덧붙인 뒤에 발음을 공부했다. 흔히 부모와 교사들은 단어의 뜻에만 지나치게 집중하는 실수를 저지른다. 하지만 단어의 뜻은 알되 정확한 발음법을 모른다면 기본적으로 효과가 없는 공부를 하는 셈이 된다.

다시 말하지만 단어를 공부할 때는 발음부터 익히고 뜻을 배워야 한다. 제대로 된 발음은 읽기 능력과 이해력에 영향을 미치고 배운 단어를 오래도록 잊지 않게 한다. 조지와 공부할 때도 그렇게 했다. 며칠 동안 방과 후에 둘이서 단어의 발음을 공부했고 그 후 뜻을 익혔다. 조지와의 공부는 꽤 재미있었고 아이가 다르게 보였다. 실제로 규율 문제가 심각한 아이들도 주변에 아무도 없으면 무척 사랑스럽고 유쾌한 모습을 보여주곤 한다. 그럴 경우 교사가 아이와 유대감을 돈독히 하고 아이가 본모습을 학급 안에서도 자주 보여줄 수 있도록 유도한다면 아이의 태도는 크게 향상될 수 있다.

단어의 발음과 뜻을 모두 익힌 다음에는 적절한 억양으로 읽기, 끊어 읽기, 강조하기 등으로 넘어가 보다 유창하게 읽을 수 있게 연습했다. 일주일 정도 지나자 조지는 그 단락을 꽤 익숙하게 읽을 수 있게 되었다. 읽기시간에 드디어 그 단락을 배울 차례가 되었다. 나는 심호흡을 하고 말했다.

"다음 단락을 누가 한번 읽어볼까? 조지?"

아이들은 조지가 읽기를 거부할 거라고 생각했기 때문에 모두 시간 낭비라는 표정을 지었다. 조지는 그 페이지만 뚫어져라 바라볼 뿐 선뜻 읽지 않았다. 잠시 후 조지의 얼굴에 '어, 이건 내가 공부한 단락이잖아' 하는 표정이 스쳤지만 여전히 가만히 앉아 있기만 했다. 제발,

제발 읽으란 말이다, 제발! 그때 갑자기 조지가 책을 읽기 시작했다.

"남북전쟁이 끝나고 재건의 시대가 찾아왔다. 이는 엄청난 고통과 분쟁으로 얼룩진 시기이면서 동시에 커다란 진보가 이루어진 시기이기도 하다."

그는 실수 없이 읽어나갔고 읽기가 끝나자 학급 전체가 우레와 같은 박수를 쳤다.

"와, 조지. 너 정말 잘 읽는다."

"앞으로도 자주 읽어라."

아이들이 말했다. 조지는 고개를 숙이며 이렇게 중얼거렸다.

"그래, 나도 알아. 그전에는 그냥 읽기가 싫었을 뿐이야."

방과 후 조지가 내 옆에 바짝 다가와 속삭였다.

"클라크 선생님, 다른 단락도 더 공부할 수 있어요?"

조지와 나는 그해 남은 시간 동안 일대일로 만나 함께 공부를 했다. 그해 말 기말고사에서 조지는 읽기 점수 4단계를 기록했다. 가장 높은 등급이었다. 태도 역시 점잖아졌다. 우등상을 받지는 못했지만 나름대로 좋은 성적을 꾸준하게 유지했다. 고등학교를 졸업한 뒤에는 해군에 입대했으며 지금도 나라를 위해 복무하고 있다. 언젠가 어른이 된 조지가 학교를 찾아와 5학년 신입생들에게 강연을 한 적이 있다.

"클라크 선생님이 너희 안에서 발견해주신 그런 사람이 되기 위해 열심히 공부해야 한다. 너희 눈에는 그 모습이 보이지 않을 때가 있지만 어른들은 우리 자신보다 우리를 더 잘 알 수 있단다."

우리는 아이들의 내면을 조금 더 깊이 파고 들어가 숨겨진 재능을 찾아내야 한다. 누구나 핑계와 구실, 단단한 외피 등으로 감싸여 있지만 조금만 더 들어가면 훌륭한 한 개인이 깃들어 있다. 그 모습을 발견해내고 그 모습대로 자랄 수 있도록 아이들을 돕는 게 바로 우리 어른들의 임무다.

학부모에게 학교를 개방하라

39

 RCA는 1년에 한 번 학부모를 학교로 초대해 하루를 지내게 하는 오픈하우스 행사를 연다. 그냥 한 시간 동안 머무는 행사가 아니다. 아침 8시부터 오후 4시까지 하루 종일 이어지는 행사다. 부모는 자녀와 함께 등교해 이 수업에서 저 수업으로 옮겨 다니며 아이 옆에 앉아 수업을 듣고 평소 아이들의 일정을 고스란히 소화해내야 한다.

 그날 우리 교사들은 아이들의 평소 생활을 부모들도 그대로 겪을 수 있게 평일처럼 수업하려고 노력한다. 거기에 약간의 재미를 더하기 위해 부모와 아이가 함께 참여할 수 있는 다양한 활동을 기획한다. 심지어 체육시간에도 부모들은 아이들과 똑같이 뛰어야 한다. 행사가 끝나고 집으로 돌아가는 부모들을 보면 녹초가 되어 있다. 보통 학교와 전혀 다른 RCA 수업을 들으며 책상 위에서 춤을 추고 과학시간에 뭔가를 잔뜩 불어대고 공차기를 하고 학습에 관한 노래까지 부르고 나면 기진맥진해 나가떨어지는 게 당연하다. 그러나 아이들의 수업에 참여할 수 있는 기회는 모두에게 소중한 경험이다.

나는 우리가 아이들에게 기대하는 바를 학부모들에게 알려줄 수 있는 좋은 기회이므로 오픈하우스 행사의 매 순간 최선을 다하자고 우리 동료 교사들에게 당부한다. 그들은 그날 행사 덕분에 학부모에게 필요한 정보를 전달할 수 있었을 뿐만 아니라 유대감도 돈독해졌다고, 또 학부모들이 아이의 문제를 이해하는 데 참고할 틀을 잡았기 때문에 무엇을 논의하기 위해 학부모를 부를 때에도 한결 편해졌다고 좋아한다.

역할에 맞는 옷을 입어라

40

우리 학교 방문객들에게 가장 흔히 듣는 질문 중 하나가 "정말로 매일 이렇게 입고 다니십니까?"이다. 우리 RCA에서는 남성은 모두 넥타이를 맨 정장 차림이고, 여성은 정장이나 직업상 적합한 드레스를 입는다. 우리는 매일 빈틈없고 당당한 인상을 풍기기 위해 노력한다.

요즘 교사들은 사회에서 충분한 존경이나 칭찬을 받지 못하고 그로

우리 RCA 교사들의 일상적인 모습이다. 세상을 지배할 수 있을 것 같은 기분이 든다.

인해 보수도 낮다고 불평한다. 그러나 나는 전문가 대접을 받으려면 전문가처럼 입어야 한다고 생각한다. 전국의 학교에서 운동복이나 청바지나 티셔츠 차림의 교사들을 많이 보았고, 몸을 숙이면 바지 위로 속옷이 내비치거나 걷기도 힘든 하이힐을 신거나 심지어 짧은 미니스커트를 입은 교사들도 많이 보았다. 학교당국에 교사들의 복장을 조금 더 엄격하게 단속해야 하지 않느냐고 물어보면 교사에게 그런 것들을 기대하는 건 어렵다고 대답한다. 은행이나 다른 직장에서 일하는 사람들에게는 맡은 역할에 상관없이 정장과 넥타이 차림을 기대하면서 왜 교사들에게는 같은 기준을 적용하지 않는다는 말인가? 복장에 대해 직원에게 거는 기대치가 낮으면 그만큼 수준이 낮은 직원을 만나게 된다.

전문적인 복장을 갖춰 입어야 하는 이유는 끝도 없다.

- 규율문제가 줄어든다. 학생들이 교사를 더욱 존경하기 때문이다.
- 학부모의 눈에도 지적이고 빈틈없는 전문가로 보인다.
- 교사 스스로 자신의 모습에 자부심을 느낀다.
- 옷을 제대로 갖춰 입으면 자신감도 커지고 발걸음도 가벼워진다. 학교 전체에 에너지가 느껴진다.

RCA 개교를 준비하는 동안 나는 교직원들의 겉모습 역시 전문적이어야 한다고 생각했다. 마법과도 같은 프로젝트를 준비하기 위해 잠재적인 후원자들과 애틀랜타의 메이시 백화점에 연락해 지원을 부탁했다. 오후 내내 전화기를 붙잡고 있었고 결국 모든 게 완료되었다. 교직원 연수 첫 주에 나는 전 교직원에게 안대를 두르게 하고 학교버스에 태웠다. 그리고 메이시 백화점 정문 앞까지 데리고 가 안대를 벗게 한 다음 RCA 교직원다운 전문가 복장을 할 수 있도록 신나는 쇼핑을 할 거라고 발표했다. 각자에게 1,000달러의 메이시 백화점 상품권이 주어졌다. 환호성이 터져 나왔다!

  개교 첫날 우리는 모두 새 옷을 입고 교실로 들어갔다. 와, 정말이지 세련된 모습이었다. 그렇게 우리는 개교 첫해 늘 고개를 꼿꼿이 들고 걸어 다녔다. 우리에게선 결속력, 전문성, 위엄이 발산되었다. 학생들과 학부모들에게도 확실히 믿을 수 있고 존경할 수 있는 세계적인 수준의 교사들과 함께하고 있다는 인상을 심어주는 최고의 방법이었다.

모든 순간을 소중하게 여겨라

41

지난 몇 년간 학생들이 학교에서 보내는 시간을 늘리는 문제에 대해 논쟁이 있었다. 최근에는 수많은 대학부속학교와 사립학교에서 평일과 토요일 오후 6시까지 학생들을 학교에 붙잡아 두고 있다. 나는 이러한 프로그램이 오후 4시부터 6시까지의 '공백' 시간에 자칫 비행에 빠질 수 있는 학생들에게는 커다란 축복이라고 생각한다. 실제로 청소년 범죄와 임신 등의 비행이 이 시간대에 집중적으로 발생한다.

개학 첫날 입장하고 있는 RCA 언어교사 수잔 반스 선생님(좌), RCA의 아동복지 담당 엘리자베스 스콧 선생님(우)

그러나 학내 일정을 늘리면 학생들이 실제로 더 많은 것을 배우게 되느냐의 문제는 학습지도의 수준에 달려 있다.

안타깝게도 여러 학교를 방문해보면 연장된 수업시간은 그저 '죽은 시간'으로 전락한 경우가 많았다. 학생들이 조용히 자율학습을 하고 있는 동안 뒤에 앉아 있는 선생님, 도무지 통제가 불가능한 혼란스러운 환경, 아예 책상에 엎드려 잠을 자는 학생들. 그러한 환경에서 학교에 머무는 시간을 늘리기만 한다면 불행한 사태를 잠시 지연시키는 것 말고 딱히 다른 효과를 기대할 수 없다.

우리 RCA는 모든 순간을 소중하게 여기는 절박한 마음을 아이들에게도 심어주어야 한다고 생각했다. 이후 일곱 개의 장은 그러한 취지에서 우리 RCA가 밟아온 실천과제들이다.

교내방송을 없애라

42

전국의 교사들이 이 부분을 읽고 환호할 것이다. 잔뜩 집중해서 수업을 하고 있는데 스피커를 통해 누군가 우렁찬 목소리로 "안드레아 세이지는 교무실로 오세요"라고 말한다면 정말이지 짜증이 솟구친다. 학생들도 교사의 수업보다 교내방송이 훨씬 더 중요하다는 인상을 받을 것이다. 그러니 절대 하지 마라! 정말로 교내방송이 꼭 필요하다면 최대한 간단명료하고 공식적인 말투를 엄수해야 한다.

사소한 일로 수업을 방해하지 마라
43

학생들에게 자기 앞에 놓인 매 순간이 몹시 귀중해 조금도 허비해서는 안 된다는 사실을 깨닫게 해야 한다. 부모가 아이에게 도시락을 건네주기 위해 수업 중인 교실에 나타나거나 누군가 절실히 중요하지 않은 쪽지를 전달하려고 교실로 들어서면 학생들은 당장의 수업보다 사소한 방해들이 훨씬 더 중요하다는 인상을 받게 된다.

우리 RCA는 매우 중대한 이유가 아니면 절대로 수업 중인 교실에 들어오는 것을 금하고 있다. 내 수업 중에 누군가 교실로 들어오는 일은 거의 없다. 방해가 없으니 학생들도 나도 모두 수업에 집중할 수 있고 더 많은 것을 성취할 수 있다.

이 정책을 설명했을 때 학부모들은 소외감을 느꼈다. 처음에는 나의 설명에도 불구하고 학부모들은 아이들이 놓고 간 숙제나 물건을 전해주기 위해 학교를 찾아왔고 안내데스크의 모슬리 선생님은 수업 도중에 교실에 들어가는 것은 불가능하다고 딱 잘라 말했다. 학부모들은 불만을 토로했지만 결국은 수업시간을 존중하는 게 아이들의 미래를 위한 일임을 깨닫게 되었다.

학생들이 교실에 있을 때는 앉지 마라

44

교사는 교실 안에서 에너지의 구심점이다. 교사가 앉아 있으면 그만큼 빛이 사라진다. 그러니 학생들이 있을 때 책상에 앉아 시험지를 채점하거나 수업계획안을 짜거나 컴퓨터 앞에 앉아 있으면 안 된다. 앉을 수 있는 경우란 오직 단체 활동에 참가할 때나 학생을 일대일로 지도할 때이다. RCA 교사들은 언제나 당당히 서서 열의를 내뿜는다. 교사가 앉아 있으면 교실 안의 에너지가 그만큼 줄어든다는 것을 알기에 당당히 서서 적극적인 모습을 보여준다.

RCA의 시사 및 수학교사 아담 도비코 선생님.

신체적인 한계 탓에 서 있지 못하는 경우라면 어떻게 할 것인가? 휠체어를 타고 다니는 훌륭한 스페인어 교사 에이미 던어웨이 헤이니 선생님은 목소리와 얼굴 표정에서 에너지가 줄줄 흐른다. 그녀의 동작을 보고 있으면 저절로 열의가 생기고 자극을 받는다. 자신은 비록 서 있을 수 없지만 아이들에게 활력을 불어넣는다. 실제로 그녀의 수업시간에 아이들은 가끔씩 서서 수업을 받기도 한다. 그녀의 수업은 에너지 넘치는 신체적인 활동이 많이 포함되어 있으며 그 에너지는 전염성이 있다.

교실에서는 개인적으로 휴대전화나 컴퓨터를 사용하지 마라

45

"선생님은 왜 페이스북을 안 하세요?"

"선생님도 한단다."

"저는 선생님이 페이스북을 모르시는 줄 알았어요. 지난번 학교 선생님은 수업시간에 페이스북 업데이트를 해야 한다며 책을 읽고 있으라고 하셨거든요."

안타깝지만 이런 일은 생각보다 많이 일어나고 있다. RCA 개교 첫해에 우리는 학생들에게 선생님들의 좋은 점과 싫은 점을 물어보았다. 일반적으로 교사가 하루 종일 휴대전화로 통화를 하거나 문자를 보내고 있을 때가 싫다고 대답했다. 또 교사가 학생들에게 집중하지 않고 딴짓을 하고 있으면 규율문제가 발생하기가 쉽고 종일 책상에 앉아만 있어야 하는 게 따분하다고 말하기도 했다.

교사가 최우선으로 생각할 대상은 단연 학생이어야 한다. 교실에 학생들이 모여 있으면 다른 생각은 교사의 머리에서 사라져야 한다. 교사와 학생이 함께 보내는 시간은 마법과도 같다. 그 순간 지식을 향한 탐구보다 더 중요한 것은 이 세상에 없다.

숙제는 집에서 하게 하라

46

수업시간에 숙제를 하도록 허락해서는 안 된다. 숙제는 집에서의 과제로 부여된 것이다. 교실에서의 시간은 일분일초가 소중하므로 열정을 다해야 한다.

종종 수업이 끝날 무렵이면 아이들에게 자습을 시키는 교사들이 있다. 우리 RCA에서는 절대로 있을 수 없는 일이다. 우리는 항상 '초과계획'을 세우고 해당 수업시간을 활기차고 적극적인 에너지로 채울 준비가 되어 있다. 숙제나 자습으로 귀중한 수업시간을 낭비하지 마라.

교사도 반드시 숙제를 해야 한다

47

교사 역시 체계적이고 분명할 필요가 있다. 그래야 교실 안에서 보내는 시간에 낭비가 없다. 교실 안의 규율문제는 90퍼센트 정도가 교사가 수업을 하고 있지 않을 때, 즉 따분해지고 게으름을 피우기 쉬워지는 바로 그때 발생한다. 교사가 계속해서 수업을 진행하며 아이들을 활동적으로 만든다면 문제도 상당히 줄어들 것이다.

> **이렇게 하라**
>
> 수업에 필요한 모든 교재와 교구를 미리 준비해두었다가 학생들이 교실에 들어오자마자 곧바로 수업을 시작해야 한다. 학생들이 자리 잡을 때까지 시간을 할애하면 할수록 그 시간은 날마다 차츰 길어질 것이다. 마지막 순간까지 쉼 없이 가르쳐라. 몇 분이라도 일찍 마치면 규율문제가 발생할 위험이 커진다. 수업이 시작되기 전 파워포인트 등의 발표자료도 미리 준비해둬라. 교사가 수업에 쓸 자료를 찾으러 컴퓨터 쪽으로 걸음을 옮기는 순간 아이들은 자기들끼리 장난을 칠 수 있는 기회라고 생각한다.

모든 수업을 열렬하게 시작하라

48

복도를 내다보고 있다가 아이들이 수업을 받으러 오는 게 보이면 나는 곧장 내 책상 위로 뛰어올라가 수업을 시작한다.

"아, 그렇게 마지막 폭격이 승리를 결정지었단다! 지금껏 선생님이 들려준 이야기 중 가장 위대한 순간이야."

교실 들어온 학생들은 책상 위로 올라가 두 팔을 높이 들고 텅 빈 교실을 향해 극적인 강의를 펼치고 있는 내 모습을 보게 된다.

"클라크 선생님, 뭐하고 계세요?"

"너희가 너무 늦게 와서 그냥 나 혼자 시작해버렸지 뭐냐!"

우리 학생들은 교실 안에 사람이 있거나 없거나 내가 그곳에서 늘 가르치고 있다고 믿는다. 어쩌다 이 방법을 고수하게 되었느냐 하면, 비어든 선생님이 수업을 끝내고 교실을 나가려고 하는데 학생들이 교사생활 몇 년 만에 처음 볼 정도로 민첩하게 가방을 꾸리더란다. 내 수업에 빨리 가지 않으면 내용을 놓치게 될 거라며. 내 행동이 조금 이상하다고 생각하는 사람도 있겠지만 상관없다. 교사들은 정상을 약간 벗어나 이상하고 기이해야 아이들에게 사랑도 받고 특별한 관계를 맺을 수 있는 법이다.

또 한 가지 확실한 게 있다. 아이들은 내가 최고의 교육을 전달해주고 싶어서 함께 있을 때 매 순간을 소중하게 쓴다는 사실을 잘 알고 있다. 이런 자세는 우리 RCA 곳곳에 가득하며 그만큼 우리 학교의 노력과 성공, 활력을 남다르게 해준다.

학생 수를 줄이기보다 교사의 질을 향상하라

49

최근 몇 년간 한 학급의 규모를 줄이려는 노력이 전국에 유행처럼 번졌다. 유치원부터 초등학교 2학년까지는 규모를 줄이는 게 효과적일 수 있다고 생각한다. 그러나 고학년으로 갈수록 별 효과를 보지 못할 수도 있다. 30명을 맡은 형편없는 교사가 13명을 맡는다한들 나아질까?

우리 RCA 교사들은 매 수업마다 엄청난 노력을 쏟아붓는다. 어떻게 보면 그냥 수업이 아니라 무슨 공연이나 안무같다. 그만큼 노력이 필요한 자리이기도 하다. 그 정도 노력을 쏟아붓는 수업이라면 교실 안에 12명보다는 30명이 앉아 있는 게 훨씬 좋을 것 같다.

만약 학급의 규모는 큰데 교사가 성공적으로 가르치지 못한다면 학교 측에서는 교사의 전문성을 향상시키기 위한 프로그램을 적극적으로 도입해야 한다. 교사 역시 다른 교사의 훌륭한 수업을 직접 보고 느끼고 경험할 필요가 있다. 파워포인트로 제시하는 발표나 교수법과 훈육방식에 관한 강연만 들어서는 안 된다.

교수법 워크숍을 가보면 교사들에게 활기차게 수업하라고 강조하지만 정작 워크숍 진행자는 건조하고 따분하다. 이에 우리 RCA에서는 현직 교사들을 초대해 우리 교사들이 가르치는 모습과 학교 운영 방식을 보여준다. 꽤 실질적이면서도 효과적인 방법이다. 모든 교사들은 서로의 모습을 지켜보고 배우는 자리를 마련할 필요가 있다. 나 역시 다른 교사의 수업을 참관할 때마다 새로운 뭔가를 배운다. 나도 사용해보고 싶은 전략을 배우기도 하고 '절대로 저렇게 하면 안 되겠구나' 하는 교훈을 얻기도 한다. 내가 사용하는 교수법과 타인의 교수법을 비교해봄으로써 그만큼 전문가로 성장할 기회를 얻는다.

RCA를 직접 찾아오기 힘들다면 자신의 학교에서 동료교사들끼리 서로의 수업을 참관하는 프로그램을 개발하기를 적극 권장한다. 서로를 관찰할수록 교사이자 전문가로서 더욱 크게 성장할 수 있다.

개학 첫날은 극적인 분위기를 연출하라
50

뭐든 제대로 하려면 시간과 노력과 열정 등 모든 것을 쏟아부어야 한다. 매 학기 첫날이면 우리 RCA는 다른 학교와 전혀 다른 개학날을

카사 선생님은 오닉스 심슨을 번쩍 들어 올려 주차장을 가로질러 내달렸다.

만들기 위해 노력한다. 학생들이 결코 잊을 수 없는 하루, "네 인생 최고의 해가 될 거야!"라고 말해주는 순간이 되기를 바라며.

 RCA 첫 개교일에 우리는 110명으로 구성된 지역 고등학교의 취주악대와 북연주단을 섭외해 학생들이 부모의 차에서 내려 교문에 들어서는 순간 전력을 다해 팡파르를 연주했다. 자동차가 멈춰 설 때마다 RCA 교직원들이 다가가 차에서 내리는 학생들을 모두 안아주고 하이파이브를 했다. 아이를 목말을 태우고 달리는 교사들도 많았다. 정말이지 감동적이고 가슴 벅찬 첫 출발이었다. 이듬해에는 지역의 밴드를 섭외해 팡파르를 울렸고 그다음 해에는 스케이트를 탄 100명의 환영인파가 길 양쪽에 나란히 늘어서서 학생들을 맞이했다. 그날은 도로를 봉쇄하고 우리만의 스케이트장으로 만들었다!

RCA의 공동설립자 킴 비어든 선생님(좌), RCA 입학처장 미하리 카사 선생님(우).

한 시간 정도 축하의식이 끝나면 곧 학교 안으로 들어가 본격적인 개학식을 시작한다. 엄청난 환호와 천둥 같은 박수갈채 속에서 전 교직원이 소개된다. 교사 한 사람씩 미끄럼틀을 타고 내려와 로비 바닥을 쭉 미끄러지면서 활기찬 한 해의 분위기를 만들어낸다. 한마디로 짜릿하고 감동적이다!

교직원 소개 이후 순서는 신입생 소개다. 밝혀두지만, 처음 RCA를 건립할 때 우리는 분명히 《해리 포터》의 영향을 많이 받았다. 《해리 포터》의 뛰어난 설정 중 한 가지는 아이들이 모두 그리핀도르, 후플푸프, 슬리데린, 래번클로 등 총 네 곳의 기숙사에 나뉘어 소속된다는 점이다. 작가는 각 기숙사별로 학생들의 독특한 성격과 특징을 부여했다. RCA 개교일이 다가왔을 때 우리는 《해리 포터》에 나오는 네 기숙사와 비슷한 체제로 네 개의 기숙사(RCA에서는 실제로 학생들의 기숙사 시설을 운영하지 않는다. 다만 여기에서 언급하는 네 개의 그룹을 '기숙사House'로 지칭하고 있으므로 그대로 옮겼다_역주)를 둘 계획을 세웠다. 각 기숙사와 소속 학생들의 성격과 특징이 긴밀한 연관성을 맺는다면 학생들도 기숙사에 대한 소속감과 자부심을 느낄 수 있을 것 같았다.

RCA의 정문 위에는 다음 여섯 개의 단어가 새겨져 있다. 우리 학생들이 세계를 여행하며 배웠던 여섯 개 대륙의 언어에서 가져온 것들이다.

레뵈르 **꿈꾸는 자**(프랑스어)　　　이시빈디 **용기**(줄루어)
아미스타드 **우정**(스페인어)　　　누쿠모리 **친절**(일본어)
알뜨루이스모 **이타심**(포르투갈어)　피날 **지식**(오스트레일리아 원주민어)

네 기숙사의 이름 역시 특별한 의미를 지니기를 원했고 결국 정문의 단어 중 네 개를 빌려오기로 했다.

레뵈르 **파란집**
알뜨루이스모 **검은집**
아미 스타드 **빨간집**
이시빈디 **초록집**

우리는 문장을 디자인하는 업체에 학생들이 자부심을 느낄 수 있는 특징들을 넣어 각 기숙사의 상징문양을 만들어달라고 의뢰했다. 그리고 네 개의 기숙사 상징이 들어간 넥타이를 주문했다.

학생들에게 각 기숙사의 상징을 설명하고 소속 기숙사별로 넥타이

방금 이시빈디 기숙사에 배정된 스티븐 무어(좌), 카사 선생님의 손을 잡고 동전무늬 계단을 뛰어올라가고 있는 엘리야 콜슨(우).

를 나눠줄 준비까지 다 마쳤는데 한 가지 사소한 문제가 걸렸다. 기숙사를 분류해주는 '마법의 모자'가 없었던 것이다. 고민을 거듭한 끝에 우리는 나름대로 완벽한 생각을 떠올렸다. 우리는 한 친구에게 전화를 걸어 벽에 걸 수 있는 직경 180센티미터의 원반을 제작해달라고 부탁했다. 원반은 돌아갈 수 있어야 하고 피자 조각처럼 모두 네 부분으로 나뉘어 각각 파란색, 초록색, 빨간색, 검은색으로 채색되어야 했다. 각 색깔 위에 기숙사 이름과 상징문양이 들어가면 완성이었다.

기숙사 배정 때면 현관은 학생들의 환호성과 응원으로 떠들썩했다. 학생들은 한 명씩 나와 벽에 걸린 원반을 돌린 다음 카사 선생님의 손을 잡고 파란 미끄럼틀 맨 위까지 계단으로 뛰어올라가야 한다. 그런 다음 원반이 천천히 속도를 줄이며 네 기숙사 중 한 곳에 멈춰서면 학

레뷔르 기숙사생 모두가 아데자 패리시가 자기 기숙사에 배정되기를 기대하고 있다. 이들은 실망하지 않았지만 보다시피 나는 스트레스를 잔뜩 받았다. 셔츠자락이 삐져나와 있지 않은가, 맙소사!

생은 미끄럼틀을 타고 내려와야 한다. 학생이 미끄럼틀 밖으로 튀어나와 현관 바닥을 미끄러지는 동안 다 함께 새로 배정받은 기숙사의 이름을 큰 소리로 외친다. 이러한 방식은 기대 이상의 효과를 보였다. 그 후 몇 년 동안 각 기숙사별로 성실성과 자부심이 높아졌고 개학날 분위기도 더욱 후끈 달아올랐다. 이 기숙사 제도는 단합정신과 조화를 키웠다.

  학생들은 모두 신입생이 자기 기숙사에 들어오기를 바란다. 매년 다양한 대회에서 기숙사별로 경쟁을 하기 때문에 소속 학생이 많을수록 점수를 많이 받을 가능성이 높아진다. 학생들은 성적과 체육활동, 출석, 행동, 질서 등에서 기숙사별로 점수를 모은다. 호그와트 마법학교에서는 로비에 있는 컵에 점수를 모았지만 우리는 '마법의 컵'을 만

조던 스틸이 검은집 알뜨루이스모에 배정되었다. 이 기숙사 팀은 3년 연속 기숙사대항 챔피언십에서 우승을 거두었다. 이 팀의 상징문양은 뱀이어서 기숙사생이 점수를 획득하면 축하의 뜻으로 다 같이 뱀처럼 쉭쉭거린다.

들 수는 없기에 비슷한 방법을 고안해내기로 했다.

우리는 파나소닉 사의 직원들을 초대해 학교 곳곳을 안내하고 호그와트 마법학교에 있는 마법의 컵에 대해 설명해주었다. 그리고 로비에 각 기숙사별 컵을 보여주는 평면 텔레비전을 갖는 게 소원이라고 말했다. 예를 들어 교사가 컴퓨터에 어떤 학생이 4점을 획득했다고 입력하면 텔레비전 화면 속 컵에 동그라미가 나타난다. 동그라미 안에는 학생의 얼굴과 숫자 4가 같이 보인다. 컵 아랫부분에는 그동안 획득한 기숙사의 총점이 나타난다.

"혹시 이런 걸 만들어줄 수 있는 분이 있을까요?"

"뭐, 우리 회사의 소프트웨어 개발자들은 세계 최고니까 원한다면 만들 수는 있을 겁니다."

"혹시 그분들도 원하지 않을까요?"

몇 주 후 텔레비전이 도착했고 내 생각대로 작동되었다. 컵마다 점수를 획득한 학생들이 얼굴이 가득했고 아이들은 지나가면서 자기 기숙사가 몇 점을 모았는지 확인하곤 했다. 이 제도는 기대했던 것보다 효과가 훨씬 좋았다. 가장 좋은 부분은 각 기숙사별로 진짜 가족 같은 느낌을 준다는 점이었다. 5학년 신입생은 처음 학교에 들어와 기숙사에 배정받으면 곧 선배들에게 사랑과 관심을 받게 되고 서로의 성공을 기원해주는 친구들이 곁에 있음을 깨닫게 된다.

기숙사 배정이 끝나면 학생들은 그 순간부터 3일 동안 절대로 말을 할 수 없다. 어른이 질문을 했을 때, 점심시간, 그리고 수업시간에 발표를 위해 손을 들었을 때만 말할 수 있다. 이렇게 엄격한 분위기로 새 학기를 시작하는 이유는 언제나 출발은 강력한 규율과 함께하는 게 좋기 때문이다. 시간이 지날수록 분위기가 점점 풀어지며 가벼워지는 경우는 많지만 가볍게 시작해 점점 엄격해지는 경우는 거의 없다.

우리는 떠들썩한 개학식을 거치며 가족 같은 유대감과 학교를 중심으로 한 단합정신을 불어넣은 다음 엄격한 규율을 갖추고 한 해를 시작한다. 새 학년을 시작하는 가장 훌륭한 방식이다.

▶ 교사 앤드류 치스마로부터

학생들에게 '기숙사'를 배정해준다는 말을 듣자마자 몹시 마음에 들었습니다. 제가 맡고 있는 브로드웨이 뮤지컬 수업에는 총 네 개의 뮤지컬 팀이 있습니다. 개학 첫날 항아리에서 팀 이름을 뽑게 했고 그렇게 배정

받은 팀에 들어가 1년 내내 활동을 하게 했습니다. 학생들은 팀 활동으로 공깃돌을 받습니다. 물론 개인 점수로도 공깃돌을 받을 수 있지요. 학생들은 이 제도를 몹시 좋아해 자기 팀이 공깃돌을 받을 때마다 무척 자랑스러워한답니다. 한 해 수업이 모두 끝나면 그동안의 성취를 칭찬하며 학생들과 함께 저녁식사를 합니다.
(일리노이 웨스트 프랭크포트, 벤톤 초등학교 1학년 교사 앤드류 치스마)

시험을 겨냥한 수업은 버려라

51

나는 학년말고사를 찬성하는 사람이다. 또 학교와 교사, 학부모, 학생이 주어진 시간 동안 학업능력을 얼마나 향상시켰는지를 책임 있게 설명할 수 있어야 한다고 생각한다. 쉽게 말해 전국적으로 학생들을 평가한 뒤 내가 1년 동안 학생들을 가르치고 나서 또다시 평가를 했을 때 뚜렷한 성장세를 보여주어야 마땅하다. 그게 옳다. 그러나 그 과정에서 오류가 발생한다. 실제로 대부분의 주에서 어느 정도 성장이 이루어졌는가보다는 최종 성취점수가 얼마인가만을 지나치게 강조하고 있다. 어떤 교사는 영재들을 데리고 1년을 시작했는데 어떤 교사는 학습장애가 있는 학생들과 1년을 시작했다면, 이 둘을 최종점수로만 비교하는 것은 공평하지 못하다.

제도 자체에 결함이 있기 때문에 '시험을 겨냥한 수업'의 악순환이 벌어진다. 교사들은 하루 종일 수학과 읽기 시험을 준비하며 보내고 다른 과목은 가능한 한 묶어서 가르치라는 요구를 받는다. 시험결과를 높이기 위해 학생들의 성적표를 고쳤다는 혐의로 조사를 받는 교사나 학교도 있다. 또 학생들의 성적이 잘 나오지 않으면 직장을 잃을 수도 있다고 말하는 교사들도 있다. 참으로 당혹스럽고 수치스러운 일이 아닐 수 없다.

언젠가 한 부인이 다음과 같은 비밀을 들려주었다.

"난 학생들의 시험점수를 쑥쑥 올리는 비결을 알고 있어요. 선생님한테 알려줄 테니 모두에게 말해주세요. 우선 분무기가 하나 필요해요. 거기에 물을 담아요. 생수도 좋지만 나는 그냥 수돗물을 써요. 돈이 안 들잖아요. 우리 교사들 형편이 빤한데 그런 데 쓸 돈이 있나요? 아무튼 분무기에 물을 가득 담은 다음 아침마다 학생들을 몰아 세우고 물을 뿌려줘요. 오래 뿌릴수록 물의 힘이 강해지지요. 쉽게 말해 '성수'라고 생각해요. 아이들이 수업시간에 집중을 하지 않거나 딴짓을 하면 얼굴에 대고 뿌리세요. 나는 아주 멋지게 뿌린답니다. 가끔은 학급 전체에 대고 뿌릴 때도 있어요. 가끔은 아이들이 졸린다고 성수를 뿌려달라고도 해요. 그럼 뿌려주죠. 우리 반이 학교에서 성적이 가장 좋아요. 그래서 모든 교사들에게 이 비결을 가르쳐주어야겠다고 생각했어요. 그러니 선생님이 널리널리 퍼뜨려주세요."

충격적인 이야긴가? 나는 이보다 훨씬 더 충격적인 사례가 100개도

넘을 거라고 확신한다. 대체 왜 현 교육제도는 이런 어처구니없는 일을 허락하고 있단 말인가?

개교 전 나는 RCA 교직원과의 첫 만남에서 우리는 어떤 일이 있어도 학년말고사를 준비하기 위해 공부한다는 말 따위 절대로 하지 말자고 다짐했다. 교사 입에서 시험을 잘 보기 위해 혹은 아이들의 성적을 올리기 위해 가르친다는 말이 오가는 것 자체가 우리 학교에서는 금지되어 있다. 우리는 학생들이 배우는 게 재미있고 지식 습득이 세상 최고의 기쁨 중 하나이기 때문에 배우기를 바란다. 시험을 준비하기 위해 공부를 한다는 것은 학교의 심장과 영혼을 들어내는 것과 같은 행위다. 다시 말해 우리 교육제도 자체를 싸구려로 폄하하고 교사와 학생을 과소평가하는 것이다.

RCA에서는 시험을 어떻게 실시하는가? 한 학년의 마지막 주 동안 우리는 학생들에게 몇 가지 시험을 치를 거라고 말한다. 이 시험은 1년 내내 우리가 배운 것을 모두 보여줄 수 있는 학습 축제라고 말한다. 학생들이 크게 긴장하지 않지만 우리는 집중을 하고 최선을 다할 것을 당부한다. 매년 우리 RCA 학생들의 성적은 전국 점수와 비교할 때 눈에 띄게 성장하고 있다. 스탠퍼드 10에서도 우리 학생들의 점수는 각 과목별로 두 자릿수 성장세를 기록했다.

내 말을 오해하지 마라. 학년말고사에 대해 직접 언급하지 않아서 그런 결과가 나왔다는 게 아니다. 우리가 최선을 다해 가르쳤기 때문에 그런 결과가 나온 것이다. 그러나 더욱 중요한 것은 우리가 학생들에게 배움에 따르는 기쁨과 열정을 보여준다는 데 있다. 일단 그 마법을 파악하면 일은 훨씬 수월해지고 결과는 더 좋아진다.

시험에 대비해서 가르치는 정책을 엄격하게 시행하고 있는 학교에서 근무한다면 그 제도 내의 기대치를 따라야 할 것이다. 그러나 시험을 준비하는 과정에서도 얼마든지 열정적이고 긍정적으로 가르칠 수 있다. 교사 스스로 스트레스에 시달리지 말고 학생들의 각자 능력을 최대한 발휘할 수 있도록 준비시키면 된다. 혁신적이고 창조적인 교사가 되고 싶지만 자율권이 없다고 생각한다면 일단 탁월한 성적을 내고 자신의 교수법이 유효했음을 인정받는 게 좋다.

학생들을 집으로 초대하라

52

5학년 할로윈데이 때가 생각난다. 엄마가 내 손을 잡고 담임선생님 댁에 데리고 갔다. 에드워즈 선생님이 문을 열어주었을 때 나는 충격을 받았다. 선생님도 집이라는 게 있고 현실 속에 사는 인간이라는 것을 불현듯 깨달았기 때문이었다. 지금도 우리 학생들이 슈퍼마켓에서 나를 만났을 때 "클라크 선생님, 여기서 뭐하세요?"라며 깜짝 놀라 외치는 걸 보면 그때가 생각난다. 나는 선생님 댁에서 카펫이며 벽에 걸린 그림들이며 그림이 그려진 나무탁자를 마구 둘러보았다. 선생님에 대한 모든 게 궁금했고 알고 싶었다. 선생님과 일주일에 40시간이나 함께 지내고 있었지만 수업 외에 그녀에 대해 아는 게 전혀 없었다. 교사가 된 지금 나는 어린 시절 내가 느꼈던 호기심을 내 학생들과 친해지기 위해 활용한다.

개교 첫해 우리 예산은 정말로 빡빡했지만 우리는 열심히 노력하는 학생들을 위해 뭔가 특별한 상을 주고 싶었다. 당시 6학년은 절반 정도가 우리의 기대치에 맞는 수행 정도를 보이고 있었다. 우리는 열심히 하는 학생들을 우리 집에 데리고 가서 전 직원이 함께 만든 스파게티와 디저트로 저녁식사를 대접하기로 결정했다. 학생들이 이 정도를 큰 상으로 여겨줄까 싶었지만 일단 해보기로 했다.

학교 전체가 모이는 금요일 평가시간에 '가정식 요리 대접 상'을 소개하고 상을 받게 될 학생들의 이름을 불렀다. 상을 받지 못하는 아이들의 얼굴이 보였다. 모든 아이들이 보상을 받을 필요는 없으며 인정을 받을 자격이 되는 사람만 상을 받는 게 합당하다는 게 내 평소 지론이지만 상을 받지 못한 학생과 학부모로부터 불평과 불만을 들어야 하는 건 힘든 일이다. 우리는 최고의 노력과 존경심과 규율준수를 보여준 학생에게만 상을 준다. 가끔 부모들은 선생님들이 예뻐하는 아이에게만 상을 준다고 불평하기도 한다. 뭐, '예뻐하는 아이'라는 게 인정을 받을 만큼 충분히 노력하고 공부한 학생을 의미하는 거라면 맞는 말이다. 게다가 선발된 학생들은 단지 공부를 잘하거나 행동이 바르기 때문에 뽑힌 것은 아니다. 문제가 있더라도 발전을 위해 열심히 노력한다면 상을 받을 수 있다. 즉 우리가 상을 주는 대상은 발전과 향상을 위한 노력이다.

그다음 주 월요일 수업시간에 우리 집에 초대받아 저녁을 먹었던 학생들이 유독 반듯하게 앉아 집중하는 모습이 눈에 들어왔다. 이건 평소와 다름없는 모습이었다. 그런데 놀라운 점은 상을 받지 못한 학생들도 집중하며 반듯하게 앉아 있는 것이었다. 보상은 초대받지 못한 나머지 학생들에게도 영감을 불러일으키는 효과를 발휘했다. 아이들은 다음 차례 보상에서 제외되고 싶지 않았던 것이다.

우리 집에서의 저녁식사는 정말 재미있었다. 교사들이 학생들에게 스파게티를 대접했고 음악을 틀어놓고 게임을 하며 세 시간 내내 웃었다. 나는 학생들에게 내 집을 구경시켜주었고 가족사진, 친구들의 사진을 보여주었다. 또 내가 앉아 시험지를 채점하는 자리도 보여주었다. 아이들은 무척이나 좋아했다. 그날 교사들과 학생들은 한층 더 가까워졌다. 또 학생들 간의 친밀감도 강해졌다.

학부모와 비상연락망을 구축하라
53

교장으로서 나는 학부모와 교직원이 가능한 한 자주 연락을 주고받기를 원한다. 좋은 소식이든 나쁜 소식이든 잦은 연락을 통해 관계가 가까워지길 바란다. 그래서 우리는 신입생에 관한 정보가 들어오자마자 학부모의 이름과 전화번호를 우리 전화기에 입력한다. 사소한 행위처럼 보일 수도 있지만 교사로서의 삶을 한결 간편하게 만들어준다. 아이들에 대해 부모와 상의할 일이 생기면 전화기의 버튼만 꾹 누르면 된다.

새 학년이 시작되면 나는 늘 내 전화번호를 알려준다. 오픈하우스 행사 때 학부모들에게 전화번호를 전달하고, 가정방문을 가면 언제든지 내 번호로 자유롭게 전화해달라고 말한다. 학생들에게는 수업 첫날 전화번호를 알린다. 문제가 생겨도 내가 귀찮아할까 봐 전화를 꺼리는 부모도 있을 것이다. 그러나 부모들이여, 교사가 전화번호를 건네거든 제발 써먹어라. 나는 내 교실 안에서 일어나는 그 어떤 문제에 관해서도 오해를 하거나 불분명한 추측을 하기보다는 차라리 전화를 걸어 분명하게 확인하는 부모가 훨씬 좋다.

가끔 어떻게 연락을 해야 좋을지 모르겠다고 말하는 부모들도 있다. 내가 어떤 문제에 대해서도 앞뒤 가리지 말고 곧장 연락을 하라고 말했다면 그건 당연히 내 전화번호로 직접 연락을 하라는 뜻이 아니겠는가? 성가시게 할까 봐 신경이 쓰인다면 일단 교사에게 통화가 가능한 시간이나 만날 수 있는 시간을 물어보면 된다. 교사가 학부모에게 전화번호를 건넸다는 것은 교사 역시 부모에게 듣고 싶은 이야기가 있다는 뜻이다. 그러니 망설이지 마라. 전화번호는 푸른 신호등이나 마찬가지다!

대답할 기회를 주고 너무 빨리 포기하지 마라

54

RCA에서 내 수학수업을 참관한 방문객들이 가장 많이 언급하는 게 학생이 질문에 대답할 때까지 내가 기다려주는 모습이다. 예를 들어 내가 한 학생을 선택해 27의 제곱근을 구해보라고 했는데 그 아이가 나를 빤히 보고만 있으면 나는 대답이 나올 때까지 기다려준다. 학급의 모든 아이들이 그 원칙을 알고 있기 때문에 누구도 "저요!", "제가 답을 알아요!" 하고 손을 들지 않는다. 이런 상황에서 장학관과 교장, 다른 교사들이 교실 안에 가득 들어차서 교사를 바라보고 있기라도 한다면 반에서 가장 영리한 학생을 불러 얼른 구조요청을 하는 게 편할 수 있다.

그러나 내 수업시간에는 이런 식의 긴급구조가 절대로 일어나지 않는다. 나는 교실 안의 모든 아이들이 같은 수준의 수행을 할 책임이 있다는 것을 알려주기 위해서라도 답을 모르는 학생을 곧바로 건너뛰고 다른 학생에게 기회를 주지 않는다. 그런 일이 반복된다면 아이들은 질문을 받고도 멍한 표정으로 가만히 앉아 있으면 훨씬 쉽게 넘어갈 수 있다는 그릇된 교훈만 배우게 된다. 아무리 우리 학교가 호그와트 마법학교를 지향하고 있을지라도 세상에 투명망토는 존재하지 않으므로 있는 학생을 없는 척 넘어갈 수는 없다.

그래서 나는 기다린다. 만약 학생이 답을 유도할 수 있는 질문을 던지면 필요한 정보를 모두 준다. 하지만 그냥 모른다고만 대답하면 다시 한 번 풀어보라고 한다. 가만히 앉아 멀뚱멀뚱 쳐다보기만 하면 우리도 똑같이 쳐다본다. 그러나 그런 시간은 오래 지속되지 않는다. 한 8초 정도 침묵이 흐르면 어김없이 특별한 일이 벌어진다. 누군가 "넌 할 수 있어"라고 말하고 아이들은 모두 박수를 치기 시작한다. 이 모습을 보고 방문객 중에는 이렇게 말하는 사람도 있다.

"와, 학생들이 서로를 격려하는 모습을 보았을 때 여긴 다른 인류가 다니는 학교라는 것을 깨달았어요. 제 학생들이라면 그런 건 생각조차 못할걸요."

솔직히 말하자면 우리 학생들도 처음 RCA에 들어왔을 때는 마찬가지였다. 학습의 결과인 것이다. 개교 첫 주에 한 학생이 호명되어 답을 기다리는 상황이 벌어지면 다른 학생들은 손을 들거나 곧바로 일어나려고 의자 끝에 엉덩이만 걸치고 앉아 있거나 답을 말해서는 절대로 안 된다고 분명히 말했다. 전체 학급에 대고 질문을 한 경우라면 괜찮지만 특정 학생을 불러 질문을 했다면 그건 그 학생의 기회이자 시간이라고 말했다. 만약 입이 근질거리고 손을 들고 싶어 미치겠거든 그 에너지의 통로를 살짝 바꿔 "누구누구야, 넌 할 수 있어!"라고 말하라고 일렀다. 그러면 나머지 학생들은 박수를 치라고 했다. 그렇게 함으로써 우리는 그를 안아 일으켜 긴장을 풀게 하고 답을 찾을 기회를 줄 수 있다고 말했다.

굉장했다. 아이들이 박수를 치고 환호할 때마다 호명받은 학생의 얼굴에서 긴장감이 사라지는 게 보였다. 마치 친구들의 응원이 5초 동안 머리를 맑고 똑똑하게 만들어주는 마법을 부리는 것만 같았다. 대략 75퍼센트의 경우 박수가 멈추자마자 정답이 나온다. 그러면 나는 진심으로 감동을 받고 다른 학생에게 얼른 기회를 넘기지 않은 점을 스스로 대견하게 여긴다. 또 아이들은 우리가 믿어주는 것보다 훨씬 더 많은 것을 알고 있으며 집중해 답을 떠올릴 수 있는 시간이 필요했을 뿐이라는 사실을 새삼스레 깨닫는다. 그렇다면 정답이 나오지 않거나 오답이 나오는 나머지 25퍼센트의 경우는 어쩌란 말인가? 그럴 경우 나는 학생이 답을 알아낼 수 있게 길 안내를 시작한다.

"좋아. 그럼 다 같이 이 문제를 풀어볼까?"

나는 전원이 칠판을 보게 해서 한 학생에게 쏟아지는 부담감을 덜어준다. 여전히 대답은 그 학생의 몫이라는 것을 알고 있지만 그렇게 하면 분위기가 한결 가벼워진다. 칠판에 문제를 쓰고 그 학생에게 1단계를 말해보라고도 하고, 1단계를 보여준 다음 왜 1단계가 이렇게 되는지 묻기도 한다. 상황과 학생에 따라 풀이과정을 더 쉽게도 하고 복잡하게도 한다. 그러나 결국엔 그 학생이 답을 말할 수 있는 지점까지 끌고 간다. 학생의 입에서 답이 나오면 그건 그 학생의 성공이 된다. 내 수업시간에 공짜는 없다. 마침내 아이가 정답을 말하면 다 함께 환호하고 박수를 친다. 답을 말한 학생은 의기양양한 얼굴로 자부심을 느끼고 성공에 대한 자신감을 덧붙인다.

이 과정이 가능했던 이유는 미리 학생들에게 충분한 설명을 해주었기 때문이고, 또 모두가 결국엔 성공할 수 있다는 것을 알려주었기 때문이다. 이 방식을 도입하고 며칠만 지나도 학생들의 눈에 총기와 노력의 빛이 한결 밝게 빛난다. 아이들은 주어진 정보를 모두 습득하고 스스로 설명할 수 있어야 한다는 것을 알기에 미리 준비하려고 노력한다. 만약 다른 학생에게 너무 빨리 기회를 넘겨버리거나 정답을 즉시 말하지 못한다고 무시하면 학급 전체에 그릇된 메시지를 전달하게 된다. 아무 노력 없이 수업을 듣고 자신의 능력보다 낮은 기대치를 잡는 일을 허락하는 셈이 되는 것이다.

▶ 교사 린 린지로부터

RCA 간담회를 마치고 돌아와 제 수업시간에 도입한 활동 중 가장 좋았던 것은 학생들에게 서로를 격려하게 한 일이었습니다. 우리는 또래끼리 지지하고 격려하는 게 얼마나 중요한 의미를 갖는지에 대해 이야기를 나누었습니다. 그래서 아무리 사소한 일이라도 누군가 잘해내면 다같이 박수를 쳐주는 연습을 했습니다. 또 친구가 대답을 못하고 어려워할 때 다들 참을성 있게 기다려준 우리 학생들이 무척 자랑스럽습니다. 한 아이가 한참이나 대답을 못하다가 겨우 정답을 말했는데 제가 칭찬의 말을 건네기도 전에 다른 학생들이 일제히 환호를 하며 박수를 치지 않겠어요? 그 학생도 당혹스러워하기보다는 정답을 맞히기 위해 노력했다는 것을 몹시 자랑스럽게 여겼습니다.
(미주리 주 윌러드, 윌러드 중학교 5~6학년 행동장애학급 담임교사 린 린지)

▶ 교사 레스 니콜라스로부터

2009년 미국의 훌륭한 교사상을 받은 자격으로 RCA에서 클라크 선생님의 수학수업을 참관할 수 있는 특권을 얻었습니다. 클라크 선생님이 한 여학생에게 어려운 문제를 물었는데 그 학생은 답을 모르더군요. 하지만 그 아이는 "몰라요"라고 하지 않았고 선생님도 다른 학생에게 기회를 넘기지 않았습니다. 사실 선생님은 아무 말도 하지 않았습니다. 길고 불편한 침묵이 이어지자 그 학생이 너무도 딱해 보이더군요. 그때 정말 놀라운 일이 벌어졌습니다. 다른 학생들이 그 학생에게 마구 격려의 함성을 보내는 것이었어요.

나중에 클라크 선생님으로부터 학생들에게 미리 가르쳐준 방법이며 침묵이 이어진 것은 그 학생에게 생각할 시간을 주기 위해서라는 설명을 들었습니다.

"다른 학생에게 기회를 넘겨버린다면 첫 번째 학생을 포기하는 겁니다." 그리고 그 학생이 알고 있는 정보는 중요하지 않다는 잘못된 메시지를 심어줄 수 있다고 덧붙였습니다. 스트레스라고 생각했던 침묵이 아이들에게는 전혀 그렇지 않다는 게 흥미로웠습니다. 교실 안에서 일어나는 진짜 스트레스와 부담감은 한 아이가 대답을 못하고 있을 때 다른 아이들이 마구 손을 드는 상황이라는 것을 비로소 깨달았습니다.

(펜실베이니아 주 킹스턴, 와이오밍 밸리 웨스트 중학교 언어교사 레스 니콜라스)

신체활동으로 수업에 생명력을 불어넣자

55

몇 년간 노르웨이는 세계 최고의 교육제도를 갖춘 나라로 평가받고 있다. 시험성적은 지속적으로 최상위권을 차지하고 표준평가도 세계적인 수준을 뛰어넘는다. 대체 그들은 어떤 일을 하고 있는 걸까? 그들은 무엇보다 아이들이 몸을 움직이는 게 중요하다는 사실을 알고 있다. 가장 어린 학생부터 가장 나이가 많은 학생까지 45분간 수업을 하고 나면 15분은 몸을 움직이게 한다. 그 나라에는 비만문제가 없으며 아이들이 정신과 신체 모두 건강하다고 주장한다. 몸을 움직이면 두뇌에 혈액과 산소가 충분히 공급되고 엔도르핀도 분비되기 때문에 집중도 더 잘되고 행복해진다고 말한다. 또 45분간 이루어지는 실내수업도 학생들이 배울 준비가 되어 있을 때 시작되기 때문에 효과를 최대화할 수 있다고 한다.

학생들은 몇 시간이고 자리에 앉아 칠판을 보고 있다가 점심시간이 되면 건강에 좋지 않은 음식을 먹고 다시 수업을 들으러 교실로 간다. 그건 고문이나 마찬가지다.

우리 RCA는 학생들이 몸을 움직이면서 배울 수 있도록 수업계획을 짠다. 킴은 자기 교실을 신체활동학습의 장으로 만들기 위해 끊임없이 노력한다. 학생들은 직접 참가하고 손으로 만져보는 활동을 통해

사진만으로도 충분히 훌륭하지만 배경으로 심장박동 소리가 깔려 있다고 상상해보라. 비어든 선생님은 수술대마다 옮겨 다니며 담당과장처럼 이런저런 지시를 내린다. 정말로 재미있는 수업이다!

배운다. 가장 내 마음에 들었던 수업은 킴이 교실을 수술실처럼 바꿨을 때였다. 먼저 그룹별로 책상을 이어붙이고 그 위에 흰색 천을 깔아 수술대를 만들었다. 지퍼식 비닐봉투에 식용색소를 탄 빨간 물을 채워 넣고 긴 옷걸이에 매달아 병원 분위기를 연출했다. 또 책상 위에는 신체 윤곽을 그린 종이를 하나씩 놓아두었다. 이렇게 모든 준비를 갖추고 기다리다가 학생들이 한 명씩 도착하면 "제임스 박사님", "메릭 박사님"과 같은 식으로 인사를 건넸다. 곧 학생들에게 수술용 장갑을 나눠주고 어서 수술실로 가자고 재촉했다. 문법학자들이 언어조각을 잃어버리는 바람에 급히 수술이 필요하다는 것이었다. 학생들은 교실로 급히 들어가고 킴은 배경음악으로 심장박동 소리를 틀어놓았다. 학생들은 문법적으로 틀린 문장이 쓰여 있는 신체 그림을 보고 단어

조각을 잘라 문장 위에 붙여 틀린 부분을 바로잡아야 했다(쉽게 말해 이식수술을 하는 것이다). '의사'가 실수를 하면 킴이 곧장 달려가 청진기로 심장박동을 확인한 다음 환자가 중태에 빠졌다고 외쳤다. 응급상황! 응급상황! 아이들은 이 시간을 몹시 좋아했다. 가만히 앉아 멀뚱멀뚱 칠판만 보는 수업보다 직접 나서서 손으로 뭔가를 만지는 수업이 훨씬 재미있는 것이다.

내가 하는 활동 하나는 훨씬 간단하고 준비도 쉽다. 예를 들어 그리스 신화에 관한 수업을 하고 있다면 아이들을 다섯 명씩 그룹으로 나누고 10분을 주면서 신화를 연극으로 표현할 방법을 생각해보게 한다. 내겐 온갖 장비로 가득 찬 거대한 수납장이 하나 있다. 거기에는 가발부터 바구니, 촛대까지 수년간 모아온 온갖 잡동사니가 있다. 아이들은 처음엔 늘 우왕좌왕이지만 곧 대강의 계획을 세우고 활동 준비에 돌입한다. 10분이 지나면 그룹별로 돌아가며 공연을 한다. 이렇게 하면 아이들은 신화 속 사건을 보다 생생하게 기억할 수 있다. 또 다른 수업시간에도 전쟁이나 역사적인 사건이 등장하면 보다 세심하게 집중하는 모습을 볼 수 있다.

사실 이런 수업을 매일 할 수는 없으므로 우리는 한 달에 한 번꼴로 '연극'을 하지만 이 정도만으로도 수업에 충분히 집중한다. 또 이러한 활동을 통해 아이들은 남들 앞에서 자신을 표현하는 일을 두려워하지 않게 된다. 일단 생각할 시간을 충분히 주지 않기 때문에 무조건 닥치는 대로 뛰어들고 봐야 하는 것이다.

신나게 공부하는 환경을 만들어라
56

RCA에서 아이들을 움직이고 참여하게 만드는 주된 방법은 노래다. 보통은 대중가요에 가사를 바꿔 다 함께 부른다. 예를 들어 수학시간에 까다로운 문제가 나오면 다 함께 자리에서 일어나 〈에인트 노 마운틴 하이 이너프Ain't No Mountain High Enough〉를 열정적으로 부른다.

> 내겐 어떤 문제도 어렵지 않아
> 내겐 어떤 도전도 힘겹지 않아
> 이보다 더 달콤한 일도 없을 거야
> 우린 정답을 알아낼 거야
> 그럼, 그렇고말고

대중가요 가사를 바꾸고 합창을 하는 일은 전체 수업시간 중 겨우 20초 정도밖에 걸리지 않지만 수업에 활력을 불어넣는다. 또 아이들은 노래를 통해 서로의 기운을 북돋아주며, 서로가 서로를 격려해줄 수 있다는 것을 깨닫는다. 급우들이 자신을 향해 환호를 보내준다면 엄청난 경험이 된다. 예를 들어 한 학생이 뭔가를 잘해냈을 때 내가 먼저 이렇게 운을 뗀다.

"아자네이, 자, 준비됐니?"

그러면 학급 전체가 아자네이를 향해 몸을 돌리고 "아자네이를 쓰다듬어줘!"라고 외치며 손을 내밀어 위아래로 쓰다듬는 동작을 취한다. 또 내가 "제임스에게!"라고 외치면 학급 전체가 제임스를 가리키며 "받아, 받아, 받아랏!"이라고 말하기도 한다. 나 혼자서 "잘했다, 제임스"라고 말하는 것보다 훨씬 강력한 방법이다. 또 내가 "이 문제는 어려운데? 풀 수 있겠니?"라고 물어보면 아이들은 이렇게 대답한다.

RCA 과학 및 사회교사 지나 코스 선생님.

그럼요!
우린 잘하니까
우린 빛나니까
하늘 높이 두 손을 번쩍 들고
우린 계속 노력하니까
하늘 높이 두 손을 번쩍 들고
(혼자서) 우린 기하학을 배워요. 엄마, 전 할 수 있어요!
그럼, 그럼, 그럼요! 할 수 있어요!

이 노래는 케인 웨스트의 노래 〈굿 라이프Good Life〉의 가락에 맞춰 부른다. 노래를 활용하면 학생들이 보다 활기차게 움직이고 심장박동이 세차지며 에너지가 솟구친다. 나는 5분에서 7분 정도 내 말에 귀를 기울이게 한 다음 10초 동안 재빨리 다른 노래를 활용해 활기찬 분위기를 유지해나간다.

▶ 교사 제니퍼 브리드러브로부터

RCA에 다녀온 뒤 다양한 노래를 '집중유도 방식'으로 활용해보았습니다. 제가 "와, 너희들 정말 불붙었구나"라고 말하면 아이들이 션 킹스턴의 〈파이어 버닝Fire Burning〉에 맞추어 노래를 부른답니다.
"누가 교장선생님 좀 불러오세요. 우리 어린이들은 이번 수학시간을 정말로 불태우고 있답니다. 와와!"
어떻게 노래를 부르고 춤을 출지 알려주고 기대치를 정해주고 나니 아이들은 금세 따라오더군요. 제가 수업시간에 이따금씩 노래를 활용한다는 것을 알게 된 후로는 수업내용도 더 잘 따라오는 것 같습니다. 다른 교사들도 노래를 활용했더니 수업 열기가 뜨거워지면서 자연스럽게 노래가 시작되더라고 했습니다. 정말 대단하지요!
다른 수업시간에도 노래를 활용했습니다. 아이들은 마일리 사이러스의 〈파티 인 더 유에스에이Party in the USA〉에 맞춰 동의어에 관한 수업내용을 노래로 만들어 불렀습니다. 또 〈포커 페이스Poker Face〉에 맞춰 구두점에 관한 노래, 반의어에 관한 노래도 만들어 불렀어요. 음악을 활용한 학습이 얼마나 큰 영향을 끼칠 수 있는지 예전에 미처 몰랐답니다.

아이들이 학습지를 풀면서 혼자서 중얼중얼 그 노래를 할 때는 정말 감격스러웠어요. 실제로 공부를 할 때에도 노래를 활용하고 있었던 거지요. 또 한 가지 자랑스러웠던 점은 많은 학생들이 오하이오 주 성취도평가에서 매우 높은 점수를 받았다는 거예요. 모든 게 RCA에서 배워 온 규칙과 노래 등을 수업에 도입한 덕분이라고 생각합니다. 성공적인 첫해를 보낼 수 있게 도와주신 RCA에 진심으로 감사드립니다.
(오하이오 주 워런, 월러드 종합학교 유치원교사 제니퍼 브리드러브)

책상 위로 올라가라

57

RCA 방문객들은 누구나 내가 책상 위에 올라가 수업하는 모습을 볼 수 있다. 그냥 칠판 앞에 가만히 서서 가르치기보다 책상 위로 뛰어올라가 수업에 열정과 생기를 불어넣는 게 나는 좋다. 우리 학생들은 교사들이 책상 위에 올라가 수업을 할 때 무척이나 신나 하고, 책상 위 수업은 어느새 우리 RCA의 트레이드마크가 되었다.

원래는 나도 기껏해야 의자 위로 뛰어오르는 정도였지 책상 위로 올라갈 생각은 못했다. 그러던 어느 날 잉카문명에 관한 수업을 하고 있는데 아이들이 집중하지 않는 게 느껴졌다. 아이들의 시선을 붙들

책상 위에 올라 춤을 추듯이 온몸을 사용해 진행하는 수업은 나와 학생들 모두에게 즐거움을 준다.

기 위해 뭐든 해야 했다. 마침 안데스산맥 높은 곳에 도시를 건설한 잉카인들에 대해 설명하려던 참이었다. 나는 얼른 한 학생의 책상 위로 뛰어올라가 마치 멀리 있는 산꼭대기를 쳐다보는 것처럼 고개를 들었다. 그러고는 아래를 보니 학생들의 시선이 온통 나를 향해 있었다. 다들 경계심 가득한 눈으로 나만 뚫어져라 쳐다보고 있었다.

어쩌면 아이들은 내가 책상에서 굴러떨어질 거라고 생각했을지도 모르겠다. 어쨌든 학생들은 나와 '함께' 있었고 나는 계속해서 스페인 정복자들과 프란시스코 피사로의 상륙에 대해 강의했다. 피사로의 여정을 이야기할 때는 이 책상에서 저 책상으로 옮겨 다니며 교실 안을 휘젓고 다녔고 이야기는 흥미를 더해갔다. 아이들의 시선은 내가 가는 곳마다 따라왔고 평소보다 더 반듯이 앉아 필기를 하며 수업에 집중하고 있었다.

　무엇보다 내가 좋았다. 책상 위에 올라가 있으니 모든 게 잘 보였다. 학생들이 수업에 더욱 열심인 것도 내가 책상 위를 옮겨 다니며 그들의 모습을 전부 보고 있기 때문이라는 것을 깨달았다. 그러나 가장 중요한 점은 무엇보다 재미였다. 책상 위 수업은 독특했고 대담했으며 신이 났다. 나는 그 시간을 한바탕 신나게 즐길 수 있었다. 교사 스스로 즐거워야 아이들도 즐겁다는 누군가의 조언을 실제로 체험할 수 있었다. 아이들의 눈빛에서 그들 역시 몹시 즐거워하고 있는 게 보였다.

　나는 자주 책상 위에 뛰어올라갔고 그럴수록 학생들이 더욱 좋아한다는 것도 깨달았다. 어느 날 책상 위에 올라가 다 함께 노래를 부르고 있었는데 조던의 눈을 보니 책상 위도 올라오고 싶어 온몸이 근질거리는 기색이었다. 그래서 나도 모르게 "어서 올라와"라고 말해버렸다. 조던은 단번에 내 옆으로 올라섰다. 그러자 어느새 학급 전체가 책상 위에 올라섰고 노래를 부르며 한바탕 신나게 즐겼다. '이러다가 누구 하나 죽는 거 아냐?' 싶을 정도로 분위기가 과열되었지만 막상 노래가 끝나자 아이들은 곧장 책상에서 내려가 수업으로 돌아갔다. 다행히 RCA 책상은 튼튼하게 제작되었고, 평소 규율이 무척 엄격해 축제기분에 젖더라도 아이들은 체득하고 있는 예의와 존경심과 자제심을 발휘하므로 이런 식의 수업이 효과를 볼 수 있다.

　우리 RCA는 학생들이 책상에 올라가 폴짝폴짝 뛰며 자신을 맘껏 표현하도록 허락할 생각이다. 아이들은 책상 위에 올라가 의견을 발표하기도 하고 연설을 하기도 하며 노래를 부르거나 친구를 응원하기도 한다. 아이들이 무척 사랑하고 감사하는 자유다. 다만 우리는 다음과 같은 규칙을 세우고 있다.

- 바닥에서 책상으로 혹은 책상에서 바닥으로 곧바로 뛰지 말고 의자를 밟고 오르내릴 것.
- 책상 위에 있을 때는 다른 사람과 부딪치지 않도록 조심할 것.
- 떨어지지 말 것.

이렇게 하라

최근 내 강연을 들은 한 남성 교사가 학생들의 책상이 튼튼하지 못하면 어떻게 하냐고 물어왔다. "그러면 책상 위에 올라가지 마십시오"라고 말해주고 다음과 같은 몇 가지 제안을 했다.

- 작은 연습용 트램펄린을 구입해 교실 한가운데에 놓아라. 가끔씩 트램펄린 위로 뛰어올라가 교실 안의 에너지를 휘젓고 수업에 흥미를 더해보자.
- 스케이트를 신고 수업을 해보자. 교사의 키가 8센티미터는 더 커질 수 있고 아이들도 좋아할 것이다. 교사가 움직일 때마다 아이들은 선생님이 언제 넘어질까 기대하며 눈을 떼지 못할 것이다.
- 책상 대신 의자 위에 올라서라.

▶ 교사 킴 이스털링으로부터

RCA 견학을 마치고 돌아가는 버스 안에서 제 마음은 벌써부터 흥분과 기대감으로 설레고 있었습니다. 집에 돌아와서도 남편을 붙잡고 몇 시간 동안이나 학생들에게 해주고 싶은 것들을 들려주었어요. 드디어 수업에 들어간 저는 곧장 책상 위로 뛰어올라가 소리쳤습니다.

"다들 기하학 배울 준비가 됐나요?"

아이들이 떠들썩하게 함성을 지르더군요. 그리고 곧 입을 벌린 채 조용히 앉아 있었어요.

"자, 준비가 되었으면 일어나 춤을 춰봅시다!"

저는 음악을 틀었고 몇 분 동안 춤을 추다가 곧바로 수업을 시작했습니다. 아이들은 그 어느 때보다 수업에 집중했습니다. 한 학년을 모두 마치고 학생들에게 한 해 동안 가장 즐거웠던 일과 개선했으면 하는 점 등을 물어보았습니다. 아이들이 가장 좋았던 일로 꼽은 것은 제가 처음 책상 위로 뛰어올라갔을 때였답니다.

(조지아 주 오번, 오번 초등학교 5학년 교사 킴 이스털링)

▶ 교사 니키 클로트펠터로부터

개학한 지 얼마 되지 않아 RCA를 방문할 수 있었던 건 제게 큰 행운이었습니다. 저는 아이를 갖기 전 교직생활을 하다가 아이들이 학교에 들어갈 때까지 집에 있었어요. 솔직히 다시 학교로 돌아가겠다는 마음이 없었어요. 하지만 RCA에서 이틀을 보내고 나서 그 무엇과도 바꿀 수 없는 영감을 받았습니다. RCA를 떠나면서 다시 한 번 교실에 서고 싶다는 열망이 샘솟더군요. 그래서 옛 학교 교장선생님께 연락을 드렸고 이력서를 작성해서 보냈습니다. 이제 다시 유치원에서 가르칠 수 있게 되었다는 소식을 선생님께 전해드리게 되어 자랑스럽습니다.

RCA에서 배운 것들은 저 역시 굳게 믿고 있는 것이랍니다. 아이들은 사랑과 동기를 필요로 한다는 사실 말이에요. 아이들은 진심으로 자신들을 사랑하고 걱정해주는, 진심에서 우러나와 수업을 하고 책상 위로 올라갈 만큼 열정을 발휘하는 교사를 필요로 합니다. 선생님 덕분에 저 역시 그런 교사가 되기 위해 열심히 노력하고 있습니다. 진심으로 감사드립니다.

(조지아 주 매리에타, 히커리힐스아트 아카데미 유치원교사 니키 클로트펠터)

나만의 빨간 버튼을 찾아라

58

책상 위로 뛰어올라가거나 수업내용을 랩으로 만들어 부르거나 아이들의 시선을 확 붙들 만한 복장을 하고 수업을 하는 것이 힘들다면 자신만의 '빨간 버튼'을 찾아보자. 즉 수업에 재미와 에너지를 가미할 수 있는 자신만의 독창적인 방법을 찾으라는 말이다.

나는 언제나 내 교실 안에 빨간 버튼이 하나 있었으면 하고 소원해왔다. 아이들이 뭔가를 잘해서 칭찬해주고 싶을 때 누를 수 있는 버튼

말이다. 그 버튼을 누르면 갑자기 교실 안이 어두컴컴해지고 곧 100개의 섬광전구가 켜지면서 20초 정도 요란한 음악이 터져 나온다. 그러고는 언제 그랬냐는 듯 감쪽같이 평소 모습으로 돌아온다. 할렘에서 교사생활을 할 때 비슷한 효과를 내기 위해 나름 노력했던 적이 있다. 대형 휴대용 카세트를 교실 앞에 놔두었다가 아이들이 뭔가를 잘 해내면 재생 버튼을 누르고 약 20초 정도 신나게 춤을 추었다. 그 정도도 무척 신나고 재미있었지만 RCA에서 2년 정도 가르친 뒤에는 이 임시방편 조명 쇼를 훨씬 더 특별하게 만들고 싶은 욕심이 생겼다.

몇 주 동안 치밀한 계획을 세우고 섬광전구를 주문하고 전기기술자에게 의뢰해 결국 장치를 완성했다. 물론 그 과정에서 전기배선을 수도 없이 변경했고 조그만 섬광전구를 천장에 잔뜩 붙이기도 했다. 결국 2층 전체가 누전되는 사고를 한 번 친 뒤에야 비로소 능숙하게 다룰 줄 알게 되었다.

그해 첫 수업시간.

"잠깐 주목! 너희가 집중하지 않으면 선생님은 이 빨간 버튼을 절대로 누르지 않을 거야."

아이들은 빨간 버튼을 누르는 게 뭔지, 그걸 누르면 좋은 일이 생기는지 아닌지 모르겠다는 얼굴로 멀뚱멀뚱 내 얼굴만 쳐다보고 있었다. 곧 아이들 모두 호기심을 품고 수업시간 내내 내 말을 무척 잘 들었다. 마침내 아이들의 노력이 결실을 맺었고 나는 빨간 버튼을 꾹 눌렀다. 갑자기 교실 안은 완전히 다른 세상이 되었다! 아이들이 자리에서 일어나 미친 듯이 춤을 추고 노래했다. 20초가 지나고 음악이 멈추었는데도 아이들은 여전히 웃고 떠들며 신기한 체험에 관해 떠들었다. 아무래도 재빨리 수업으로 돌아가는 '철수' 규칙을 정해야 할 것 같았다. 아이들은 전혀 동요 없이 이 제한조치를 받아들였다.

'철수' 규칙을 가르치기 위해 간단한 연습을 하기로 했다. 학생들이 반복적으로 함성을 지르다가 내가 "이제, 그만"이라고 말하면 곧바로 멈추는 연습이었다. 아이들이 미친 듯이 비명을 지르다가 내가 "이제, 그만"이라고 말하자 뚝 그쳤다. 그러나 깔끔하지는 않았다. 나는 훨씬 더 빨리 멈춰야 하며 할렘의 제자들은 1초도 안 되는 짧은 시간에 비명을 멈추었다고 내 기대치를 정확하게 알려주었다. 학생들의 얼굴에 이번에는 제대로 해내고야 말겠다는 결의가 엿보였다. 다시 한 번 아이들은 비명을 지르다가 "이제, 그만" 신호에 맞춰 뚝 그쳤다. 그렇게 완벽해질 때까지 연습은 계속되었다. 지금은 학급 전체가 점심식사를 하다가도 내가 "이제, 그만"이라고 말하면 다들 조용히 한다.

조상들의 자랑스러운 역사를 가르쳐라

59

매년 RCA에 지원하는 수백 명의 학생들 중 99퍼센트가 아프리카계 미국인이다. 다양성을 위해 다른 인종, 다른 민족 출신의 학생들도 받아들이려 노력하지만 생각처럼 쉽지 않다. 일단 한 학교의 구성원 대부분이 거의 한 인종으로 이루어져 있으면 다른 인종이 기피하는 경향이 있다. 거의 모든 학생이 백인으로 이루어진 사립학교의 경우 아프리카계 미국인들이 입학을 꺼리는 현상과 비슷하다.

그런데 아프리카계 미국인들을 가르치는 과정에서 내가 느낀 점은 우리가 노예제도에만 지나치게 관심을 집중시키고 있다는 것이다. 노예제도에 대해 가르치는 것도 중요하지만 노예무역시대 이전의 아프리카인들과 그들의 위대한 왕국에 대해 가르치지 않는 것은 큰 문제라는 생각이 든다. 어린 학생들에게 조상이 노예제도에서 출발했다는 사실만 반복적으로 가르친다면 자신의 혈통과 역사에 대해 부정적 시각을 가질 수도 있다.

RCA는 원하는 학생에 한해 '아프리카 조상 찾기 서비스 AfricanAncestry.com'를 통한 DNA검사를 받게 한다. 이 검사를 통해 수백 년 전 자신의 조상이 누구였는지 그 역사를 추적할 수 있다. 기원이 밝혀지면 해당 학생들을 불러 그 나라와 민족의 훌륭한 문화에 대해 가르쳐준다. 아이들은 수단의 위대한 왕들, 시에라리온의 훌륭한 예술가들, 카메룬의 용맹무쌍한 전사들에 대해 배운다. 아이들도 부모들도 조상의 역사에 대해 전해 들으면 무척 기뻐한다.

한번은 유난히 친하게 지내지 못하는 두 남학생이 있었다. 나는 둘을 함께 불러 그들의 조상에 대해 가르쳐주었다.

"너희는 둘 다 아주 작은 지역 출신인데 그곳의 조상들은 그 무엇보다 가족을 몹시 중시했어. 서로를 아끼고 사랑했고 어떤 위협이 찾아와도 서로를 지켜주었단다. 그들을 강력하게 만든 힘의 원천은 바로 가족에 대한 사랑이었어."

두 남학생은 서로를 바라보며 말했다.

"그럼 우린 형제네?"

나는 교사든 학부모든 자신들의 역사와 아이들의 역사에 대해 알아야 한다고 말한다. 자신의 역사를 제대로 알지 못하는 것은 모두 천편일률적인 교육 때문에 일어나는 실수다. 그러므로 아이들이 조상의 역사를 자랑스럽게 여길 수 있도록 더 많은 것을 배워 전달하는 게 우리의 임무다.

뛰어남의 본보기를 보여라

60

개교를 준비하는 동안 전 교직원이 뮤지컬 〈위키드Wicked〉를 보러 갔다. 우리는 배우들이 춤추고 연기하고 서로 교감하는 완벽한 모습을 넋을 잃고 바라보았다. 각 배우들의 연기와 노래도 훌륭했지만 다 같이 합창을 할 때는 소름이 끼칠 정도로 감동적이었다.

뮤지컬 관람을 마치고 커피를 마시며 공연이 어땠냐고 물었더니 역할에 상관없이 무대 위에 올라온 모든 배우가 진심과 영혼을 다해 연기하는 모습이 인상적이었다는 이야기가 끊임없이 나왔다. 모든 배우가 스스로 즐기는 것처럼 보였던 점, 공연 전체에 활기가 넘치고 끝없는 감동을 주었다는 점을 칭찬했다.

나는 교직원들에게 우리도 개교하면 그렇게 강력한 앙상블을 이루어야 한다고 말했다. 개개인의 역할도 훌륭하게 수행해야 하지만 팀으로서도 역시 제 역할을 다해 천하무적이 되어야 한다고 강조했다. 그해 수많은 교직원회의에서 〈위키드〉 이야기가 여러 차례 언급되었고 우리 역시 그 배우들이 그랬던 것처럼 자신의 능력을 최대한도로 발휘해 팀에 기여하기로 다짐했다. 한마디로 그날의 공연은 우리가 지향하고자 하는 훌륭한 기준이 되었다.

이렇게 하라

최고 기량을 발휘하고 있는 개인을 찾아 아이들에게 보여준다면 커다란 영감을 불러일으킬 수 있다. 예를 들어 발레 공연을 하고 있는 무용수나, 책 사인회를 하고 있는 작가나, 작업실에서 일하는 화가나, 경기를 뛰고 있는 운동선수 등을 보여주는 것이다. 뛰어난 사람이 되기 위해 필요한 일들에 대해 아이들과 함께 이야기를 나누는 것도 좋다.

또 종양학자나 고고학자, 건축가, 웹디자이너 등 자기 분야에서 전문성을 발휘하고 있는 개인을 학교에 초대해보자. 여러 가지 직업을 소개하면 아이들 역시 그 직업을 갖기 위해 더욱 열심히 공부하고 노력하게 될 것이다.

부모들을 향한 기대수준도 높여라

61

알면 알수록 더 잘하는 게 사람이다. 그래서 우리 RCA는 학부모에게 우리의 기대치와 필요한 도움을 정확히 알린다. 실제로 한 해가 시작되면 정식으로 약정서를 주고 이해하기 쉽게 설명해준다. 약정서에는 우리 RCA의 규율을 인정하고 지지할 것, 학교 행사와 학부모 모임에 참석할 것, 매일 정시에 학생들을 등교시킬 것, 1년 동안 RCA와 지역사회에서 40시간 자원봉사활동을 할 것 등이 명시되어 있다.

지역사회 봉사활동으로는 '학습의 밤' 자리에 참석하기, 점심시간 봉사, 도서관 봉사 등이 포함되어 있다. 또 주간과 야간 모두 자원봉사를 할 수 있다. 40시간 봉사활동을 기준으로 정한 지 올해로 4년째인데 지금까지 시간을 다 못 채운 학부모는 한 명도 없었다. 지난해 우리 학부모들은 총 6,500시간이 넘게 도움을 주었다. 그들은 왜 이렇게 열심히 약정서 내용을 지켜주는 것일까? 그건 우리가 정확한 기대치를 알려주었기 때문이라고 생각한다. 우리가 원하는 바를 구체적으로 이야기했을 때 마지못해 돕는 부모는 단 한 명도 없었다. 우리 교직원들이 학생들을 위해 헌신하는 것을 곁에서 지켜보기 때문에 학부모들도 감사의 마음을 우리에게 보여주고 싶은 것이다. 본인의 학교 학부모들은 절대로 1년에 40시간씩 봉사활동을 할 리 없다고 생각하는 교사도 있을 것이다. 그러나 직접 도움을 요청해보지 않고서는 어떻게 될지 누구도 알 수 없다. 일단 기대치를 알려주고 도움을 요청하면 그 기대치가 충족되는 경우가 많다.

학습을 위해 학교 밖을 이용하라

62

　RCA의 하이라이트 행사 중 '어메이징 레이스(세계 각지를 돌며 미션을 수행해 우승자를 가리는 리얼리티 프로그램-역주)'가 있다. 실제 텔레비전 프로그램과 비슷하게 상황을 꾸며놓고 한 도시나 동네에서 실시한다.

　맨 먼저 학생 세 명씩 한 팀이 되고 팀마다 어른이 한 명씩 배치된다. 각 팀은 오전 8시부터 해당 도시에 관해 몇 주 동안 수업시간에 배웠던 내용을 중심으로 시험을 치른다. 대략 15문제를 10분 안에 풀어야 한다. 시험이 다 끝나면 나는 재빨리 채점을 한다. 그사이 각 팀은 함께 팀명을 정하고, 본격적인 경기를 위해 전략도 세우고 서로를 응원하기도 한다.

　내가 가장 높은 점수를 획득한 팀을 발표하고 봉투 하나를 주면 이 팀은 얼른 교문 밖으로 달려 나간다. 2분에 한 번씩 점수 순서대로 팀을 호명하면 역시 봉투를 받고 밖으로 나간다. 봉투 안에는 하루 동안 필요한 돈과 입장권, 그리고 첫 번째 단서가 들어 있다. 대략 50달러가 들어 있는데 하루 종일 그 돈만으로 지내야 한다. 어른들은 신용카드나 다른 결제수단을 절대로 사용할 수 없다. 만약 다른 돈을 쓰다 걸리면 그 팀은 실격이다. 첫 번째 힌트는 대충 다음과 같다.

    바위 맨 꼭대기로 올라가라. 자주색 구두를 신은 부인을 찾아 역대 대통령을 순서대로 외워라. 그러면 부인에게 다음 단서를 받을 수 있다.

    '바위 맨 꼭대기'는 뉴욕의 록펠러센터 전망대를 말하는 것이다. 어느 해인가 다른 팀은 모두 록펠러센터를 제대로 찾아갔는데 딱 한 팀만 센트럴파크의 진짜 바위 위에 올라갔던 적이 있다. 이 팀은 자주색 구두를 신은 부인을 찾아 온 사방을 뒤지다가 뭔가 잘못되었음을 깨달았다. 결국 이 팀은 힌트를 다시 해석해 자주색 구두를 신은 부인을 만났다.
    이 대회의 미덕은 학생들이 이끌어간다는 점이다. 팀마다 어른 한 명이 배치된 것은 순전히 안전문제 때문이고 택시비를 내고 지하철 노선을 정하고 암호를 해독하고 중요한 결정을 내리는 건 모두 학생들의 몫이다. 즉 문제해결법을 이해하고 함께 협동하는 게 이 대회의 주된 목적이고 '어메이징 레이스'라는 형식을 통해 신나고 즐겁게 교훈을 배워나가는 것이다.
    또한 대회를 통해 하루 만에 그 도시의 중요한 특징을 수십 가지나 보여줄 수 있다. 대회의 코스를 짤 때 학생들에게 오래된 전함을 찾아

내게 하고 박물관 안의 문화유물을 찾게 하며, 복잡한 지도를 해독하게 하고, 기차와 자동차와 버스 등을 이용해 목적지까지 가게 한다. 학생들은 코스를 따라가는 동안 얼굴에 그림도 그리고 암벽등반용 인공벽을 기어올라야 하며 활을 쏘아야 하고 번지점프를 하거나 10초 동안 로데오 황소를 타야 한다. 한마디로 예측불허의 신나는 하루다.

한 해는 지역의 한 식당에 후원을 요청해 특별한 샌드위치를 준비했다. 팀마다 하나씩 돌아가게 개수를 맞췄고 그 안에는 단서가 적힌 작은 종이쪽지가 들어 있었다. 학생들은 바로 전 단계의 단시를 해식해 그 식당으로 달려갔고 "세상에서 최고로 맛있는 샌드위치를 주세요"라고 말해야 했다. 식당 직원에게 샌드위치를 받으면 학생들은 보통 샌드위치가 아님을 깨닫고 안을 뒤져 단서 쪽지를 찾아냈다. 그런데 유난히 운이 나쁜 팀이 하나 있었다. 킴의 팀이었다. 샌드위치를 받고 그저 고마워만 하면서 킴이 내게 문자메시지를 보냈다.

"샌드위치 잘 받았어요. 이제 뭘 어떻게 하면 되죠?"

"뭐든, 잘해보세요."

"뭐라고요? 샌드위치를 받았단 말이에요! 다음엔 뭐냐고요?"

킴은 누구보다 성격도 급하고 경쟁적인 사람이라 나는 킴이 미치기 일보직전이라는 걸 감지했다. 그래서 이렇게 문자를 보냈다.

"확실히 제대로 된 샌드위치를 받은 거예요?"

"물론이죠. 지금 먹고 있는걸요?"

이번에는 내가 미치기 일보직전이었다. 곧바로 샌드위치 안에 단서가 있다는 문자메시지를 보내려고 했지만 킴이 한발 빨랐다. 킴이 미친 듯이 문자메시지를 보내고 있는데 리처드의 입속으로 종잇조각 하나가 딸려 들어가는 게 보였다고 한다.

"삼키지 마!"

킴이 소리쳤고 결국 그 팀은 제 궤도에 진입하여 그 해 대회에서 우승을 거두었다. 킴의 팀은 4연승 째였다.

전교생이 이 행사를 기다린다. 어메이징 레이스의 가장 좋은 점은 어느 도시에서나 할 수 있다는 것이다. 또 가족, 친구들과도 함께 할 수 있다. 핵심은 학생들이 거치는 대부분의 코스가 교육적인 내용으로 채워져 있어야 하고 매 시간을 학생들 스스로 주도해야 한다는 것이다. 실수도 문제해결도 모두 학생들의 몫이다. 마침내 전 코스를 완주하면 그 무엇에도 비할 수 없는 성취감을 느낄 수 있다. 도시를 '정복'했다는 느낌과 평생 잊지 못할 추억이 남는다.

졸업반을 사랑하라

63

나는 5학년들을 사랑한다. 6학년들과는 유대감을 형성한다. 7학년들은 참아낸다. 그러다가 8학년을 보면 이런 생각이 든다.

"이 아이들은 누구지?"

8학년은 전혀 다른 종류의 짐승이다. 솔직히 지난 몇 년간 알고 지낸 그 아이가 맞는지 의심스러울 정도다. 그러나 희소식이 하나 있다. 도전적인 10대 시절을 보낸 뒤에 훌륭한 인성이 다시 돌아오는 경우를 수없이 목격했다. 물론 쉽지는 않다. 부모조차 가끔은 아이의 목을 조르고 싶을 때가 있는 만큼, 이 시절은 우리의 인내심이 시험에 드는 시기이고, 또 청소년기에 맞춰 특별한 종류의 사랑을 전해줘야 하는 시기이기도 하다.

우리 RCA는 8학년들이 보이는 부정적이고 얼의 없는 태도를 잘 넘기기 위해 최선을 다하며, 지금은 비록 그런 모습만 보여주고 있을지라도 내면에는 모든 아이들이 그렇듯이 사랑과 인정과 관심을 바라고 있다는 것을 깨닫고는 한다. 그래서 우리는 새 학년이 시작되는 전 주면 8학년을 위한 '한밤중 학교' 행사를 연다. 이 행사는 아이들이 자신을 특별하고 사랑받는 존재로 느낄 수 있도록 준비한 첫 단계다. 보통 금요일 밤에 하는데 오직 교직원들과 8학년만 초대된다. 초대장에는 밤 9시까지 수업이 있을 것이며 모두 검은 옷을 입고 오라는 내용이 적혀 있다. 한밤중 학교는 깜짝 선물이기 때문에 그 밖에 자세한 이야기는 절대로 해주지 않는다. 한밤중 학교의 핵심은 모든 학생들이 자신의 잠재력을 느낄 수 있도록 도와주는 것이다. 우리는 아이들 각각의 존재를 부각시키고 재능을 존중해주며 8학년을 슬기롭게 보낼 수 있도록 격려와 도전과제를 안겨주기 위해 노력한다. 감동적이고도 인상적인 밤이며 한 해를 멋지게 시작하고 전체적인 분위기를 적절하게 형성할 수 있는 최고의 방법이다.

그다음으로 8학년 여학생들을 위한 '여학생의 밤' 행사를 연다. 8학년이 시작되기 직전 여름방학에 RCA의 여교사들이 여성이 되어가는 8학년들을 축하해주는 자리다. 예비숙녀들은 새로운 시작을 상징하는 흑백의 단정한 옷차림을 했다가 나중에 행사를 위해 특별히 선정된 색깔의 코르사주와 선물을 받아 장식한다. RCA의 여선생님들이 예비숙녀들에게 격려의 말과 현명한 조언을 해주며 잊을 수 없는 친밀감을 형성해줄 기념비적인 외출로 그날 저녁을 마무리한다.

아이들은 자신이 특별하고 사랑스러운 존재임을 느낄 수 있어야 한다. 그들은 어른들에게 관심도 없는 것처럼 굴지만 사실은 관심과 사랑을 원하며 어른들의 눈에 특별하고도 놀라운 존재로 보이고 싶어 한다.

8학년 미스티는 우리가 뭔가를 요구할 때마다 눈을 흘기는 버릇이 생겼다. 몇 년 동안은 사랑스럽고 어린 여학생이었는데 어느 날 갑자기 변해버렸다. 미스티에게 점심시간 침묵하기 벌과 방과 후 남기 벌 등을 여러 차례 주었지만 효과가 없었다. 결국 교무실로 불러 마주 앉아 무엇이 문제인지 물어보았다.

"아무 문제없어요."

혹시 신경이 쓰이는 사람이나 고민이 있는지 물어보았다.

"아뇨."

결국 내가 즐겨하는 질문을 던졌다.

"1점부터 100점 사이에서 너는 몇 점이나 행복하니? 1점은 구멍 속으로 기어들어가 절대 밖으로 나오기 싫은 정도고, 100점은 더 이상 행복할래야 행복할 수가 없는 정도야."

"모르겠어요. 그냥 낮아요."

아이는 불행한 게 분명했다. 그러나 어떻게 해봐도 마음을 열 수가 없었다. 결국 이렇게 물었다.

"어떨 때 행복하니?"

"친구들과 영화 보러 갈 때요."

말할 힘도 없는 듯 목소리가 입안에서 기어 나오는 것만 같았다. 이때 킴이 교무실로 들어왔다. 우리의 대화를 들은 킴이 재빨리 말했다.

"오, 미스티. 내일 저녁에 영화 보러 갈까? 함께 가고 싶은 친구들은 네가 선택해."

다음 날 저녁, 킴이 문자메시지를 보내왔다.

"우리 정말 정말 재밌게 보내고 있어요! 피곤해 죽을 지경이지만 미스티와 8학년 여학생들이 몹시 행복해하고 있답니다."

미스티는 월요일에 나를 만나자마자 와락 끌어안았다. 그 아이는 활짝 웃었고 다시는 눈을 흘기지 않았다. 미스티는 그저 약간의 사랑이 필요했고 킴과 내가 여전히 자신을 사랑하고 있다는 걸 확인하고 싶었을 뿐이었다. 또 우리가 자신을 올바른 길로 인도하기 위해 변함없이 최선을 다할 것임을 알고 싶었던 것이었다. 졸업반이라고 해서 다 큰 어른이 아니라는 것을 다시 한 번 되새길 수 있었던 소중한 기회였다.

두 번째 기회를 주지 마라

64

간단하다. 시험을 봤는데 결과가 나쁘다고 해서 재시험을 허락해서는 안 된다. 시험을 못 봐도 다시 기회가 주어질 테니 처음부터 공부를 열심히 할 필요가 없다는 그릇된 메시지만 전달하게 된다. 많은 학교에서 학생들을 구제하기 위해 여러 차례 기회를 주고 있지만 실제로 교육을 둔화시키고 기대치를 낮추는 결과를 낳고 있다.

우리 RCA는 처음부터 높은 수준의 성취를 목표로 노력한다. 학생들의 성취를 돕기 위해 자율학습 시간을 마련하고 연습시험과 일대일 지도, 학습방법 등을 제공한다. 시험이 끝나면 성적이 좋은 학생들을 한껏 추켜세운다. 타운슬 선생님은 왕관을 만들어 본인 과목의 성적이 가장 좋은 학생에게 씌워준다. 도비코 선생님은 레슬링 벨트를 제작해 챔피언 학생에게 둘러준다. 나는 '클라크 선생님의 국제사회 과목 성적이 어느 정도인지 물어봐주세요'라고 쓰여 있는 버튼을 준다. 그리고 전 교직원에게 그 버튼을 달고 있는 학생을 보면 무조건 칭찬 세례를 퍼부어달라고 미리 부탁해둔다.

보통 나는 내 과목 시험성적으로 A를 많이 주지 않는다. 내 시험은 악몽 같다. 보통 국제사회 시험문제를 250~400개 사이로 내는데 세계정치, 세계경제, 국제관계 등 전 분야를 망라한다. 문항 수가 엄청나게 많아 학생들은 '이 시험은 전 범위를 다루니까 정말 다 공부해야 겠구나'라고 생각하게 된다. 나는 학생들이 수업시간에 배운 모든 내용을 숙달해야 시험을 잘 볼 수 있다는 것을 깨닫게 한다.

A를 받은 학생들이 복도를 지나가면 교직원들은 성적을 확인하고 한바탕 난리를 피운다. 아이들을 번쩍 안아 올리기도 하고 빙글빙글 돌리기도 하며 하이파이브를 하면서 무척 자랑스럽다고 말해준다. 학생들은 자랑스럽게 활짝 웃고 버튼을 받지 못한 학생들은 좌절한다. '다음엔 나도 꼭 저 버튼을 받고 말 거야'라고 생각할 것이다.

학생들에게 재시험을 허락하면 기대치가 희석된다. 처음부터 시험을 제대로 준비하고 뛰어난 수준을 향해 매진하라고 가르쳐야 한다. 이쯤 되면 학습장애가 있어 다른 방식으로 평가를 받아야 하는 학생들은 어떻게 하면 좋으냐고 묻는 사람들이 있을 것이다.

"학습에 문제가 있는 학생들은 다른 방식의 평가를 적용할 필요가 있지 않을까요?"

그러나 나는 가능한 모든 일에 변형을 피하는 게 좋다고 생각한다. 그런 문제를 지니고 있는 개인이라고 세상이 변형을 허락하지는 않기 때문이다. 다만 250문제를 한번에 풀기 힘들 정도로 학습장애가 심각하다면 한 번에 압도적인 양을 던져주지 말고 한 번에 한 페이지씩만 풀게 할 수 있다. 한 페이지를 다 풀면 다시 다음 페이지를 주는 방식이다. 서술형 문제를 극도로 어려워하는 학생들이라면 글로 작성하지 말고 말로 풀어서 설명해보게 허락할 수 있다. 가끔은 시험시간을 줄이기 위해 문항을 읽어줄 수도 있다. 그러나 RCA는 거의 모든 시험에서 전교생에게 같은 수준의 기대치를 정해준다. 그 결과 연말 평가에서 아이들이 이뤄내는 성장과 발전의 정도는 실로 엄청나다.

학생들이 서로를 응원하도록 가르쳐라
65

 우리는 늘 5학년 신입생을 위한 환영식을 갖는다. 신입생을 앉혀놓고 그 앞에서 선배들이 환영의 노래도 부르고 학교생활 안내도 해준다. 그러나 신입생들은 고개를 숙이고 별다른 열의를 보이지 않으며 마음가짐도 바르지 못하다. 박수도 잘 치지 않고 누군가는 꼭 껌을 씹고 있다. 꼭 그런다.

 그러면 나는 행사를 중단시키고 5학년 신입생들의 행동과 태도가 참 딱하다고 지적한다. 교사와 선배들은 그들을 환영하고 힘을 주기 위해 최선을 다하고 있는데 정작 본인들은 이 자리에 별로 오고 싶지 않은 것처럼 못마땅한 얼굴을 하고 있다고 나무란다. 교직원과 재학생들이 진심으로 환영해주기를 바란다면 본인들 먼저 자세를 반듯하게 하고 웃고 박수 치며 적극적으로 참여해야 한다고 설명한다. 이러고 나서 다시 행사를 시작하면 재학생과 재학생 학부모들은 여전히 박수를 치고 환호하지만 신입생과 신입생 학부모는 조금 충격을 받은 얼굴을 하고 있다. 하지만 아직 처음이니까 괜찮다.

개학 첫날 나는 열의 없이 앉아 있는 신입생들에게 환영식 사진을 보여주며 앞에서 학교소개를 하고 있었던 재학생들에게 그들이 어떻게 보였을지 이야기해준다. 그리고 우리가 신입생들에게 거는 기대치에 대해 알려주고 긍정적인 분위기를 만들기 위해 서로 노력하는 게 얼마나 중요한지에 대해 많은 이야기를 들려준다. 한 개인의 소극적인 태도가 모두에게 영향을 미칠 수 있으므로 '소극성이 소극성을 낳는다'라고 한다.

그 후 교실 안의 분위기에 대한 이야기로 넘어간다. 교실 안에서 어떻게 서로를 지지하고 힘을 실어줄지에 관해 대화를 나눈다. 그동안 전국의 학교를 방문하면서 교사들이 학생을 칭찬하는 모습은 많이 봤어도 학생들끼리 서로를 칭찬하는 모습은 별로 보지 못했다. 나는 신입생들에게 서로가 박수와 환호를 보내주고 응원한다면 세상에서 가장 멋진 학급이 될 수 있을 거라고 말한다. 뒤이어 내가 한 학생을 칭찬하면 나머지 학생들이 일제히 박수를 보내는 연습을 한다. 이때 마지못해 박수를 치는 학생들이 있는데 나는 그렇게 박수를 쳤다가는 있던 에너지도 없어질 거라고 지적한다. 한 학생에게 모두가 박수를 쳐주는 이유는 환호성과 열정이 한데 뒤섞일 때 어떤 기분인지 느끼게 해주기 위해서니 서로를 위해 정직하고 진실 되게 박수를 쳐주라고 덧붙인다. 친구의 기분을 북돋아주면 덩달아 기분이 좋아지지만 주위의 기분이 가라앉으면 같이 울적해지는 법이다.

개학 첫날은 내가 수업시간에 누구를 칭찬해도 박수를 치는 학생이

왼편의 신입생들을 보라! 다들 시큰둥하게 앉아서 열심히 공연하는 선배들에게도 별다른 반응을 보이지 않는다. RCA를 경험하기 전과 경험한 후, 자신감과 열정에 어떤 변화가 생기는지 극명하게 보여주는 사진이다.

없다. 그때마다 지적을 하면 아이들은 "클라크 선생님, 그게 정답인지 몰랐어요"라고 푸념한다. 나는 내 목소리의 변화를 단서로 생각하라고 힌트를 준다. 내가 조용히 "좋은 답이었다"라고 말하면 박수를 치지 않아도 좋다. 하지만 "그래! 와, 바로 그거야!"라고 말하면 다 같이 박수를 치고 환호를 보내야 한다. 여기에 몇 가지 규칙을 덧붙인다. 박수는 3~5초 사이로 치는 게 좋으며 한 사람이 치면 일단 모두가 함께 쳐야 한다. 하룻밤 사이에 터득하지는 못하지만 아이들은 결국 이 규칙을 이해하게 되고 곧 교실 안은 한마디로 난리가 난다. 아이들이 '와, 내가 다른 친구에게 박수를 쳐주면 나중에 내가 잘할 때 나를 위해서도 박수를 쳐주는구나'라는 것을 깨달으면서 변화가 일어난다.

핵심은 어른들이 먼저 분위기를 만들어주는 것이다. 우리도 함께 응원하고 지지해야 아이들도 서로를 응원하고 힘을 실어주는 게 습관이 된다. 타인의 성공을 진심으로 기뻐하고 축하해줄 줄 알아야 한다. 그래야 괴롭히기, 다투기, 놀리기가 일상이 되지 않고 서로를 향한 응원과 지지가 표준이 된다.

▶ 교사 다이라 해리스로부터

RCA를 방문했을 때 가장 인상적인 장면은 학생들이 서로를 응원하는 모습이었어요. 저 역시 제 학교로 돌아와 이 응원 전략을 도입하기로 했답니다. 아이들이 뭔가에 성공을 거둘 때마다 다양한 방식으로 서로 응원하고 격려하는 장치들을 마련해 사용해왔습니다.

올해 제가 맡은 5학년 학생들과 스톤마운틴으로 등산을 갔어요. 한 번도 해본 적이 없는 어려운 도전이었기에 정상까지 반도 못 갔는데 벌써 포기하고 돌아가려는 학생들이 생겼어요. 모두 어마어마한 산의 높이에 지레 겁을 먹고 있었고 심지어 포기할 준비를 하는 학부모도 있었어요. 그때 어린 여학생이 울음을 터뜨리면서 자기는 여기서 그만두고 일행이 정상에 다녀올 때까지 기다리겠다고 하는 거예요. 그런데 정말 놀랍게도 한 남학생이 큰 소리로 응원을 시작하는 거였어요.

"넌 할 수 있어. 넌 할 수 있어. 아자, 아자, 파이팅!"

평소 교실에서 사용하던 응원구호였어요. 그러자 다른 남학생 두 명도 그 여학생을 응원했고 정상까지 부축하며 데려갔어요. 한 명이 응원을 시작하면 나머지도 따라 하기로 약속이 된 교실환경이었다면 그렇게 놀라지 않았을 거예요. 아이들의 자발적인 응원을 보고 자랑스러움을 느겼습니다. 평소 말썽꾸러기였던 남학생이 교실 안이었다면 코딱지나 날렸을 텐데 여학생을 응원하는 모습을 보고 저도 기운이 솟았고, 교실에서 배운 게 실생활에서도 연결된다는 것을 확인할 수 있었어요.

응원 전략은 정말로 훌륭한 방식입니다. RCA를 방문한 덕에 응원 전략을 배우고 제 수업에 활용할 수 있었던 게 특권으로 느껴질 정도예요. 그래서 저와 18명의 학생들, 그리고 학부모를 대표해 산 정상까지 올라갈 수 있게 도와주신 RCA에 진심으로 감사드립니다.

(조지아 주 존스보로, 리스트리트 초등학교 5학년 사회 및 과학교사 다이라 해리스)

소중한 추억으로 벽을 도배하라

66

노스캐롤라이나의 초코위니티에서 자라던 어린 시절 나는 거실을 몹시 좋아했다. 거실은 편안하고 따뜻하며 안락했다. 벽난로가 있어서 겨울이면 아버지가 벽돌을 몇 개 넣어 달궜다가 수건으로 감싸 침대 밑에 넣어주셨는데 그러면 밤새 따뜻하게 잘 수 있었고 사랑받고 있다는 느낌에 가슴이 벅찼다.

벽난로 주변에는 온통 가족사진이 천지였다. 어린 가족, 나이 든 가

자신의 모습을 벽에서 발견하자마자 학생들은 학교를 사랑하게 된다.

족, 새 사진, 낡은 사진, 별별 사진이 가득했다. 천 번도 더 본 사진이었지만 물끄러미 보고 있으면 사진 속의 인물들이 나를 감싸주는 것처럼 편안한 느낌이 들었다. 사진은 내게 끈끈한 가족의 사랑을 선사해주었다.

RCA를 짓기 시작했을 때 나는 우리 학교 벽에도 비슷한 느낌을 부여하고 싶었다. 5~6학년 신입생과 처음 오리엔테이션을 가졌을 때 우리는 학생들의 얼굴 사진을 찍었고 아이들의 얼굴을 모아 세로 90센티미터 가로 10미터의 거대한 하나의 사진으로 만들어냈다. 그리고 학교 로비에 그 사진을 설치했다.

처음 입학한 학생들 중에는 이전 학교 친구들과 헤어지기 싫어 RCA에 오고 싶지 않았던 아이들도 있었다. 한 남학생은 주먹을 불끈

학생들이 RCA를 졸업하면 그들의 사진과 추억이 이곳에 걸린다. 우리는 이곳을 '추억의 복도'라고 부른다.

쥐고 들어오다가 현관 벽에 붙은 자기 사진을 보았다.

"왜 제 얼굴이 저기 있는 거죠?"

"여긴 네 학교고 네 집이고 네가 있을 곳이니까."

아이의 얼굴이 갑자기 부드러워졌고 또 자기 얼굴이 어디에 있을까 찾아보는 사람처럼 주위를 둘러보기 시작했다.

RCA 곳곳에는 세계 곳곳을 여행할 때, 상을 받을 때, 전통 행사에 참여할 때 찍은 사진들이 전시되어 있다. 학교 안 어디에서나 배움의 마법에 홀려 있는 행복한 아이들의 사진을 볼 수 있다. 이 사진들 덕분에 우리 학교는 더욱 따뜻하고 안락해졌다. 벽을 따라 붙어 있는 추억의 사진들은 무엇보다 가장 중요한 점에서 아이들에게 깊은 감명을 준다. 가능한 최고의 교육을 받고 있다는 점 말이다.

연설문을 읽지 마라

67

그동안 나는 여러 학교의 졸업식에 참석하는 영광을 누려왔는데 고별사를 하는 학생이 연설문을 적어 와 읽는 건 정말 거슬린다. 솔직히 준비해온 연설문을 10분 동안 줄줄 읽는 걸 듣느니 서툴지만 2분이라도 청중과 눈을 맞추며 하는 진심 어린 연설을 듣는 게 더 낫겠다. 읽는 연설은 상투적인 느낌을 주고 어떠한 감흥도 전달하지 못한다. 생명력도 에너지도 창조성도 열기도 없다. 우리 RCA는 학생들이 대중 앞에 서서 연설을 하거나 발표를 할 때 원고 읽는 걸 절대 금지하고 있다. 읽는 게 허락될 때는 오직 긴 명단을 발표할 때뿐이다. 그 밖의 경우는 무조건 외워서 해야 한다.

5학년이 시작될 때는 노트 없이 말하기가 무척 어려운 과제다. 학생들은 긴장하고 실수도 많이 한다. 그러나 처음 시도 때는 썩 잘해내지 못해도 괜찮다고 말해주고 낙담하지 않도록 분위기를 만들어준다. 누구나 어렵고 힘들다는 것을 알려준다. 또 한 가지 기억할 것은 아이들이 외워서 연설하기를 잘하지 못했을 경우에는 잘했다고 말하지 않아야 한다. 발표가 제대로 되지 않았다면 사실대로 말하고 더 잘할 수 있었을 방법을 가르치고 보여주어야 한다. 다정하고 부드럽게 가르치되 잘하지 않은 것을 잘했다고 칭찬하지는 마라. 노력은 칭찬할 수 있지만 향상시킬 필요가 있는 부분은 반드시 학생 스스로 깨닫도록 한다.

학교 안내 활동은 우리 학생들의 자신감을 북돋우는 방법 중 하나다. 개교 첫해 RCA에 많은 손님들이 참석하는 대규모 행사가 열렸고, 50명이 넘는 이스트캐롤라이나 대학교 졸업생들이 학교를 찾아오기로 되어 있었다. RCA 학생 40명이 학교에 남아 손님들에게 학교를 안내하기로 했지만 솔직히 자신 있게 학교를 안내할 수 있는 학생은 10명 정도밖에 되지 않았다.

나는 우리 아이들을 교실에 모아놓고 손님들이 오면 한 번에 두 명씩 짝을 지어 내보내 학교를 안내하게 했다. 자신 있게 안내를 할 수 있다고 믿을 수 있는 학생들부터 내보내고 나머지 아이들과는 계속해서 우리 학교의 프로그램과 건물 등을 제대로 설명할 수 있도록 연습하고 있었다. 그때 조던 브라운이 뛰어들어와 다급한 얼굴로 말했다.

"클라크 선생님! 비어든 선생님이 로비에 100명이 넘는 손님들이 왔다고 다들 내려오래요!"

나는 얼른 학생들을 돌아보았다. 그들의 얼굴에도 망연자실한 기색이 역력했다. 나는 우리 학교의 모토 '우리에겐 두려워할 시간이 없다'를 다시 한 번 상기시키고 웃음을 잃지 말라고 당부했다.

"웃으면 어떤 실수도 용서가 된단다."

다들 긴장해서 밖으로 나가는 동안 나는 가장 어린 5학년 케네디와 메릭을 붙잡았다. 메릭은 수줍음이 너무 많았고 케네디는 목청이 엄청나게 큰 아이였다. 메릭에게는 안내의 절반을 책임져야 한다는 것을, 케네디에게는 혼자 다 안내하려고 하지 말 것을 당부했다. 무엇보다 둘이 꼭 붙어 다니면서 서로의 약점을 보완해주기를 바란다고 강조했다.

안내가 시작되었고 모든 게 원활하게 잘 흘러가고 있는 것 같았다. 내가 이층 발코니에 서서 이스트캐롤라이나 졸업생 몇 명과 이야기를 나누고 있을 때 아래층에서 좌중을 압도하는 큰 목소리가 들려왔다.

"그리고 여기는 우리 학교가 공장 건물이었을 때의 모습입니다."

케네디였다. 케네디가 50명이 넘는 어른들을 이끌고 안내를 하고 있었다. 케네디는 메릭을 제압했을 뿐만 아니라 다른 팀까지 제 무리로 끌어들였던 것이다. 완전한 패닉 상태였다! 나는 내 옆을 지나가던 조던을 붙들고 말했다.

"조던, 당장 아래층으로 내려가서 케네디가 안내하는 저 손님들을 맡아. 뭘 어떻게 하든지 상관없어. 무조건 저 손님들을 네가 책임져야 해. 알았지?"

1분도 안 되어 현관 쪽에서 노래가 울려 퍼졌다.

그러니 우리의 파티를 잊지 말아요
난로에는 따뜻한 불이 타오를 거예요
오래, 아주 오랜 시간이 걸렸죠
어쩌다가 당신이 내 마음에 떠올랐는지 모르겠어요
그냥 이렇게 말하면 안 될까요?
와. 크리스마스잖아

발코니에서 내려다보니 조던이 케네디 앞에서 노래를 부르며 춤을 추고 있었고 케네디는 팔짱을 끼고 조던을 죽일 듯이 노려보고 있었다. 조던은 아랑곳없이 계속 노래하고 춤을 췄고 손님들은 박수치고 환호하며 좋아했다. 3월이었다! 노래를 끝내고 조던이 말했다.

"안녕하세요, 여러분. 저는 조던 브라운이라고 합니다. 오늘 저녁, 제가 여러분의 관광을 마무리해드리겠습니다. 이쪽으로 오세요."

어른들은 조던의 말을 따랐고 조던은 매력적이면서도 즐겁게 학교 안내를 시작했다. 케네디는 조금 전에 자기 역할을 빼앗긴 학생이 지었던 바로 그 표정을 하고 있었다. 나중에 조던에게 대체 왜 노래를 불렀냐고 물어보았다.

"클라크 선생님, 무조건 케네디의 안내를 중지시켜야 한다고 말씀하셨잖아요. 사람들의 주의를 끌기 위해 생각나는 게 노래밖에 없었어요."

조던의 생각은 효과가 있었다.

시간이 흐르면서 학생들의 학교 안내 기술은 점점 좋아졌다. 그 과정에서 케네디는 좀 더 겸손하고 매력적인 방법을 배웠고, 메릭은 조금 더 적극적이고 재미있는 방법을 배웠다. 그리고 이것들은 고스란히 발표와 연설 등의 다른 영역으로도 번져갔다. 학교 안내를 통해 자신감이 붙은 아이들은 사람들 앞에서 편안하게 발표하는 법을 터득해 갔다. 상상 이상으로 효과가 좋았다. 케네디는 최고의 학교 안내원으로 변모했고 결국 알뜨루이스모 기숙사의 회장이 되었으며 현재는 자신감이 넘치고 체계적이며 적극적인 웅변가가 되었다. 그동안 겪은 연습과 교훈이 없었다면 그토록 어린 나이에 이렇게 세련된 모습으로 다듬어지기는 힘들었을 것이다.

이렇게 하라

오픈하우스 날에 학생들이 학부모에게 자기 교실을 어떻게 안내할지 가르치는 것부터 시작해보자. 먼저 학생들을 데리고 교실 안을 돌면서 어떤 부분을 가리키고 보여줄지, 또 각 지점을 어떻게 열정적이고도 재치 있게 소개할지 가르쳐주자. 활기를 더하기 위해 의자 위에 올라서서 발표한다든가 손님과 눈을 마주치는 법, 얼굴에 미소를 띠고 말하는 법, 학부모들의 예상 질문에 대답하는 법 등을 알려주자.

또 한 가지 학생들의 자신감을 향상시킬 방법으로 가끔씩 5분 강의를 하게 격려해보자. 무작위로 한 학생을 지목해 수학을 가르쳐보게 하거나 국제사회에 관한 토론을 이끌도록 해보자. 지목된 학생이 앞으로 나오면 학급 전체가 "브라이언이다. 브라~이언!"이라고 외친다. 그러면 브라이언은 몇 분 동안 짤막한 강의를 하고 나머지는 모두 환호성을 보내며 그의 노력을 칭찬한다. 마지막으로 내가 브라이언 옆에 서면 급우들이 평가를 해준다. 이때 평가의 기준은 우리 RCA 교사들이 따르는 수업 원칙이기도 하다. 이것에 대해 다음에 이어지는 다섯 개의 원칙에 설명해놓았다.

눈을 마주쳐라

68

나는 학생들에게 이렇게 말한다. 사람들 앞에 섰을 때는 처음부터 끝까지 그들과 소통로를 만들고 네가 하는 이야기 속으로 그들을 끌여들여라. 네가 얼마나 오랫동안 서 있는가는 중요하지 않다. 단 30초라도 30명이나 되는 사람들과 충분히 눈을 맞출 수 있기 때문이다. 그러나 네가 사람들과 제대로 눈을 맞추지 않으면 그들은 금세 딴 생각에 잠기거나 산만해지기 쉽다. 그들의 시선을 단단히 붙들어놓고 '당신과 함께'하기를 기대하고 있음을 전해야 한다.

그리고 나는 손을 들어 가리킨다. 뒤쪽과 구석자리에 앉은 학생들의 눈을 붙잡는 게 특히 중요하다. 그들은 '사각지대'에 있고, 네가 그들을 보고 있다는 사실을 알게 하지 않으면 그들은 집중력이 떨어져 귀를 닫아버릴 것이다.

학생이 5분 강의를 마치면 나는 나머지 학생들에게 '강사'와 눈을 맞춘 사람은 손을 들어보라고 한다. 그러면 대부분 앞자리와 가운데 자리의 학생들만 손을 든다. 구석자리, 뒷자리에 앉은 학생들은 소외감을 느꼈고 좀처럼 눈을 맞추는 일이 없었다고 말한다.

교사들도 가끔씩 수업이 끝나면 학생들에게 개인적으로 관심을 받은 느낌이 들었는지 물어보자. 결과가 확인되면 교사는 다음 수업시간에는 최소한 한 번씩은 모든 아이들과 눈을 마주쳐야겠다고 생각하게 된다. 정말로 다음 수업이 끝난 뒤 학생들에게 "오늘 수업 중에 선생님으로부터 개인적인 관심을 받았다고 느낀 사람?" 하고 물어보면 놀라운 결과를 확인할 수 있다. 학생들은 교사가 자기를 '보고' 있다고 느낄 때 훨씬 더 집중하고 그만큼 노력을 기울인다. 그때는 칭찬해 주어라.

교실 안을 돌아다녀라

69

나는 교사나 앞에 나와 강의를 하는 학생들에게 늘 교실 안을 돌아다니라고 말한다. 교사가 움직일 때 교실 안의 에너지도 움직이고 지루해질 가능성도 차단된다. RCA에서는 수업 중 교실 안의 중심을 무조건 쫓아가는 게 원칙이다. 예를 들어 내가 말을 하고 있으면 학생들은 모두 나를 쳐다봐야 한다. 내가 한 학생에게 대답을 해보라고 하면 이제 모든 시선이 그 학생에게 옮겨간다. 연습이 필요하지만 일주일 정도만 지나면 자연스럽게 몸에 밴다. 선생님이 움직이면 학생들의 시선도 움직인다. 그래야 집중력이 유지된다.

학생이 앞에 나와 짤막한 강의를 마치고 급우들에게 평가를 부탁하면 늘 나오는 말이 있다.

"조금 더 움직였으면 좋았을 텐데요."

"내내 한자리에 서 있었던 점이 별로 좋지 않았어요."

학생들은 우리가 움직이기를, 에너지를 보여주기를 바란다. 가만히 한자리에 서 있을 때 교실 안의 에너지는 가라앉는다.

청중을 바라보라

70

내가 관찰한바, 열에 아홉은 교사가 수업 중 어느 시점에서 학급 전체를 향해 등을 보인다. 판서를 하느라 칠판을 향해 돌아서기 때문이다. 판서를 하면서 동시에 아이들 쪽을 바라보기가 힘들기 때문이다. 그렇다고 영 불가능한 일은 아니다. 연습을 통해 몸에 배면 판서를 하면서도 학생들 쪽을 볼 수 있다. 또 아이들을 똑바로 쳐다보면 위협적인 느낌을 준다고 생각하기 때문이다. 정말 잘못된 판단이다. 눈길을 돌리면 소통로는 붕괴되고 교사는 등 뒤에서 일어나는 장난 등을 용인하는 셈이 된다.

활력을 직접 보여라

71

죽은 사람들을 가르치고 있는가? 만에 하나 그렇다면 열정과 영혼을 쏟아부어 다시 살려내라! 나는 학생들에게 청중이 적극적이고 열정적이길 바란다면 강사 스스로가 먼저 그래야 한다고 말한다. 5분 강의 뒤에 급우들에게 평가를 부탁하면 대부분이 '강사'의 열정과 활력이 조금 부족했다고 말한다. 학생들은 교사의 활력을 기대한다. 아이들은 역동적이고도 생기 넘치는 어른을 좋아한다. 자신들을 웃게 하고 열정을 보여주는 사람과 함께 있고 싶어 한다. 그러므로 교사도 학부모도 노력해야 한다. 그래야 아이들에게도 같은 것을 기대할 수 있다.

미소를 보내라

72

학생들을 대할 때 가장 쉽고 효율적인 방법을 꼽으라면 단연 '미소'다. 불평꾼 10대가 불만과 반항을 학교에 아무리 쏟아부어도 나는 행복하고 만족스러우며 즐겁다는 것을 보여주는 것이다. 내가 늘 긍정적이고 행복해하면, 대개는, 내가 발산하는 좋은 에너지가 아이들에게 전달되어 그들을 더욱 즐겁게 만든다는 것을 느낀다.

 6학년 이하는 교실 안에 있는 어른이 한 번만 미소를 지어도 학급 전체가 밝아질 수 있다. 더 큰 아이들을 밝게 만들려는 노력은 깃털로 참나무를 베는 것처럼 힘들다. 그러나 미소는 때로 놀라운 결과를 내기도 한다. 5분 강의를 마치고 평가를 들어보면 강의 내내 미소 지었던 점을 칭찬하는 경우가 많다.

 "네가 행복해 보여서 나까지 기분이 좋았어."

 "네가 즐거워하니까 나도 집중이 잘되고 수업이 재미있었어."

▶ 알리야 어머니로부터

 처음 알리야가 클라크 선생님의 수학시간에 앞에 나가 강의를 하는 것을 보았을 때 마치 딴 아이 같았어요. '저 애가 내 아이가 맞나?' 이런 생각까지 들었지요. 아이는 자신감이 흘러넘쳤어요. 알고는 있었지만 미처 찾아내주지 못한 모습이라고 할까요?

 알리야는 늘 성적이 좋았지만 자신만의 단단한 껍질 속에 들어가 본모습을 쉽게 내비치지 않았어요. 그랬던 아이가 어렵다고 울고불고 난리를 피우며 힘들어하던 수학을 많은 교육자들이 참관하는 자리에서 가르치게 되다니요. 아이가 잃어버렸던 퍼즐 조각은 바로 자신감이었어요. 이제 무척이나 역동적인 열세 살 아이가 되었답니다.

 아이는 모든 면에서 적극적이고 솔직하며 거침없는 사람이 되었습니다.

RCA는 모든 아이들이 미처 발견하지 못한 잠재력을 끄집어내어 발휘할 수 있게 도와야 한다고 말하죠. 우리 아이의 내면에 숨어 있던 잠재력을 찾아내 지금의 굉장한 여학생으로 다듬어주셔서 진심으로 감사드립니다.

(2012년 졸업반 학부모 코퍼 부인)

정확하고 분명한 표현 방식을 가르쳐라

73

우리 RCA 모두가 지켜야 하는 원칙중 하나는 "음", "저기"로 말을 시작하지 않는 것이다. 5학년 신입생들이 처음 학교에 오면 다음과 같은 일이 다반사다. 그들은 말의 첫머리를 "음", "저기"로 시작한다. 우리는 할 말을 곧바로 시작해야 의미를 정확하게 전달할 수 있고 상대방도 진지하게 받아들인다고 설명한다. 코스 선생님은 "음", "저기" 대신에 선생님의 이름을 먼저 부르라고 격려한다. "코스 선생님, 저는 남한과 북한 사이의 문제를 여러 각도에서 살펴볼 수 있다고 생각합니다" 하고 예를 들기도 한다. 말의 첫머리를 항상 그렇게 하면 생각하느라 머뭇거리지 않게 된다.

또, 흔한 일로, "저희 나라"라고 말한다. 우리는 그런 류의 말이 왜 문법적으로 틀리는지 가르쳐주고 그런 말을 쓰지 않게 반복해서 지적한다. 처음에는 이런 문제들을 교정하기 위해 벌을 줄까도 고민했다. 그러나 자발적으로 고칠 수 있게 유도하는 방법을 선택했다. 수업시간에 한 학생이 발표를 하면서 "음", "저기"로 말을 시작하거나 비문을 쓰면 즉시 발표를 중지시키고 다른 사람에게 발언권을 넘겼다.

학생들과 교사, 학교 전체가 이 원칙을 중요하게 생각하고 개선을 위해 다 같이 노력하자는 데 의견이 모아졌으므로 어떤 학생도 도중에 말을 중단하라는 요구를 받고 크게 당혹스러워하거나 언짢아하지 않았다. 심지어 누가 중단시키기 전에 스스로 규칙을 어겼음을 깨닫고 사과를 하며 알아서 말을 멈추기도 했다. 더욱이 중지를 당한 학생들은 몇 분 뒤 다른 기회를 얻어 정확한 문법으로 명료하게 말하는 데 성공했다.

RCA를 찾아온 손님들은 우리 학생들의 정확한 발음과 균형 잡힌 자세를 칭찬한다. 또 우리 학생들이 오히려 여느 학교 교사들보다 훨씬 올바른 어법을 구사한다고도 말한다. 이것은 물론 비어든 선생님과 반스 선생님이 뛰어난 언어 교사라서이기도 하지만 많은 부분이 흔히 일어나는 실수를 철저하게 교정하고자 했던 범학교적인 노력 덕분이라고 생각한다.

학생들은 교실 앞에 나가 강의를 할 때 말의 내용만 평가를 받는 게 아니라 전달과정과 표현방식 자체도 책임을 져야 한다는 것을 배운다.

그런 척하라

74

털어놓자면, 나는 아침에 눈을 떠 하루 종일 앞만 보고 달리다가 베개에 머리가 닿으면 곧바로 곯아떨어진다. 야행성이라 시험지를 채점하다보면 새벽 3시까지 깨어 있는 일이 흔하고 하루 평균 네다섯 시간밖에 자지 않는다. 그래서 아침에 자명종이 울리면 솔직히 죽을 것 같다. 세상의 무게가 내 몸을 짓누르는 것만 같고 이불 밖으로 나가는 게 정말 싫다.

정말로 솔직하게 말하면, 아침에 일어났는데 학교에 가기 싫은 날이 있다. 힘든 하루일 게 뻔한데 당장 감당하고 싶지가 않은 것이다. 까다로운 학부모를 만날 수도 있고 학생들이 불손하거나 게으름을 피울 수도 있으며 학교 운영이 끝나지 않을 지루한 게임 같을 수도 있다. 그럴 때면 나는 눈을 크게 뜨고 말한다.

"그냥 그런 척하자."

그리고 일어나 샤워를 하고 옷을 입고 학교로 출발한다. 여전히 가기 싫은 마음이 들 때도 있지만 그래도 자신을 밀어붙인다. 교실로 들어가 아이들이 오기를 기다린다. 아이들이 들어오면 그런 척한다. 환하게 미소를 지으며 "얘들아, 안녕!!! 시작해볼까!"라고 말하고 전력을 다해 수업에 돌입한다. 나는 웃고 들뜨고 우리가 함께 배우고 경험하게 될 것들에 대한 기대감으로 부풀어 오른다. 가장 반가운 부분은 10분쯤 지나면 내가 아이들의 에너지를 흡수하게 된다는 점이다. 아이들의 얼굴에 떠오른 미소를 보고 활기찬 목소리를 들으면 진심으로 행복하고 즐거워진다. 바로 그 순간부터 진정한 나의 하루가 시작되는 셈이다.

나는 학급 앞에 선 학생들에게도 기쁨과 자신감, 열정을 맘껏 표현하라고 말한다. 내키지 않을 때라도 일단 그렇게 표출하면 진짜 그렇게 느끼게 된다.

교실 안에서 북을 활용하라
75

RCA 개교 첫해에 손을 가만히 놔두지를 못하는 한 남학생이 있었다. 늘 안절부절못하고 걸핏하면 연필로 책상을 두들겨대 다른 친구들을 짜증나게 했다. 그 아이를 내 바로 앞자리에 앉혀보기도 했지만 시끄러운 소리와 산만한 몸짓 때문에 내 자신이 훨씬 더 짜증이 나버렸다. 윽! 이 아이의 손을 묶어둘 뭔가가 절실했다.

그 전날 방과 후 드럼수업이 있었기 때문에 교실 안에는 북이 많았다. 나는 그중에서 젬베(술잔 모양의 서아프리카 전통 북 – 역주)를 하나 가져다가 그 학생의 책상 아래에 놔주었다. 그리고 학급 전체가 박수칠 일이 생기면 젬베를 쳐달라고 당부했다. 또 다 함께 노래를 부를 때면 박자에 맞춰 북을 쳐달라고도 했다. 아이는 무척이나 신나했다. 수업 시간 내내 그 아이의 손은 북 위에 얹혀 있었고 조용히 앉아 있었으며 수업내용에도 집중했다. 다 같이 박수를 칠 때 그 아이는 북을 쳤는데 가만히 보니 단지 북만 치는 게 아니었다. 쌓여 있는 에너지와 신경질적인 기질을 북을 통해 발산하고 있었다. 무엇보다 아이는 입 끝이 귀에 걸리도록 활짝 웃고 있었다.

처음에는 북이 이 아이에게 미친 효과에만 집중하느라 학급 전체에 대해서는 미처 생각하지 못했다. 하지만 북소리가 더하니 박수소리는 박수갈채로 들렸고 그만큼 교실 안은 집중력과 에너지가 급상승했으며 아이들은 무척이나 좋아했다. 시간이 지나자 다른 학생들도 북을 치고 싶어 했다. 한번 쳐보고 자기 취향이 아님을 곧바로 깨닫는 아이가 있는가 하면 무척 좋아하는 아이도 있었다. 결국 학교 전체에 북을 가져다 놓고 아이들이 원할 때마다 수업에 들고 갈 수 있게 했다.

물론 북에 관한 규칙도 있다. 누군가 북을 가져가지 못했다고, 혹은 다른 사람이 자신의 북을 가져갔다고, 혹은 자기 차례가 오지 않는다고 불평을 하면 처음 북을 독점해 불만을 유발한 학생은 더 이상 북을 가져갈 수 없다. 언제나 북을 공평하게 나눠서 써야 하고 북을 둘러싸고 문제가 생기는 것을 원하지 않는다고 분명히 알려준다. 다행히 4년 동안 문제는 없었다. 아이들은 북을 몹시 사랑하기 때문에 기꺼이 공유하고 있다. 이렇게 북이 수업에 미친 영향과 효과는 헤아릴 수 없을 만큼이나 귀중하다.

나는 모든 교사들에게 북을 활용해보라고, 틀림없이 놀라운 결과를 보게 될 거라고 자신 있게 말한다.

RCA를 다녀간 세계 곳곳의 교사들은 작은 북을 어떻게 구입했는지, 학생들이 얼마나 북을 좋아하는지, 교실 분위기가 얼마나 달라졌는지 등을 편지로 보내준다. 그들이 말한 유일한 부정적인 면은 학생들이 저마다 북을 원해서 어떤 학생에게 권한을 줄지 선택할 때가 가장 힘들다는 것이다. 이럴 경우 교사는 자신이 교실 안의 '보스'임을 깨달아야 한다. 교사에겐 그만한 권한이 있다! 가장 간단한 방법은 북을 가장 잘 치는 학생을 골라 북을 일임하는 것이다. 이것으로 논란 끝! 다른 학생들이 상심할까 봐 걱정이라면 한 개인보다 학급 전체가 혜택을 볼 거라는 데 집중하자. 아이들의 감정보다 북이 학급 전체에 미치는 긍정적인 영향력이 훨씬 중요하다.

학생 탓을 하지 마라
76

동료 교사들이 학생들이 집중을 하지 않거나 규율상 문제를 일으켜서, 한마디로 학생들 때문에 힘든 하루를 보냈다고 말하면 나는 가장 먼저 이런 것들을 물어본다.

"방과 후 남기, 점심시간 침묵하기 벌을 몇 차례나 주었습니까?"

"학부모에게 전화를 걸었습니까?"

확인해보면 교실 안의 지도자로서 교사가 학급의 질서를 확립하기 위해 필요한 절차를 제대로 따르지 않았다는 것을 알 수 있다. 아이들은 마음대로 하게 방치하면 정말로 제멋대로 군다. 하지만 교사로서 기대치를 분명하게 알려주고 원칙을 고수하면 학생들도 훨씬 많은 것을 배우고 교사로서 일도 한결 수월해진다.

교사들이 가장 끔찍하게 생각하는 곳은 학교 식당과 버스 안이다. 두 곳 모두 학생들이 이성을 완전히 잃어버리는 장소다. 그러나 그렇게 되도록 허락해서는 안 된다. 학생들과 함께할 때는 분명한 한계를 정해두지 않으면 언제나 결과에 실망하게 된다. 학교 버스 안의 소란 문제를 해결하고 싶다면 교직원 한 사람이 버스 뒷좌석에 또 한 사람이 가운데에 또 한 사람은 앞에 앉아야 한다. 또 지나치게 시끄러운 학생들은 서로 떨어뜨려라. 각각 교사 옆에 앉히는 식이다. 그래도 효과가 없다면 지나치게 떠드는 학생은 한 시간 동안 말을 할 수 없게 하라. 체험학습이나 수학여행을 갔을 때 그런 문제로 교사와 학부모가 스트레스를 받아서는 안 된다. 행동을 바르게 하지 않는 학생은 말할 권리를 주지 마라.

점심시간 역시 마찬가지다. 너무 소란스러우면 학생들을 각자 떨어뜨려 앉혀라. 이렇게 말했더니 어느 1학년 교사에게서 이런 대답이 돌아왔다.

"예, 하지만 너무 혹독한 선생님이 되고 싶지는 않거든요."

그 교사는 학생들에게 적당한 기대치를 알려주면(어느 정도 크기의 목소리로 말을 해도 좋은지) 교사로서의 일도 훨씬 수월해지고 식당 안이 보다 즐거운 곳이 될 수 있으며, 한계를 깨닫게 한 다음에는 얼마든지 다시 친한 친구들과 앉게 할 수 있다는 사실은 모르고 있었다. 학생들은 미쳐도 좋다고 허락하면 정말로 미치고 말 것이다. 그러므로 교사의 기대치를 정확히 알려주고 원칙을 고수해나가면 교사로서의 삶도 훨씬 수월해지고 스트레스 역시 상당히 줄어든다.

무대 위에 올라서라
77

훌륭한 교사는 배우와 같다. 학생들의 주의력을 붙잡아 매고 미적분에 생명력을 불어넣고 학생들의 마음에 셰익스피어의 영혼이 스며들게 하며 아이들이 마치 독립전쟁의 최전선에 나와 있는 것처럼 느끼게 한다. 교사가 교실 안의 관심을 휘어잡을 수 있을 만큼 외향적인 성격을 타고 났다면 이러한 마법을 일으키기가 한결 쉬울 것이다. 그러나 그렇지 않다면? 걱정 마라. RCA는 대비책을 갖고 있다.

우리는 교실 몇 곳에 교사를 위한 무대를 마련해두었다. 대략 25센

컨트리 가수 가스 브룩스는 미끄럼틀 자격증을 받은 수많은 유명인사 중 한 명이다.

티미터높게 설치된 무대는 1.5미터 길이에 폭은 3미터 정도로 교실 앞부분에 있다. 무대 위에 올라선 교사는 교실의 분위기와 전망이 완전히 달라짐을 느낀다. 또 학생들도 교사를 바라보는 방식이 달라진다. 키 155센티미터의 교사라면 평소 학생들의 눈에 잘 보이지 않을 것이다. 통통 튀는 성격이 아니라면 아이들과 적극적으로 눈을 마주치고 위풍당당한 모습을 보여주기도 어렵다. 그러나 이 무대 위에 올라서면 키가 곧장 180센티미터가 되고 당당한 교사가 될 수 있다. 수업내용을 강조하고 싶다면 무대 위를 발로 굴러 천둥 같은 소리를 낼 수도 있다.

무대는 여러 가지 다양한 방법으로 교사에게 힘을 실어준다.

재미있어야 한다

78

    때로는 너무 진지하지 않을 필요도 있다. 그냥 재미있는 것도 중요하다. 하루는 6학년 수학을 수업하고 있었는데 아이들의 머리가 터지기 일보 직전이었다. 왜 그랬는지는 알 수 없지만 나는 갑자기 고향 사투리로 말했다.

    "워매, 이 농장은 가만히 놔두면 영 농사를 망치겠구먼. 아무래도 우리가 직접 나서야겠구먼? 닭, 말, 오리, 돼지, 소들아. 니들 도움이 필요하니께. 자, 다 함께 일하러 가자고!"

    아이들은 나를 정신 나간 사람 보듯 쳐다보았다. 알리야에게 질문을 던졌는데 평소처럼 대답하자 내가 마구 법석을 피웠다.

    "무슨 오리가 그렇게 말해? 클라크 농부 아저씨한테 말하려면 동물소리를 내야지!"

    아이들은 곧 내 말을 이해했고 여러 동물소리로 대답하기 시작했다. 나는 분위기를 잘 조절해야 했고 집중력을 원활하게 유지해야 했다. 자칫하면 정신없는 동물농장이 될 수 있었다. 집중하지 않는 학생에게는 도살장으로 끌려갈 줄 알라고 엄포를 놓았고 어떤 학생에게는 베이컨으로 만들겠다고 으름장을 놓기도 했다. 하다 보니 나 자신도 무척 즐기고 있었다. 한바탕 즐거운 수업이 끝나고 교실을 나갈 때까

RCA 교사연수 담당자 로빈 존슨(좌), RCA 사회 및 읽기교사 사라 힐데브란트(우)

시 다들 너무 재미있었다고 떠들어댔다. 수업효과 면에서도 대단했다. 아이들은 모두 집중했고 번쩍번쩍 손을 들었다. 동물소리를 빨리 내고 싶어서 서로 발표하려고 했고 언제든지 자리에서 벌떡 일어나기 위해 의자 끝에 엉덩이만 겨우 걸치고 앉아 있었다.

또 한번은 애틀랜타에 폭설이 내려 오후 1시에 아이들을 하교시킨 적이 있다. 열 명 정도의 학부모가 교통체증으로 도착하지 못하고 있었고 우리 교직원들은 아이들과 함께 현관 로비에 앉아 기다리고 있었다. 이런저런 이야기를 나누고 있는데 7학년 데이지아가 농담처럼 "우리 숨바꼭질해요!"라고 말했다. 킴과 나는 시선이 마주치자 이내 "그래, 하자!"라고 말했다. 술래가 된 조던이 눈을 감고 숫자를 세기 시작했고 나머지는 다들 숨느라 바빴다. 나는 사물함 맨 위로 기어 올

아침이면 RCA 방문객들에게 이층에 설치된 번지 트램펄린을 해보라고 격려한다. 하루를 시작하는 데 꽤 훌륭한 자극제다.

라갔고 복도를 지나가는 사람 눈에 띄지 않도록 벽에 바짝 붙었다. 그때 교실 창 너머로 바깥 풍경이 보였는데 눈발이 훨씬 굵어져 있었다. 조던이 몇몇 아이들과 교사들을 찾아냈고 건물 곳곳에 웃음소리가 울려 퍼지고 있었다. 나는 사물함 위에 엎드려서 내리는 눈을 바라보며 학교 안의 행복한 소리에 귀 기울이고 있는 내 자신이 얼마나 평화롭고 행복한지 하늘에 감사의 기도를 드렸다.

우리 RCA는 재미와 기쁨이 없는 진지함은 추구하지 않는다. 지루하고 메마른 분위기에서 배우거나 일하고 싶어 하는 사람은 없다. 어른들이 웃고 재미있게 놀면 아이들도 곁에 있고 싶어 하고 자석처럼 끌려온다. 조카 오스틴과 친구 데빈은 밖에서 어른들이 떠들썩하게 웃고 있으면 두 녀석 모두 쪼르르 달려와 "뭐가 그렇게 재미있어요?"

하고 묻는다. 사람들은 누구나 즐겁고 행복하고 웃고 있는 사람 옆에 있고 싶어 한다. 어른들은 아이들에게 삶의 즐거운 면을 보여주어야 한다. 함께 웃고 함께 세상의 재미를 찾아내야 한다. 웃음은 어떤 문제도 돌파해나갈 수 있는 힘을 주고 무슨 일이든 도전해볼 만하다는 기분을 선물한다. 웃음이 우리 삶에 미치는 영향과 중요성을 일찍부터 가르쳐주는 게 좋다.

THE END OF MOLASSES CLASSES

/ 4 /

교실 밖에서도 이어지는 교육

교사, 학부모, 지역사회 구성원 모두가 우리 아이들을 최우선하고, 우리 아이들의 성공을 돕는 데 안내자가 되는 방법을 소개한다. 처음 RCA의 설립 기금을 어떻게 모았는지, 현재 후원은 어떻게 유지하고 있는지에 대해서도 이야기하고 싶다.

학부모를 과외교사로 만들어라

79

아이가 수업시간에 잘 따라오지 못한다고 말하면 학부모들은 보통 이렇게 반응한다.

"그럼 어떻게 도와줄 수 있을까요?"

이때 교사가 흔히 하는 대답은 과외교사를 구하라는 것이다. 하지만 이 대답이 오히려 재앙이 되는 경우도 있다. 많은 부모들이 자녀에게 맞는 과외교사를 찾는 방법을 잘 모르기 때문이다.

나는 부모에게 스스로 과외교사가 되라고 말한다. 우리 RCA는 학부모들에게 자녀의 공부를 돕는 방법을 아주 구체적으로 가르쳐준다. "학생이 공부를 잘 못합니다"나 "아이가 낙제의 위험에 처해 있습니다", "성적을 올려야겠습니다"와 같은 말보다는 아이의 성적을 올리기 위해 부모가 할 수 있는 일을 실제로 보여주는 것이다. 이를 위해 마련한 자리가 바로 '학부모의 밤'이다. 보통 수요일 저녁 6시부터 7시 30분까지 시간이 되는 학부모를 교실로 초대해 아이들이 배우는 수업내용을 똑같이 가르쳐준다. 나는 부모와 자녀를 나란히 앉게 하고 평소와 똑같이 칠판에 수학문제를 풀면서 질문을 던진다. 이때 절대로 부모를 당혹스럽게 해서는 안 된다. 부모가 자진해서 손을 들지 않으면 시키지도 않는다. 한번 당황한 학부모는 다시는 그 자리에 오지 않는다!

학부모의 밤은 전 과목에서 효과를 발휘하지만 나는 수학수업이 제일 좋다. 문제를 어떻게 풀도록 하는 게 좋은지 구체적인 방법을 정확하게 보여줄 수 있기 때문이다. 또 아이들이 흔히 하는 실수들을 직접 볼 수 있어서 집에서 자녀와 공부할 때 부모들도 그런 실수들을 바로 잡아줄 수 있다. 처음엔 수학을 어려워하던 부모들도 시간이 지나면 편안해한다.

이 모임의 핵심은 부모들에게 연습 시험지를 주는 것이다. 거기에는 그다음 주에 학생들이 치르게 될 실제 시험과 아주 비슷한 문제들이 있다. 부모들은 10장 정도 되는 시험지를 집에서 아이들과 풀어본다. 하룻저녁에 한 장씩 풀어도 좋고 한자리에서 다 풀어도 좋다. 또 채점을 위해 답안지도 나눠준다. 답안지를 받는 부모들은 마치 100만 달러 수표라도 받은 얼굴이다. 여기서 가장 중요한 점은 답안지에 문제해결법이 구체적으로 명시되어 있다는 것이다. 답안지의 문제 푸는 방법을 보고 아이가 왜 틀렸는지 아이에게 가르쳐줄 수 있다. 즉 부모가 아이의 과외교사가 될 수 있게 힘과 지식을 모두 지원하는 것이다.

현재 RCA는 전교생의 절반 이상이 수학에서 90점 이상의 점수를 받고 있다. 1년 내내 부모들이 집에서 공부를 도와주기 때문이다. 시간과 노력을 들여 학부모를 가르치면 오히려 교사로서의 일이 한결 수월해지고 학생들의 성취도는 훨씬 높아진다. 학생들의 성적을 눈에 띄게 성장시켜주는 과외교사 부대를 거느리게 되는 셈이니 말이다.

▶ 조던 어머니로부터

아이가 매일 학교에서 받는 수업을 직접 볼 수 있어서 정말 좋았습니다. 클라크 선생님의 수업방식과 기대치를 확실히 알고 나니 집에서 아이와 함께 공부하는 방법을 조정해나갈 수 있게 되었어요.

학부모의 밤 자리에서 클라크 선생님이 가르쳐준 방법들은 일단 재미있어서 불편한 마음이나 스트레스 없이 배울 수가 있었어요. 막바지에는 게임도 했는데 제가 이기자 아들 녀석이 여태 한 번도 본 적이 없는 자랑스러운 얼굴로 저를 바라보더군요. 아이의 학습환경을 경험한 덕분에 집에서 아이를 돕는 데 필요한 통찰력을 얻을 수 있었습니다. 정말 감사합니다.

(2010년 졸업반 학부모, 버니 부인)

학부모와 강력한 유대관계를 구축하라

80

RCA는 운동회 날 학부모와 교직원이 겨루는 경기를 펼친다. 사실 단순한 '의자 뺏기' 게임과 '물풍선 싸움'이지만 학부모와 교직원 모두가 참여한다. 아이들은 이 순서를 가장 재미있어하고 어른들 역시 한바탕 웃고 떠드는 사이 더욱 끈끈한 친밀감을 쌓는다. 운동회 같은 행사에 학부모의 참여를 적극적으로 권장하는 학교가 얼마나 될까? 나는 모든 학교가 의무적으로 학부모를 참여시켰으면 좋겠다. 학부모 역시 학생, 교직원과 마찬가지로 학교의 일부분이다. 그들 역시 사랑받고 존중받고 있으며, 자녀 교육에 일익을 담당하고 있다는 느낌을 받아야 한다.

통합의식을 쌓기 위해서 우리는 여름방학 동안 새로 입학할 5학년들의 가정을 모두 찾아가기도 한다. 실제 전교생 가정방문은 그리 현실적인 정책이 못 된다. 이를 허락하는 학교도 그리 많지 않다. 그러나 우리 RCA는 교사와 학부모, 학생 사이의 유대감을 강화하는 데 가정방문이 큰 도움이 된다는 것을 누구보다 잘 알고 있다. 실제 방문 시간은 20분을 채 넘지 않으며 집 안에 들어가자마자 아이에 대한 칭찬의 말을 건네고 대접하는 음식이나 음료를 마시며 1년 동안의 우리 목표를 설명하고 학부모나 학생의 질문을 받는다.

모든 학생들의 가정을 찾아가는 게 현실적으로 불가능하다면 최소한 규율문제를 일으켰거나 학업성적이 좋지 못한 학생의 집이라도 찾아가기를 권한다. 강력한 메시지를 전달할 수 있으며 아이의 문제에 대해서도 논의할 수 있다. 이때에는 최대한 긍정적인 분위기를 이끌어가야 한다. 예를 들어 학교에서 교사의 다리에 불을 놓은 아이의 집을 찾아갔더라도 "우리 반에 불씨를 가져다준 아이랍니다"라고 표현할 수 있어야 한다. 학부모와는 일단 긍정적인 관계부터 맺어야지 그동안 아이가 학교에서 저지른 온갖 좋지 않은 행동을 줄줄 늘어놓기만 한다면 오히려 상황은 악화된다. 먼저 아이를 향한 사랑과 관심부터 보여주고 시작해야 한다.

가정방문을 마친 후에는 학부모들을 RCA로 초대해 오리엔테이션을 한다. 이때 교직원들이 모두 나와 출입문 양옆에 줄을 서 있다가 학부모가 도착하면 슈퍼스타 대하듯 박수갈채와 환호성으로 맞이한다. 부모들은 교사들이 부모가 학교 일에 관여하는 것 자체를 싫어한다고 생각했는데 RCA는 대단한 환영인사로 맞아준다며 감탄한다. 그만큼 특별하고 놀라운 경험인 것이다.

입학 후 두 달이 지나면 전 가족을 초대해 식사를 하는 추수감사제 행사를 연다. 책상에 테이블보를 깔아 멋진 만찬장으로 변신시킨다. 배경음악으로 클래식을 틀어놓고 전면의 대형화면에는 그해 최고의 순간들을 포착한 사진들을 슬라이드 쇼로 보여준다. 저녁만찬을 마치면 학부모들은 각자 아이들과 함께 전교생 앞에서 공연할 노래와 짧은 연극을 연습한다. 이후 학부모들이 1년 내내 이야기할 정도로 가장 재미있고 기억에 남는 순서다. 우리가 평소 아이들에게 해주는 것처럼 이날은 학부모가 '환하게 돋보일' 기회를 마련해주는 것이다. 학부모 역시 이 순간을 기쁨으로 여기고 RCA를 향한 자랑스러움을 적극적으로 내비친다.

가장 중요한 것은 학부모를 향해 학교의 문을 활짝 여는 것이다. 학부모를 적극 환영하고 학생들을 교육시키는 과정의 일원으로 맞이해야 한다. 그래야 아이들의 성공에 걸림돌이 되는 문제와 학부모들 자체의 문제도 수월하게 헤쳐나갈 수 있다.

어려운 질문을 던져라
81

새 학년이 시작되기 직전 킴과 내가 함께 교직원들을 차례로 만나는 순간들이야말로 RCA에서 진정 중요한 시간이다. 그 자리에서 우리는 지나간 한 해를 돌이켜보고 우리 학교를 어떤 곳으로 만들고 싶은지 포부를 물어본다. 그리고 완벽한 시나리오를 설계하고 그 수준에 도달하기 위해 어떠한 변화를 모색해야 하는지 구체적으로 제시해보게 한다. 사실 교직원 한 사람 한 사람은 힘없는 '일개 교사'로 느끼기 쉽기 때문에 이러한 자리가 매우 소중한 기회가 된다. 한 집단의 전 구성원에게 '꿈의 학교'를 설명하게 한다면 우리 모두 무엇을 창조해내고 싶은가에 대해 같은 기대치를 공유할 수 있다.

학부모들에게도 마찬가지다. 학부모에게 어떤 학교를 원하는지 물어봤을 때 도전적인 학교를 바란다고 하면 학부모의 요구대로 수행수준을 높여서 학생들의 성적이 떨어지더라도 불평하지 말아달라고 당부할 수 있다. 또한 난이도가 높아질수록 아이들의 공부를 거들어주기 위해 학부모의 노력도 그만큼 더 필요하다고 말할 수도 있다. 만약 학부모가 교내환경이 안전하기를 바란다고 말하면 그만큼 엄격한 규율이 필요함을 역설할 수 있다. 학부모는 '절대 용납 불가'의 엄중한 행동 및 규율 규약을 지지해야 한다. 학부모가 가능한 최고의 교육을 제공하는 데 역점을 두는 학교를 바란다고 하면 가정에서 학교와 교사에 대해 절대 부정적인 언급을 하지 않음으로써 학교 측의 노력에 지지를 보내달라고 부탁할 수 있을 것이다. 사전 약속 없이 아이의 교실에 불쑥 나타나 수업을 방해하는 행동도 자제해야 한다. 또 학교 측의 노력을 지원하기 위해서라도 매일 정시에 아이들을 등교시켜야 한다. 이렇듯 학부모와의 대화는 자녀를 위해 학교 측에 바라는 것들을 알 수 있으면서 동시에 학부모가 어떻게 학교를 도와줄 수 있는가에 대해서도 정확히 논의할 수 있는 훌륭한 기회다.

RCA의 교직원회의 때 나는 먼저 "이 학교를 운영하는 사람은 학부모입니까, 학생입니까, 아니면 우리들입니까?"라고 질문을 던진다. 이에 전 교직원은 학교운영의 책임을 지고 있는 사람들은 바로 우리이며 그만큼 학교에서 일어나는 모든 일에 대해서 남의 탓을 해서는 안 된다는 기본 원칙에 동의한다. 이어서 어떤 학교가 되기를 바라느냐고 물으면 전 교직원이 입을 모아 가족 같은 학교를 만들자고 대답한다. 가족 같은 학교를 만들려면 우리가 먼저 모범이 되어야 하며, 일대일로 직접 해결하고 뒤에서 험담하지 말아야 하며, 브루너 선생님은 로비에서 나를 만나면 번쩍 안아 올려주어야 하고 카사 선생님은 12미터를 달려와 내게 하이파이브를 해주어야 하며, 모슬리 선생님은 킴이 출근하면 안내데스크에서 일어나 안아주어야 하고 우리 학생들에게 선사하고 싶은 환경을 만들기 위해 서로를 존경과 사랑으로 대해야 한다고 내가 우렁찬 목소리로 말하면 우리 학교는 곧 사랑과 의리로 똘똘 뭉친 '조직'이 된다. 정말로 대단한 경험이다. 절대로 거짓 연기가 아니다. 우리 교직원들은 서로를 사랑해야 아이들을 진심으로 도와줄 수 있다는 것을 잘 알고 있다.

처음 RCA에 입학한 아이들은 서로를 지극히 아끼고 사랑하는 사람들을 목격한다. 그러면 곧 아이들도 긴장을 풀고 서로 다정하게 대한다. 아이들의 사랑은 곧 우리에게도 돌아온다. 우리 교직원들은 학교에서 싸움을 벌인 적이 단 한 번도 없으며 학생들의 성적이 하늘을 찌를 기세로 솟구쳐도 언제나 위엄을 잃지 않는다. 그와 같은 성공을 거두기 위해 우리가 한 일은 참 많지만 우리 교직원들이 먼저 바람직한 학교 환경의 본보기가 된 것이 가장 크다. 그렇기에 학생들도 우리의 주도를 기꺼이 따라주는 것이다.

다음으로 교직원회의에서는 학내 규율과 일관성에 대해 서로의 생각을 논의한다. 규율에 관한 계획을 세울 때 가장 중요한 것은 전 교직원이 한마음이 되어야 한다는 것, 그리고 누군가 규율을 위반했을 경우 처리에 대해 의견일치를 보아야 한다는 것이다.

"자, 마사가 메이의 머리카락에 껌을 붙여놓았다면 어떻게 하시겠습니까?"

내가 질문을 던지면 각자 생각을 발표한다. 누구는 방과 후 남기 벌까지 내릴 일은 아니라고 주장하고 누구는 그 벌이 필요하다고 말한다. 또 한두 명은 명백한 물리적인 폭력이므로 정학을 내려야 한다고 주장한다. 그러면 우리는 한 팀으로서 그 문제를 어떻게 해결해야 좋을지 함께 토론을 벌인다. 그리고 대처방안에 대해서는 만장일치로 동의하지 않아도 특정 사례에 대한 처벌은 모두가 학교의 정책을 따르기로 결정한다.

우리는 총 50여 개의 시나리오를 설정해 토론을 벌인다. 아이들이 저지를 수 있는 온갖 행동을 다 논의해볼 수는 없지만 적어도 커다란 가이드라인에 대해서는 훨씬 더 깊이 이해할 수 있는 자리가 된다. 이렇게 모두가 같은 이해수준에 도달하면 아이들의 규율문제를 대할 때도 일관성과 통일성, 명확성을 기할 수 있다.

새 학년을 시작하기에 앞서 여러 차례의 교직원회의가 점점 무르익어가면 최종적으로 학생들의 부적절한 행동에 대응하고 결과를 보고하는 일을 전담할 팀을 꾸린다. 이제 RCA는 학생들이 입학 전에 어떤 문제로 고민하고 힘들어했는지에 상관없이 행복하고 만족스러우며 학업수행도도 높은 아이들로 가득한 학교가 된다.

개교 첫날 라킴이 두 주먹을 불끈 쥐고 로비에 들어서던 순간이 떠오른다. 그 아이는 RCA에 오고 싶어 하지 않았고 두 눈에는 분노와 눈물이 가득했다. 곧 모슬리 선생님이 다가가 라킴을 와락 끌어안았고 로키 선생님은 엄청나게 잘생긴 학생이 왔다고 추켜세웠다. 카사 선생님은 라킴의 어깨를 안으며 "자, 라킴. 오늘 파티를 시작하게 도와줘야겠다"라고 말했다. 그러고는 라킴의 손을 잡고 건물 밖으로 달려 나가 "R! C! A!"라고 외치기 시작했다. 다른 교직원들도 곧 뒤를 따랐고 아이들까지 따라붙었으며 곧 학교 안의 모든 이들이 목청껏 학교 이름을 연호했다. 그사이 카사 선생님은 라킴에게서 한 번도 눈을 떼지 않았고 어느새 라킴도 웃기 시작하더니 나중에는 소리 내어 웃었다.

▶ 모건 어머니로부터

우리 학교의 좋은 점은 한두 가지가 아니에요! 하지만 굳이 하나만 뽑으라면 저는 모든 이들이 뿜어내는 따스한 온기가 학교를 감싸고 있다는 사실을 말하고 싶습니다. 딸아이가 RCA에 들어간 후 선생님들이나 다른 학부모들을 만났을 때 포옹과 격려의 말로 인사를 받지 못했던 적이 단 한 번도 없을 정도랍니다. 이렇게 서로를 향한 진심 어린 유대와 친밀감을 직접 목격하고보니 이 학교는 딸에게 가족과 다름없다는 것을 확실히 알 수 있었습니다.

더불어 아이들의 관심사가 학교라는 테두리를 훌쩍 뛰어넘어 먼 곳까지 뻗어나가는 것을 보고 마음이 놓였습니다. 아이가 활짝 피어나고 우리 학부모들까지 강인해지도록 한 것은 바로 선생님들이 보여준 사랑이었습니다.

(2011년 졸업반 학부모 에이드리언 팜브로)

학부모, 교사, 지역주민이 함께하는 자리를 마련하라

82

RCA에서는 매년 학부모와 교사가 협력해 학교를 완벽하게 변신시키는 행사를 연다. 할 일이 산더미처럼 쌓이기 마련이지만 결과를 보면 고생할 가치가 충분하다. 진행은 보통 행사일 한 달 전부터 시작된다. 먼저 교직원들이 모여 올해의 주제를 정한다. 학교 전체를 버뮤다 삼각지대의 보물을 찾아가는 해적선으로 바꾼 적도 있고, 1930년대의 사육제로 바꾸거나 이집트의 피라미드 혹은 서부개척시대의 한 마을로 바꾼 적도 있다. 주제를 정하면 그 주제에 맞게 큰 비용을 들이지 않고도 학교를 꾸밀 수 있는 방법을 생각한다. 가끔은 이런저런 사업체와 소품 회사에 연락해 후원 의사를 묻고 어떤 물건들을 기증해줄 수 있는지 알아본 다음 주제를 정하기도 한다.

다음 단계는 학부모들을 참여시킨다. 학교를 완전히 변신시키려면 행사 당일 전날 오후 3시부터 다음 날 아침 8시까지밖에 시간이 없다. 변신의 일등공신은 가림막이다. 복도와 로비 곳곳에 가림막을 세워놓으면 평소 학교 모습이 완벽하게 사라진다. 이제 가림막 앞에 건초더미나 밧줄 더미, 보물 궤짝, 바퀴 달린 나무수레 등의 소품을 가져다 놓아야 한다. 물론 어떤 물건을 가져다 놓을지는 해당 주제와 우리 손에 들어올 수 있는 재료에 따라 다르다. 마지막 단계는 행사일 내내 펼쳐질 '이야기'를 구성한다. 가장 어렵고 또 가장 중요한 대목이다.

학교를 해적선으로 변신시킬 때는 전날 하교하는 학생들에게 카리브해 유람선 초대장을 들려 보냈다. 가능한 한 진짜처럼 보이게 만든 초대장이었다. 다음 날 학생들은 로비로 들어와 완전히 변해버린 학교의 모습에 화들짝 놀랐다. 붉은색 가림막을 둘러친 학교 곳곳에 유람선 갑판처럼 보이는 소품들이 놓여 있었다. 애드킨스 선생님이 선장 복장을 하고 로키 선생님은 승무원 복장을 하고 있었다. 두 사람은 학생들의 승선을 환영하고 배가 항구를 떠나기 전에 음료와 쿠키를 맛보라며 권했다. 학생들이 모두 도착하면 스피커에서 바다소리가 흘러나오고 비로소 항해가 시작됐다!

그때 사악한 해적처럼 변장한 교직원들이 일제히 뛰어들어 곳곳을 휘젓고 다녔다! 비어든 선생님은 발코니에 묶어놓은 밧줄을 붙잡고 아래로 미끄러져 내려왔다. 학생들은 대체 무슨 일이 벌어졌는지 알 수 없어 당황하고 교직원들은 최대한 사악한 해적의 목소리로 우리가 배를 장악했으니 곧장 버뮤다 삼각지대로 들어가 잃어버린 보물을 찾을 거라고 선언했다. 학생들에게 해적의 포로가 되었으니 해적단에 강제로 들어와 시키는 대로 해야 할 거라고 엄포를 놓았다.

학생들은 몇 개의 팀을 이루어 교실로 향했다. 과학교실에서는 해적선에서 자석을 어떻게 활용할 수 있을지를 배웠다. 또 어떤 교실에서는 위도와 경도에 대해 배우고 지도 읽는 법을 익혔다. 내가 맡은 교실에서는 보물의 숨겨진 위치를 파악하기 위해 수수께끼로 가득 찬 보물지도를 해독했다. 점심시간에는 괴혈병과 구루병의 위험에 대해 배웠다. 이렇게 모두가 하루 종일 맡은 역할대로 행동했고 학생들도 자신의 배역에 충실했다.

막바지에 이르자 스피커에서 폭풍우 소리가 들려왔다. 우리는 학생들에게 버뮤다 삼각지대의 한가운데로 진입했으니 안전을 위해 배 밑바닥(사실은 로비)으로 내려가라고 지시했다. 복도를 달려가는 동안 학생들은 정말로 흔들리는 배 위에 있는 사람들처럼 앞뒤로 휘청거렸다.

다들 로비에 도착한 후 우리는 드디어 보물을 찾았다고 발표했다.

보물은 우리가 하루 종일 얻은 지식이었으며 다들 엄청난 양의 귀한 보물을 거두어들였다고 말했다. 지식은 한번 지니면 누구도 빼앗아갈 수 없기 때문에 보물 중에서도 가장 귀한 보물이라고 설명했다. 물론 진부하고 촌스러운 말이라는 걸 우리도 잘 안다. 그러나 아이들은 우리가 안겨주고 싶어 했던 교훈을 제대로 흡수했고 다들 맡은 역할을 해내며 진심으로 즐거워했다. 아이들은 교직원과 부모들이 자신들을 위해 뭔가 특별한 선물을 해주었다는 사실을 깨달았다.

이듬해 주제는 1934년의 사육제였다. 학생들은 이 교실에서 저 교실로 옮겨 다니며 다양한 사육제 행사에 참여했다. 내가 맡은 '세상에서 가장 똑똑한 머리' 전시회장에서는 아이들이 찾아오면 퀴즈를 내 가장 영리한 학생을 가려냈다. 예를 들어 민주당 출신의 현직 대통령 이름을 묻는 퀴즈를 내면 대부분의 아이들이 "오바마!"라고 외쳤지만 아르센만은 현재 배경이 1934년이라는 것을 기억해내고는 "프랭클린 루즈벨트!"라고 대답했다. 하루 종일 교직원들은 1934년대 사람들처럼 행동하며 당시의 대공황과 정치, 대중문화 등 다양한 사회적 문제를 가르쳤다.

전 교직원이 뭉쳐 이러한 행사를 진행하기가 힘들다면 자신의 학급만 변신시킬 수도 있다. 예를 들어 내 수업시간에 로마에 관한 단원을 배우게 되면 나는 콜로세움에 열광하는 아이들을 위해 대형마트에서 구입한 검은색 휘장으로 교실 벽을 모두 덮어 공간 자체를 콜로세움으로 변신시킨다.

솔직히 그런 수업을 자주할 수는 없다. 늘 그런 수업을 한다면 너무 힘들어 죽을지도 모른다. 하지만 어쩌다 한 번씩 이런 식의 수업을 시도하면 학생들은 마법과도 같은 그 순간을 영원토록 기억한다. 약 10년 후 어린 시절 학교에서 있었던 일 중 가장 기억에 남는 순간을 물어봤을 때 교실에 가만히 앉아 로마의 역사를 배운 일을 꼽는 사람은 없을 것이다. 그보다는 교실이 콜로세움으로 변했던 그날을 기억할 것이다. 이런 변신은 강렬한 인상과 동시에 학교와 학습에 대한 열정을 안겨준다.

아이들의 미움을 두려워하지 마라

83

부모나 교사는 가끔씩 악역을 맡아야 한다. 그렇다고 해서 언짢아해서는 안 된다. 교사들, 특히 신임교사들이 가장 흔히 저지르는 실수는 학생들에게 미움을 받을까 두려워하는 데 있다. 학생들에게 인정받고 싶은 욕심이 너무 커서 훈육을 제대로 하지 않거나 학업에 대해서도 엄격하지 않아 엄청난 문제에 부딪히게 된다. 장기적인 존경심보다 즉각적인 감사를 쉽게 얻으려는 태도는 옳지 않다.

우리 집에는 교직생활 첫해에 한 학생이 나에게 주었던 쪽지가 액자로 걸려 있다. 내가 가장 아끼는 물건 중 하나이며 우리 아이들을 어떻게 훈육해야 하는지에 대한 내 생각을 고스란히 보여주는 상징물이기도 하다. 공부를 게을리했다는 이유로 방과 후 남기 벌을 받은 테오가 준 것이다. 테오는 숙제를 해 오기는 했지만 내 기대치에 미치지 못했다. 벌을 받은 녀석은 잔뜩 화가 난 얼굴로 내게 그 쪽지를 건네고 교실 밖으로 뛰쳐나갔다.

클라크 선생님은 오늘부터 내 친구 아니에요.
사랑하는 테오가

녀석은 내게 그토록 화가 나 있었음에도 불구하고 '사랑하는'이라고 썼다. 우리가 아이들에게 늘 최선을 다하고 책임감을 보이도록 가르치면 아이들은 오히려 우리를 사랑한다. 아이들은 우리가 엄격하기를, 한계를 정해주기를, 일관성 있기를 바라는 것이다. 우리가 그 모든 일을 제대로 해낼 때 아이들의 눈에서 존경심을 찾을 수 있다.

세월이 흐르고 나는 테오의 결혼식에 참석했다. 피로연 자리에서 쪽지를 기억하느냐고 물었더니 테오도 어제 일처럼 또렷하게 기억하고 있다고 했다.

"하지만 저는 선생님에게 화가 난 게 아니었어요. 선생님을 실망시킨 제 자신에게 화가 났던 거죠. 다만 그걸 어떻게 표현해야 할지 몰랐어요. 선생님을 실망시키는 게 세상에서 가장 무서웠으니까요."

최고의 교사를 임용하라

84

　가끔 우리 교육제도를 개선할 방법에 대해 질문을 받는다. 부담스러운 질문이다. 쉬운 정답이 있다면 누군가 벌써 해결책으로 제시했을 것이다. 그러나 빠른 효과를 낼 수 있는 한 가지 방법을 묻는다면 나는 교사의 보수를 올리라고 대답하겠다. 여기에 그럭저럭 기본 임기 2~3년만 채우면 종신재직권을 받을 수 있는 변칙적인 제도도 문제다.

　나는 늘 교사들의 평균 보수가 연봉 10만 달러는 되어야 한다고, 그래야 갓 대학을 졸업한 유망주들이 교직을 희망한다고 말한다. 그러나 현실은 평균적으로 대학졸업성적의 하위 3분의 1에 속하는 사람들이 교직을 선택하며, 이에 우리 사회가 종신재직권을 남발해 부적절한 교사들이 교직에 남아 있게 보호한다면 입법 담당자들도 교사들에게 높은 보수를 주는 일에 동의하지 않을 것이다. 이렇듯 부적절한 교사들을 해고하기는 너무도 어렵다. 교사를 해고했다가 소송에 휘말렸다는 교장 선생님들의 이야기를 들으면 마음이 아프다. 심지어 학교 측에 공개적으로 항의하는 학부모도 있다. 그 교사에 대한 호의라는 명분이 있지만 사실 그가 교사로서 자실을 갖추었는지는 잘 모른다.

　코카콜라 회사가 3년만 일하면 모든 근로자들에게 종신재직권을 보장해준다고 치자. 또, 정말로 우스운 이야기지만, 직장 내 수행 정도와 상관없이 근무연수에 따라 똑같은 급여를 주겠다고 하면 어떻게 될까? 10년간 일한 사람은 노력과 수행 정도, 성취 여부, 기여도와 상관없이 대충 일한 다른 동기들과 똑같은 급여를 받게 된다. 최선을 다해 능력을 발휘한 직원에게 장려금을 주는 제도를 완전히 없애는 셈이다. 정말로 이런 일이 벌어진다면 고용주는 직원들에게 이렇게 말하는 것과 같다.

"더 열심히 일하지 않아도 됩니다. 그냥 자리나 지키다가 남들과 똑같은 월급을 받아가세요."

그게 바로 우리 사회가 교사들에게 하고 있는 말이다. 그러니 교육제도 전반에 걸쳐 무성의한 태도가 만연한다.

우리 RCA가 이토록 뛰어난 성취를 이루어내고 성공적인 학교를 가꾸어나가고 있는 핵심비결은 무엇보다 성공적인 교사진을 포진시켰기 때문이다. RCA의 교사 채용과정은 몇 달이나 걸린다. 가장 먼저 지원서와 수업 동영상을 제출해야 한다. 동영상에는 특별하고도 독특한 창조적인 수업이 담겨 있어야 한다. 1년에 수백 편의 동영상을 받는데 대부분은 별로다. 또 일부는, 미안한 말이지만, 끔찍하다.

한 동영상이 생각난다. 그 교사는 수업 도중에 갑자기 학생들에게 고함을 질렀다.

"조용히 못해! 이 비디오가 나한테 얼마나 중요한 건지 모르니?"

편집을 못한 건지 일부러 그 장면을 집어넣은 건지 알 수 없지만 어느 쪽이든 형편없었다.

수많은 동영상 중 창조성이 담겨 있고 학생들이 적극적으로 참여하고 열정을 드러낸 수업이 담겨 있는 동영상을 선별해 연락을 한다. 보통은 화상통화를 하는데 이때 후보자가 온라인 회의를 해본 적이 없다며 일반 전화가 더 편하다고 말하면 당장 후보 명단에서 지워버린다. 온라인 회의를 어떻게 하는 건지 알아볼 생각도 못하는 교사라면 RCA가 찾는 사람이 아니다. 반면 스카이프가 뭔지 들어본 적도 없지만 방법을 찾아내 온라인 회의를 하겠다고 말한 사람은 후보자 명단에서 살아남는다.

화상통화까지 잘 통과하면 직접 RCA에 와 우리 학생들 앞에서 30분 동안 수업을 해야 한다. 면접만 보고 교사를 뽑은 교장들이 나중에 알고 보니 원하던 교사가 아니었다고 불평하는 소리를 수도 없이 들어왔다. 자동차를 구입하기 전에도 시험운행이라는 것을 한다. 우리도 교사를 채용하기 전에 실제 '운행'하는 모습을 직접 보고 싶다.

임용 전에 시범수업을 참관하라

85

면접 당시 꽤 좋은 인상을 심어주었던 한 교사가 우리 7학년 앞에서 헨리 8세에 관한 시범수업을 진행했다. 그녀는 어깨에 숄을 두르고 왔다 갔다 하면서 곧 헨리 8세에게 처형을 당할 앤의 역할을 연기했다.

"그분은 내 목을 벨 거야! 그분이 내 목을 벨 거라고!"

그 소리를 50번도 넘게 했을 것이다. 그러다가 갑자기 우뚝 멈춰서더니 이렇게 말했다.

"저는 지금 헨리 8세의 아내 역할을 맡고 있습니다. 헨리 8세에게 참수형을 당할 것을 두려워하고 있는 거예요."

그러고는 다시 "그분이 내 목을 벨 거야!"로 되돌아갔다. 수업이 끝나고 학생들이 밖으로 나가는데 조던이 눈을 크게 뜨고 내게 물었다.

"대체 뭐예요?"

그 수업을 지켜본 뒤 나는 면접만 봤다면 분명히 그녀를 채용했을 거라는 사실에 놀란 가슴을 쓸어내렸다. 그러니 단 한 번의 면접으로 만족해서는 안 된다. 좋은 교사를 채용할 수 있도록 시간과 노력을 들여야 한다. 부적절한 교사를 만나 생기는 문제를 해결하느라 쩔쩔 매거나 우리 학생들이 해로운 교사와 공부하고 있다는 생각에 머리가 지끈거리는 것보다는 면접과정이 길어지는 것이 낫다.

교사를 채용할 때 우리가 가장 중요하게 생각하는 자질은 아이들의 삶에 변화를 일으키고자 노력하는 헌신성이다. 자신이 가르치는 교육 내용에 대해 열정을 품고 있는 교사는 많다. 아이들을 가르쳐서 즐거운 게 아니라 가르친다는 자체가 즐거운 사람도 있다. 그들의 교실은 말끔하고 수업계획도 또렷하지만 아이들을 완벽한 풍경을 망치는 골칫거리로 취급한다. 학생들에게 관심을 기울이는 게 아니라 본인이 가르치고 있는 상황에 더 집중한다.

지원자들이 RCA에 와서 시범수업을 할 때면 우리는 누가 우리 아이들과 진정한 유대관계를 맺는지 지켜본다. 고프 선생님의 채용 전이 생각난다. 고프 선생님은 우리 학교에 처음 찾아왔을 때 마침 내 수학수업을 참관하게 되었다. 그런데 그냥 지켜보고만 있는 게 아니라 두 팔을 걷어붙이고 어려워하는 한 학생과 함께 공부를 하기 시작했다. 학생들이 수학에 관한 노래를 부르려고 자리에서 일어나자 고프 선생님도 벌떡 일어나 노래를 따라 불렀다. 면접 때 최고의 인상을 주지 못했음에도 고프 선생님을 채용하게 된 결정적인 이유였다.

그해 면접을 본 후보자 중에는 세상에서 가장 똑똑해 보이는 사람도 있었다. 면접 때 보여준 모습도 완벽했고 교육철학 분야의 박사학위도 소지하고 있었으며 빛나는 추천서를 잔뜩 가져왔다. 하루 종일 RCA에서 보내고 학생들이 집으로 돌아간 뒤 우리는 마주 앉았다. 우리 학생들을 어떻게 생각하느냐고 물었더니 대단히 훌륭하다고 대답했다. 특별히 인상적인 학생이 있었느냐고 물었더니 조그만 아이 한 명이 똑똑해 보였는데 이름은 기억나지 않는다고 했다. 면담과정에서 우리 학생들의 이름을 단 하나도 기억하지 못했고 대화내용도 학생들이 아니라 자신이 알고 있는 지식 쪽으로 몰고 갔다. 적절한 자세가 아닌 것 같아서 우리는 그를 채용하지 않았다.

놀랍게도 마음이 올바른 방향으로 이끌 때가 많다. 브루너 선생님이 그랬다. 언젠가 농구팀의 운동화를 사러 나이키 매장에 간 적이 있다. RCA에는 학교 안의 어른 한 명과 학생 예닐곱 명으로 구성된 팀끼리 겨루는 농구 리그가 있다. 내가 적당한 운동화가 눈에 들어오지 않아 애를 먹고 있을 때 키가 몹시 큰 직원이 다가와 도와주겠다고 했다. 그는 온갖 손님들을 돕느라 정말로 바빠 보였고 계산대까지 맡고 있었지만 모든 손님들을 만족시키고 있었다. 농담을 건네기도 하고 진심을 다해 손님들의 요구를 들어주고 있었다. 내가 우리 학교 농구팀이 신을 운동화를 찾고 있다고 설명했더니 그는 곧장 신발을 찾기 시작했고 순식간에 내 손에는 신발이 가득 든 쇼핑백이 두 개나 들려 있었다. 매장 밖으로 나가려는데 그가 자동차까지 짐을 들어주겠다고 나섰다. 자기 아내도 교사라 교육자들이 얼마나 힘들게 일하는지 누구보다 잘 알아서 도와주고 싶다는 것이었다. 나는 그의 이름을 물어보았고 나중에 RCA에 초대해서 우리가 심혈을 기울이고 있는 일들을 직접 봐달라고 부탁했다.

브루너 씨는 RCA를 찾아와 모든 아이들과 일일이 대화를 나누었고 아이들의 이름을 모두 기억하려고 노력했으며 각 아이들의 장단점을 자세히 물었다. 그에게는 '아버지의 눈'이 있는 것 같았고 그만큼 아이들과 금세 친해졌다. 그날 오후 그에게 RCA의 자원봉사자가 되어달라고 부탁했고 그는 가능한 최선을 다해 돕겠다고 약속했다. 브루너 씨가 일주일 내내 자원봉사를 하는 모습을 지켜본 나는 킴과 그에 관해 이야기를 나누었고 결국 우리는 마음이 시키는 대로 브루너 씨에게 RCA의 직원이 되어달라고 제안하기로 했다. 그 후 브루너 씨와 마주 앉았는데 글쎄 나이키 매장에 사표를 냈다는 것이었다. 나는 깜짝 놀라 이유를 물었고 그는 하느님이 자신을 RCA로 보냈다는 신념을 품고 있다고 말했다. 같은 신념을 지니고 살아가는 사람들은 서로 끌리는 경향이 있다. 상상을 현실로 만들기 위해 같은 신념을 지닌 사람이 꼭 필요하기 때문이다.

브루너 선생님은 지금까지 우리 학생들에게 훌륭한 본보기이자 멘토이자 아버지의 역할을 하고 있다. 그를 우리 팀으로 맞아들일 수 있었던 건 내게는 축복과도 같다. 브루너 선생님은 박사학위를 소지한 엘리트보다 우리 학교와 학생들에게 힘을 실어주기 위해 더 많은 일을 해왔다. 가슴에 품은 신념과 이상이 없다면 머릿속의 지식과 생각은 쓸모가 없다.

영원한 감동을 선사하는 브루너 선생님.

학교와 가정의 역사와 상징을 가르쳐라

86

몇 년 전 어머니에게 몹시 소중한 크리스마스 선물을 받았다. 어머니는 매년 우리 집 크리스마스트리에 다는 온갖 장식물들을 사진으로 찍어 앨범에 넣어두고, 사진 옆에는 그 장식물이 우리 집에 오게 된 사연에 대해 자세히 적는 습관이 있었다. 그런데 그 앨범을 내게 주시며 나중에 어머니가 세상을 떠난 뒤에도 내가 우리 집안의 크리스마스트리를 장식하고 후손들에게 그 이야기를 전해달라고 말씀하셨다. 어머니는 내게 우리 가족의 과거를 선물로 주신 것이었다.

나는 어머니가 내게 안겨준 선물을 RCA에서도 똑같이 구현해보고 싶었다. 우리는 벽에 걸어놓은 사진들과 학교 곳곳에 전시해놓은 물건들이 어떤 의미를 갖는지, 또 우리 학교의 전신인 100년 된 공장 건물이 어떤 과정을 통해 현재의 학교로 변했는지 학생들에게 자세히 들려준다. 한 가지 예로 136킬로그램이 넘는 동전들이 박힌 중앙계단에는 전 세계 모든 나라의 동전이 적어도 하나씩은 포함되어 있다. 이 동전계단은 국제적인 교과과정을 만들고 학생들을 세계시민으로 키우고자 하는 RCA의 노력을 상징한다. 우리는 매년 학생들에게 이 계단의 숨은 의미와 목적에 대해 자세히 설명해준다.

그런데 지난 해 오리엔테이션 기간에 그만 깜박 잊고 신입생들에게 계단의 의미를 설명해주지 않았다는 걸 개학 몇 주 후에야 깨달았다. 개학하고 얼마 지나지 않아 5학년 신입생들이 학부모를 초대해 학교 곳곳을 안내하는 행사가 있었다. 사전준비 차원에서 5학년들을 데리고 학교 곳곳을 돌아다니며 아이들이 학부모에게 전달해야 할 정보를 점검하다가 드디어 계단 차례가 되었다. 나는 이 계단에 박혀 있는 동전은 300개가 넘으며 전 세계 국가의 동전이 적어도 하나 이상은 포함되어 있다고 설명해주었다. 아이들은 "와!" 탄성을 지르며 놀랐다.

나는 아이들의 손을 잡고 무릎을 꿇고 앉아 그들이 짚은 동전이 어느 나라 것인지 말해주었다. 아이들은 곧 신이 나서 동전을 찾아 나라 이름을 외치고, 어떤 동전이 가장 멋진가에 대해 품평하기도 했다. 그날 이후 몇 주 동안 계단을 걸을 때마다 집중해서 아래를 내려다보고 멋진 동전을 찾았다. 계단의 진정한 의미를 알게 되자 계단이 다르게 보이기 시작했고 그만큼 RCA의 목적을 이해하고 학교를 향한 사랑과 친밀감도 커졌다.

이렇게 하라

학교 명칭에 어떤 의미가 숨어 있는지 연구하는 과제를 내보자. 과거 다른 이름이 제안되었던 적은 없었는지, 만약 한 인물의 이름을 따서 학교 명칭을 지었다면 그 인물을 선택하게 된 계기는 무엇인지 등을 알아보게 하자. 그 인물의 가족이나 후손 중 한 번도 학교를 방문하지 않았던 사람은 없는지 알아보고 만약 있다면 그들을 학교로 초대해 학교를 안내하고 학생들과 함께하는 점심식사 자리를 마련해 그 가문의 역사에 대해 알아보게 하는 것도 좋다.

또 학교가 처음 건립되었을 때가 정확히 몇 년인지 마스코트나 상징물이 있다면 어떤 의미를 지니는지 등을 조사하게 할 수도 있다. 과제를 한층 더 깊이 있게 하고 싶다면 학교가 자리 잡은 거리나 마을, 도시를 처음 개척한 조상들에 대해 알아보도록 할 수도 있다.

항상 정확히 설명해야 한다
87

 어른들은 흔히 아이들이 자신의 기대치를 전부 이해하고, 자기 말을 정확히 알아들었을 거라고 추측한다. 5학년 학생들과 워싱턴 D.C.에 갔을 때의 일이다. 호텔 숙박이 처음인 아이들도 많았다. 각 방의 대표 한 사람을 뽑아 그 사람이 열쇠를 안전하게 보관해야 한다고 단단히 일렀다. 첫날 견학을 마치고 호텔로 돌아왔는데 몇몇 여학생이 방문이 잠겨서 들어가지 못했다. 열쇠 책임자가 누구냐고 물었더니 데릴 앤이 손을 들고 방 안에 두었다는 것이다.

 "선생님께서 열쇠를 안전하게 보관하라고 하셔서 방 안에 놔둔 거예요. 방 안보다 더 안전한 장소가 생각나지 않았거든요."

 처음 우리 아이들을 데리고 해외여행을 갔을 때의 일도 있다. 런던에 도착해 버스를 타고 호텔로 향하는 길이었는데 시드네이가 한참 동안 창밖을 바라보더니 화들짝 놀라며 말했다.

 "클라크 선생님, 저길 좀 보세요! 이 나라는 조수석에 앉은 사람이 운전을 해요."

 그동안 영국 군주제의 역사를 모두 가르쳤지만 영국 자동차의 운전대는 오른쪽에 있다는 사실은 가르쳐주지 않았던 것이다.

 그러므로 아이들이 어른의 말과 생각을 정확하게 이해하고 있다고 지레짐작해서는 안 된다. 내가 아이들에게 자주 쓰는 말 중 하나가 "내가 왜 너희에게 화가 났는지 그 이유를 아는 사람?"이다. 대부분 경우 아이들은 내가 화난 이유를 이해하지 못하고 있었다. 아이들은 자신이 잘못한 게 아무것도 없다고 생각했고 잘못은 인정하더라도 내가 왜 그것 때문에 화가 났는지는 정확히 이해하지 못했다.

언젠가 채점을 마친 수학시험지를 나눠주고 있었다. 트레버에게 실망한 표정으로 79점짜리 시험지를 건넸다. 트레버는 A를 받을 수 있는 충분한 능력을 갖고 있었지만 그만큼 노력을 하지 않은 게 안타까웠다. 트레버는 시험지를 받자마자 와락 구기더니 책상 밑에 던져버렸다. 우리 RCA에서는 절대로 용납할 수 없는 행동이었다. 나는 그에게 얼른 나가 칠판에 이름을 쓰라고 지시했다.

트레버는 칠판으로 걸어가면서 무슨 소린가를 중얼거렸다. 평소 독수리 같은 내 귀라면 포착해냈겠지만 그날은 뭐라고 했는지 알아듣지 못했다. 개의치 않고, 칠판에 이름을 쓰고 그 옆에 체크 표시를 하나 덧붙이게 했다. 우리 RCA에서는 경고를 받아 칠판에 자기 이름을 쓸 때 얼굴을 찡그리거나 '쯧' 하고 혀 차는 소리를 내거나 중얼거려서는 안 된다는 또 다른 규칙이 있기 때문이다. 결국 트레버는 칠판에 이름을 쓰고 옆에 체크 표시를 하나 했다. 그건 점심시간에 조용히 밥만 먹어야 한다는 뜻이었다. 그가 씩씩거리며 울분을 토해내려는 걸 눈치채고 나는 얼른 "트레버, 수업 끝나고 얘기하자"라고 그 자리에서 막았다. 수업이 끝나고 트레버를 만나 물었다.

"선생님이 왜 수업 끝나고 보자고 했는지 알아?"

"저한테 화가 나서요."

나는 화가 나지 않았으며 설사 화가 났다고 해도 화를 드러내지 않는다고 말했다. 또 그의 행동에 실망하고 속이 상하기는 했지만 화가 난 것은 아니라고 설명했다.

"그럼 선생님이 왜 칠판에 네 이름을 적으라고 했는지는 아니?"

"시험을 못 봤으니까요."

아이들의 마음이 어떻게 흘러가는지 보여주는 좋은 예다. 아이들은 우리가 언짢아하는 진짜 이유를 잘 모른다. 시간을 내 우리의 감정과 그들이 처한 상황을 자세히 설명하지 않으면 전혀 다른 오해를 한다. 만약 아이가 같은 잘못을 반복해서 저지르고 있다면 그건 부모가 아이에게 문제되는 행동이 무엇인지를 구체적으로 설명해주지 않았기 때문이다. 우리는 아이들이 무슨 생각을 하고 있는지 직접 물어 알아내야 하고 우리의 생각과 감정에 대해서도 자세히 설명해주어야 한다.

사소한 일들이 큰 차이를 만든다

88

감사와 정성을 드러내는 사소한 표현이 얼마나 강력한 효과가 있는지 절대 과소평가할 수 없다. 우리 RCA는 그런 사소한 표현을 제대로 활용하기 위해 최선을 다한다. 그게 바로 RCA 스타일이다.

몇 년 전 영광스럽게도 오프브로드웨이(미국 뉴욕의 브로드웨이 밖에 있는 비상업적 연극을 상연하는 극장 혹은 그러한 연극-역주) 뮤지컬 〈인 더 하이츠In the Heights〉의 배우인 로빈 드 지저스가 잠깐 RCA를 방문하게 되었다. 우리는 짧은 시간 동안 좋은 인상을 심어줄 방법을 고민하다가 그가 출연한 뮤지컬에 나오는 노래를 부르기로 결정했다. 하지만 그냥 노래만으로는 성이 차지 않았다. 우리는 인터넷에서 그 뮤지컬 장면들을 찾았고 활기가 가득한 도심 한복판에서 수십 명의 가수와 댄서가 등장하는 오프닝을 보았다. 처음에는 느리고 부드럽게 시작하다가 곧 박자가 빨라지며 활기를 더해갔다. 우리는 오프닝의 느낌을 고스란히 재현해내고 싶었다.

토요일 오후에 여섯 시간을 연습했고, 드디어 로빈 드 지저스가 RCA에 도착했다. 그가 현관문을 열고 들어섰을 때 우리 학생들은 로비 바닥에 엎드려 있거나 계단에 늘어서 있거나 미끄럼틀에 기대고 있었다. 그렇게 다들 미동도 없이 있다가 한 남학생이 별안간 고개를 돌려 로빈 드 지저스를 똑바로 쳐다보았다. 음악이 시작되고 태지가 곧장 노래를 불렀다.

워싱턴 하이츠가 밝아오네, 먼동이 트네.
나는 잠에서 깨어나 이 어린 녀석을 쫓아버려야 해.

학생들이 한 명씩 깨어나듯 움직이기 시작했고 노래가 빨라지자 따라 부르며 춤을 추었다. 아이들은 〈인 더 하이츠〉의 한 장면을 완벽하게 재현해냈다. 무엇보다 학생들이 로빈 드 지저스의 눈을 똑바로 쳐다보면서 당당하고 즐겁게 노래했다는 점이 가장 좋았다. 로빈 드 지저스는 한마디로 완전히 압도당했다.

RCA를 떠나면서 그는 평생 이런 경험은 처음이었다며 우리 학생들을 극찬했고 다가오는 봄에 뉴욕에서 공연할 뮤지컬에 아이들을 초대했다. 그러면서 배우들 앞에서 〈인 더 하이츠〉의 한 장면을 공연해주면 영광으로 생각하겠다고 덧붙였다. 그때는 예의상 한 말이라고 여겼지만 정말로 4개월 후 우리 학생들은 뉴욕의 한 무대에 올라가 배우들이 모두 지켜보는 가운데 뮤지컬의 한 장면을 완벽하게 공연했다.

학생들의 공연이 끝나자 배우들이 모두 자리에서 일어나 우레와 같은 박수갈채를 보냈다. 꿈만 같았다. 만약 우리가 평범한 환영 현수막과 악수만으로 로빈 드 지저스를 맞이했다면 그런 순간은 결코 오지 않았을 것이다.

RCA 교사연수에 많은 교사를 보냈던 한 교장이 이메일을 보내왔다. 곧 다른 교사진을 RCA에 보내겠다는 말과 얼마 전 뛰어난 시험성적으로 학교 전체가 '금상'을 받았다는 기쁜 소식이었다. 당장 축하 메일을 보내려다가 뭔가 특별한 선물을 하기로 결정했다. 나는 모슬리 선생님에게 그 학교 주소를 알아내어 황금색 꽃다발을 보내달라고 부탁했다. '축하합니다! 계속해서 금상에 도전하세요. 사랑하는 RCA 가족이'라고 쓴 쪽지를 넣어서.

"황금색 꽃이라고요? 대체 어디서 황금색 꽃을 보신 거죠?"

"모슬리 선생님은 반드시 황금색 꽃을 찾아내리라고 믿습니다."

그날 3시에 황금색 꽃다발이 정확히 그 학교에 전달되었고, 저녁에는 나는 다음과 같은 이메일을 받았다.

클라크 선생님,

뭐라고 말씀드려야 할까요? 교장이 된 후로 사건사고가 너무 많아서 더 이상 놀랄 일이 없다고 생각했는데, 오늘 '황금색' 꽃다발을 받고 기절할 만큼 놀랐지 뭐예요. 제 방에 들어갔다가 너무 놀라 말을 잃었어요. 직원이 달려가 카메라를 가져왔고 제 남편까지 불렀답니다. 제가 말을 잃는 순간은 좀처럼 보기 힘든 일이니까요!

저는 모든 학급을 돌아다니며 750명의 학생들과 106명의 교직원들에게 꽃다발을 보여주었어요. 우리 학교의 성공을 축하하기 위해 클라크 선생님이 보내주신 꽃이라고 알려주었지요. 아이들은 몹시 기뻐했고 교실에서도 복도에서도 환호성이 터져 나왔어요. 얼마나 흥분했는지 저는 방과 후 아이들을 데리러 온 학부모들까지 붙들고 RCA와 축하 꽃다발 이야기를 정신없이 늘어놓았답니다. 다들 무척 행복해했어요!

RCA가 우리 학교에 안겨준 이 충격에 진심으로 감사드립니다.

(퀘일런 초등학교 교장 셰럴 토머스)

원래 커다란 차이는 작은 일에서 출발하는 법이다. 작은 한걸음이 몇 킬로미터나 앞서 가는 결과를 가져오기도 한다. 하루는 슈퍼마켓에서 장을 보고 있는데 국제사회 과목을 몹시 좋아하는 5학년 크리스토퍼가 문자메시지를 보내왔다.

"클라크 선생님, 1970년대에 관한 책을 어디서 구할 수 있을까요?"

당시 우리는 워터게이트 사건과 엘비스 프레슬리의 삶, 이란 인질 사건 등에 대해 배우고 있었고 크리스토퍼는 그 시대의 모든 것을 자세히 알고 싶어 했다. 나는 '반스앤노블' 같은 큰 서점에 가면 좋은 책을 찾을 수 있을 거라는 내용의 답장을 보냈다. '전송' 버튼을 누르고 난 후 청과물 코너에서 토마토를 고르며 1분 정도 서 있었다. 몹시 피곤했고 그날 밤 집에 가서 할 일도 산더미처럼 쌓여 있었다. 하지만 계산대에서 값을 치르고 주차장으로 가 곧바로 반스앤노블로 향했다. 한 10분 정도 돌아다녔더니 1970년대에 관한 훌륭한 어린이책이 눈에 들어왔다. 나는 곧장 크리스토퍼에게 문자메시지를 보냈다.

"10분 후에 너희 집에 잠깐 들를게."

나는 곧장 크리스토퍼의 집으로 가 문을 두드렸고 책을 건넸다. 다음 주 월요일, 크리스토퍼는 활짝 웃는 얼굴로 교실에 뛰어들어왔다.

"클라크 선생님, 저 그 책 다 읽었어요."

그러고는 책에서 읽은 내용을 쉬지 않고 들려주었다. 크리스토퍼는 늘 조용한 아이였는데 그날 이후로는 매일 아침 나를 만날 때마다 "안녕하세요, 클라크 선생님" 하고 큰 소리로 인사를 건넸다. 항상 존경심을 담아 나를 쳐다보았고 수업시간에도 한층 열심히 집중했다. 단 한 권의 책이 생각보다 큰 효과를 가져왔다.

삶의 교훈을 제시하라

89

우리 RCA를 방문한 교육자들은 가끔씩 "대체 어디서 이런 아이들을 찾아냈나요?" 하고 묻는다. 우리 학생들이 다른 학교 아이들과 지나칠 정도로 다르게 보일 수 있다. 몸가짐에 존경심이 묻어나고 행복해하며 배움을 향한 열의로 넘친다. 또 서로를 북돋아주고 보기 드문 긍정적인 에너지를 발산한다. 위 질문에 대한 답은 간단하다. 우리 학생들도 잠재력을 가진 여느 학생들과 똑같다. 다만 우리 RCA는 아이들에게 우리의 기대치를 분명하게 가르쳐주고 아이 스스로 다양한 상황을 대처해나가는 적당한 방법을 미리 가르쳐준다.

우리가 가르치고 있는 많은 것들이 나의 첫 책《아이를 위대한 사람으로 만드는 55가지 원칙》에 담겨 있다. 우리가 학생들과의 관계에서 중시하는 55가지 원칙을 설명하고 있는 책이다. 우리는 학생들에게 우리의 기대치를 분명하고 자세하게 알려주기 위해서 5학년 신입생들의 학사일정을 다른 학년보다 이틀 먼저 시작한다.

그때 다섯 개의 팀으로 나뉜 5학년은 담당 교직원의 인솔 아래 학교생활의 모든 것을 배운다.

예를 들어 어떤 교직원은 사물함 정리법을 구체적으로 가르쳐주고 누구는 손을 제대로 씻고 화장실을 깨끗하게 사용하는 법을 알려준다. 또 에어컨 작동 방법을 설명해주는 교직원도 있다. 이틀 동안 도서관에서 책을 빌리는 법부터 RCA의 자세한 역사까지 전 영역을 총망라해 가르쳐준다. 나는 잘못을 저질렀을 때 얼굴을 찡그리거나 불평하지 않고 칠판에 자기 이름을 적는 법과 급우들을 응원하고 힘을 북돋아주는 구체적인 방법을 가르친다. 이렇게 신입생들은 이틀 동안 성공적인 RCA 학생이 되기 위해 알아야 할 모든 것을 배운다. 드디어 공식적인 개학 첫날을 시작할 준비가 끝난 것이다! 아이들은 우리가 무엇을 기대하는지 그 기대치를 정확히 전해 들었고 모든 상황에 대한 대처법을 배웠다.

   방문객들은 우리 학생들이 악수를 참 잘한다고 칭찬하면서 자기 학생들도 그랬으면 좋겠다고 부러워한다. 또 자기 학생들도 자신감 넘치는 눈빛으로 상대방의 눈을 똑바로 쳐다보았으면 좋겠다고 말한다. 또 수업시간에 교사가 시키지 않아도 친구를 위해 박수를 쳐주고 응원하는 분위기를 부러워한다. 아마 우리 어른들이 구체적인 방법을 알려주고 기대치를 정확히 보여준다면 이보다 훨씬 더 많은 일이 가능할 것이다.

   그런데 이렇게만 하면 완벽한 아이들이 만들어질까? 물론 그렇지 않다. 아이들은 이따금씩 실수를 할 것이다. 그러나 우리 RCA 학생들과, 할렘과 노스캐롤라이나에서 가르쳤던 예전 학생들은 미리 마련해둔 토대 덕분에 실수와 문제가 최소화될 수 있었다.

갈 길이 먼 학생들에게 힘을 줘라

90

 한 학교의 운영자는 때로 마음을 굳게 먹고 단호한 결정을 내려야 할 때가 많다. 나 역시 잘못된 결정을 내렸을 때가 있다. 어떤 결정을 내리든 학생들의 이익을 최우선으로 생각하지만 가끔 딱 들어맞지 않거나 당장은 옳은 것 같았는데 실수로 드러나기도 한다.

 처음 RCA의 문을 열었을 때 우리는 통찰력을 배우기 위해 다른 사립학교들을 돌아보았다. 그런데 많은 교육자들이 RCA의 전교생이 장학금을 받고 학교에 오기는 하지만 기간 내의 성적이 기대 이하로 떨어지면 장학금 지급유예를 받아야 하고 그다음 분기에도 향상되지 않으면 자격을 박탈당하는 제도를 도입해야 한다고 충고했다. 그래야 학생들이 책임감을 느낀다는 것이다. 교육계에서 꽤 보편적인 제도라 우리도 그러한 정책을 도입하기로 했다. 하지만 그해 말 몇몇 학생이 장학금 자격을 박탈당했고 다시는 우리 학교에 돌아오지 않았다.

 정말 가슴 아픈 일이었다. 하지만 우리는 계속해서 아이들을 위해 최선을 다하고 있는 거라고 스스로를 위로했고, 열심히 공부하지 않고 기대치에 미치지 못한다면 장학금을 취소하는 게 당연하다고 생각했다. 또 다른 학생들에게 RCA에 계속 남고 싶다면 공부를 열심히 해야 한다는 강력한 메시지가 될 거라고 생각했다. "다른 학교도 다 그렇게 하잖아"라고 합리화하기도 했다. 그러나 결국엔 처음부터 잘못된 결정이었음을 깨달았다. 아직은 어린 아이들이었다. 물론 공부도 열심히 해야 하고 노력해야 하지만 더 이상 아이들이 RCA를 떠나는 모습은 보고 싶지 않았다.

그해 우리는 '제2의 부모'라는 프로그램을 도입했다. RCA에서 가장 우선적으로 관심을 기울여야 하는 학생들을 선발해 학생마다 '제2의 부모' 역할을 할 교직원 한 사람과 짝을 지었다. 뒤처지는 과목은 개인지도를 해주고 성적과 행동을 관리해주며, 같은 소설을 읽고 내용을 토론하거나 가끔씩 아이의 수업을 참관하며 함께 노력정도를 점검해보는 등 아이와 함께 많은 시간을 보내며 노력을 기울였다. 물론 업무 부담이 큰 교직원들에게 더 큰 부담을 안겨주는 제도라고 말하는 사람도 있을 것이다. 그러나 우리는 학급 안에 수행정도가 낮은 학생들이 있으면 수업의 속도도 뒤처지고 그 학생들에게 쏟아야 하는 시간과 노력이 늘어나기 때문에 오히려 집중적으로 관심을 쏟아 힘을 주고 실력을 향상시키는 편이 결과적으로 더 낫다는 데 동의했다.

이번에는 제대로 내린 결정이었음이 금세 드러났다. 이 제도를 도입하고 몇 주 지나지 않았는데 학교 전체가 달라 보였다. 성적이 낮았던 아이들이 활짝 웃으며 자신 있게 학교를 돌아다녔다. 수업시간에도 훨씬 집중했고 더 행복해 보였다. 놀라운 변화였다. 학업에 도움을 주어서 나온 결과이기도 하겠지만 보다 근본적인 이유는 교사와 학생 사이의 일대일 접촉이 낳은 유대감 덕분이라고 강력하게 믿고 있다. 누군가 자신을 걱정해주고 응원한다는 것을 알고만 있어도 결과는 크게 달라진다. 교직원들이 직접 관심을 보이고 도움을 주자 학생들의 반응은 매우 긍정적이면서 효과적이 되었다.

솔직히 말하자면 그해 말에도 학생 한 명이 장학금 자격을 잃었다. 하지만 우리 교직원들은 그 아이를 돕기 위해 각자 최선을 다했고 특히 '제2의 부모'는 평소의 수준을 뛰어넘는 노력으로 모두에게 감동을 주었다. 나는 정말로 마음이 아프지만 한 학생을 잃은 것보다 다른 학생들이 뛰어난 성취를 거머쥔 점을 축하하자고 했다. 모두 RCA를 그만두어야 하는 위험에 처해 있는 아이들이었는데 '제2의 부모'가 사랑과 관심, 지지를 쏟아 부어 믿을 수 없는 성장을 이뤄낸 것이다.

교사에게 교실을 꾸밀 자유를 허락하라

91

처음 RCA 설립을 준비하고 있을 때 우리는 어른이 아닌 아이들이 직접 설계한 학교처럼 보이기를 원했다. 10대 아이들이 자랑스럽게 여기며 '멋지다'라고 생각할 수 있는 학교를 바랐다. 이 세상 여느 학교와도 달라야 했다.

'내가 어렸을 때 어떤 학교에 다니기를 바랐던가?' 나는 스스로에게 물어보았다. 어린 시절 나는 판타지 영화 〈스쿠비 두Scooby-Doo〉에

평소에는 닫혀 있다가 횃불을 돌리거나 마법의 주문을 외우거나 비밀 버튼을 누르면 책꽂이가 열린다.

등장하는 움직이는 책꽂이에 언제나 매료당했다. 자원봉사자들과 친구들을 모아놓고 그것을 실현할 수 있는 방법을 의논했고 마침내 2주일 후 내 교실 입구에 벽난로와 보라색 소파, 뚱뚱한 부인의 초상화, 오른쪽 벽에 걸린 횃불을 돌리면 펑 하고 열리는 책꽂이까지 완벽하게 갖춰진 마법의 공간이 탄생했다.

킴 역시 독창적인 아이디어를 냈다. 애틀랜타 남부 전역에는 낙서 벽화로 뒤덮인 건물들이 많은데 우리 학교에도 그런 벽화가 있으면 좋겠다는 것이었다. RCA는 아무리 기묘하고 이상하더라도 누군가의 생각과 의견을 무조건 반대하거나 만류하지 않고 일단 시도해볼 기회를 준다. 킴은 인터넷을 뒤져서 세계 최고의 낙서화가가 그린 스프레이 벽화를 게재한 노르웨이의 한 웹사이트를 찾아냈다. 화가의 이름은 미스터 토템으로 '스프레이 예술의 미켈란젤로'로 알려져 있다. 킴은 희망을 품고 노르웨이의 웹사이트에 이메일을 보냈다. 그러나 응답이 없었다. 킴은 계속해서 미스터 토템과 연락할 방법을 찾았다. 그리고 미스터 토템에게 기꺼운 승낙을 얻었다. 그런데 도대체 어떻게 노르웨이에서 여기까지 올 수 있을까?

"가장 좋은 질문이에요. 그 사람, 우리 학교에서 3킬로미터 떨어진 곳에 살고 있대요."

살다보면 그냥 필연이라고 느끼는 일이 있는데 그때가 바로 그러했다. 우리는 곧 미스터 토템을 만났고 단박에 천재임을 알아보았다. 그는 RCA의 전망과 이상을 완벽하게 이해하고 있었고, 우리가 마음속에 그리고 있는 것들을 설명하자 곧바로 벽화로 표현해주었다. 그의 창작물 덕분에 우리 학교는 아이들의 걸음이 닿는 곳마다 색색의 예술작품이 감동과 영감을 안겨주는 곳이 되었다.

"선생님이 교실에서 수업을 하고 있다고 상상해보세요. 가장 행복할 것 같은 색깔과 이미지가 뭐지요?"

순간 모든 교사에게 자신만의 공간을 창조할 자유를 주어야 한다는 생각이 들었다. 자기 교실을 마음대로 꾸미고 자신과 학생들을 모두 감동시킬 수 있는 색깔과 이미지로 가득 채울 자유가 교사에게 주어져야 한다. 한 교사는 역사교실을 타임머신처럼 꾸몄다. 모로코의 어느 마을을 재현한 교실도 있고, 공중전화 부스 안에 슈퍼맨이 들어가 있고 책상 옆에 가로등이 나란히 서 있으며 교실 한가운데에 고속도로가 지나가는 등 완전한 하나의 도시를 건설해놓은 교실도 있다. 이렇게 각양각색의 교실들은 교사들에게 영감을 불러일으킬 뿐만 아니라 학생들에게도 큰 사랑을 받는다. RCA의 방문객들이 학교에서 가장 마음에 드는 점이 뭐냐고 물으면 많은 학생들이 벽화를 꼽는다. 이전 학교를 감옥으로 묘사하는 아이들이 많았던 만큼 사소한 색깔 하나가 끼친 영향이라고 생각하면 신기하다.

물론 나도 많은 학교가 스프레이 벽화를 허락하지 않는다는 것을 잘 알고 있다. 내가 노스캐롤라이나에서 일할 때도 그런 건 꿈도 꿀 수 없었다. 실제로 내 교실에 페인트를 새로 칠했다가 경고를 받고 베이지색으로 되돌려놓은 적도 있다. 그나마 경고로 그친 교장을 만난 게 다행이었다. 우리는 저렴한 페인트 가격에 비해 그 효과는 엄청나게 크다는 사실을 깨달아야 한다. 그러니 학교 행정당국에 애원한다.

"제발 색깔을 두려워 마십시오! 학교에 생기를 불어넣어주십시오!"

그리고 예산이 책정되어 있지 않다고 말하는 사람에게는 이렇게 묻고 싶다.

"왜 그런 일에 예산을 책정하지 않지요?"

배움을 향한 열정에 불을 지펴줄 환경을 만들기 위해 노력하는 게 별일 아니라고 절대 과소평가하지 마라. 모든 학교가 스프레이 벽화를 그릴 필요는 없다. 그러나 최소한 교실 벽과 천장과 사물함과 문짝 정도만이라도 생기를 더해줄 색깔을 사용해보자. 요컨대, 학교는 어른을 위한 것인가, 아이들을 위한 것인가?

학생들을 돋보이게 하라

92

운동경기든 장기자랑이든 토론대회든 기타 활동이든 우리는 우리 아이들이 주목받을 수 있는 기회라면 뭐든 한다. 이런 자리는 자신감과 자부심을 안겨주고 대중 앞에 능숙하게 나설 수 있는 기회도 준다. 무대공포증은 어른들 사이에서 흔히 볼 수 있는 두려움이므로, 진짜 문제가 되기 전에 어렸을 적부터 두려움에 맞설 기회를 주고 힘껏 돕는다.

RCA는 매주 금요일이면 학생들은 각자 속한 '기숙사', 즉 알뜨루이스모, 레뵈르, 이시빈디, 아미스타드끼리 모인다. 그리고 30분 동안 전교생과 교직원 앞에서 펼칠 짧은 뮤지컬을 연습한다. 각 기숙사 임원들은 보통 대중가요를 하나 선택해 소속 기숙사에 대한 자랑스러움과 승리에 대한 갈망을 담은 가사로 바꾸고 팀원들과 함께 연습한다.

처음 '기숙사 응원전'을 시작했을 때는 한마디로 엉망이었다. 학생들은 겁먹은 얼굴에 자신감도 없었다. 응원전은 변변찮고 전혀 창조적이지 않았다. 하지만 교직원들은 규율문제를 점검하기 위해 각 기숙사에 배치되었을 뿐 응원전 준비는 절대 도와주지 않기로 약속했기 때문에 직접 개입해 뭔가를 해줄 수 없었다. 그냥 매주 금요일 응원전을 마치고 어떤 점이 실망스러웠고 더 잘하려면 어떻게 하는 게 좋을지(노래를 며칠 전에 미리 정하고 팀원들이 연습할 수 있게 가사를 먼저 나누어주는 게 좋겠다, 우리 입에서 '와!' 소리가 나올 만큼 수준을 높여달라 등등) 조언만 해주었다. 비평도 계속했지만 아이들이 발전된 모습을 보여줄 때면 기립박수와 환호성과 거침없는 칭찬을 쏟아냈다. 곧 학생들은 '와!' 소리가 나올 만큼이 어느 정도인지를 알게 되었고 점점 세련되고 인상적인 공연을 보여주었다.

응원전 연습시간을 30분으로 제한함으로써 학습시간을 많이 빼앗지도 않았다. 대신 팀원들은 함께 모여 빨리 아이디어를 생각해내야 했고 두려워하거나 주춤할 시간도 없었다. 평소 조용하고 소극적이었던 학생들이 점점 적극적으로 변해갔고 다른 사람들 앞에서도 자신감이 넘쳤다. 이렇게 개발된 자질은 평생 따라다닐 것이다.

한 학년을 마칠 무렵이면, RCA는 학생들이 순수 창작한 뮤지컬을 올린다. 학생들은 모든 장면과 가사를 쓰고 그것을 촌극, 노래, 춤으로 가득 찬 두 시간짜리 쇼로 바꿔놓는다. 일주일 동안 공연이 이루어지는데 언제나 매진 행진을 이어간다. 놀라운 사실은 뮤지컬을 본격적으로 계획하고 연습하는 전 과정이 단 2주일밖에 되지 않는다는 점이다. 그만큼 빠른 시간 내에 똘똘 뭉쳐 창조적인 계획을 세우고 열정적인 결과물을 만들어내야 하는 또 하나의 도전과제가 주어지는 것이다.

매년 악전고투가 따로 없지만 학생들은 결국 함께할 길을 찾아낸다. 가장 큰 문제는 대본인데 엄청나게 많이 써 오고 교사들은 퇴짜를 놓으며 반복적으로 "더 잘할 수 있을 거야"라고 말해야 한다. 이렇게 배역 모두에게 적절한 장면이 돌아가기까지 엄청난 노력이 들지만 일단 대본이 완성되면 아이들은 말 그대로 미친 듯이 춤을 익히고 대사를 외우며 뮤지컬을 완성해간다. 첫 공연의 막이 내려갈 때 관객들이 자리에서 일어나 우레와 같은 박수갈채를 보낼 때쯤에야 아이들은 비로소 환하게 웃는다. 모든 것을 자신들의 힘으로 이루어냈기에 상상 이상으로 자랑스러워한다.

우리 학생들의 공연을 본 관객은 큰 대접을 받는 것 같은 기분을 느낄 수 있다. 우리 RCA의 트레이드마크라고도 할 수 있는 아이들의 눈빛을 똑바로 받을 수 있기 때문이다. 우리는 학생들에게 노래를 부르는 동안에도 관객들의 눈을 똑바로 바라보고 관객이 시선을 돌리기 전에 먼저 그러는 일이 없도록 당부한다. 또 끝까지 집중하고 자랑스러움과 자신감이 가득한 눈빛을 보내라고 가르친다. 객석 앞줄에 앉은 관객들은 누구나 어떤 곳에서도 경험하지 못한 것들로 깜짝 놀란다. 그 미소, 그 기쁨, 그 자부심, 그리고 그 눈빛은 더 없이 인상적이다.

가장 좋은 점은 우리 학생들이 장차 집단을 책임지는 사람이 되어 오늘날의 자신감과 자랑스러움을 끝까지 잃지 않을 것이라는 기대감이다. 그들은 좌중을 휘어잡아 자신의 곁으로 끌어당길 것이다. 어린 시절부터 반짝반짝 빛나며 돋보일 기회를 만나 어떤 상황에서도 두려워하지 않는 법을 배웠기 때문이다.

▶ 오세이 어머니로부터

RCA가 학생들의 두려움을 어떻게 없애주는지를 보고 놀라지 않을 수 없었어요. 입학 후 아이들의 뮤지컬 공연을 처음 보고 정말이지 깜짝 놀랐답니다. 수많은 학부모가 객석을 메우고 있는데도 무대에 선 아이들은 전혀 떨지 않았고 내내 평온한 모습으로 공연을 펼쳤어요. 저 아이가 내 아이가 맞나? 계속 생각했답니다. 요즘 오세이는 그 어떤 주제에 대해서도 어른들과 능숙하게 대화를 나눌 수 있게 되었어요. 모두 RCA가 아이를 '밀어붙여' 두려움을 이겨낼 기회를 만들어주었기 때문이라고 생각해요. 더없이 소중한 교육이지요!
(2010년 졸업반 학부모 에이브릴 부인)

▶ 교사 질 레비에진스키로부터
2010년 5월 RCA를 방문한 뒤 제 인생이 바뀌었습니다!
RCA에서 보고 배운 것 중 우리 학급에 도입한 것은 기숙사별 응원전이었습니다. 학생들을 빨강, 검정, 초록, 파랑 이렇게 네 기숙사로 나누었습니다. 회전판을 돌려 각 기숙사별로 대여섯 명의 학생들이 배정되었습니다. 매주 기숙사별 도전과제를 주고 개인적으로 받은 점수도 기숙사별로 통합했습니다. 학급 내 규율을 잘 따르고 서로 다정하게 대하고 공부를 열심히 하면 점수가 주어졌습니다. 제가 가지고 다니는 클립보드에 기숙사별로 점수를 기록하고 기숙사 게시판에도 표시해두었습니다. 매주 말이 되면 학생들에게 10분을 주고 기숙사별로 노래와 춤으로 응원전을 준비하게 합니다. 매번 독창적인 응원전이 펼쳐져 깜짝 놀라곤 하지요. 또 자신들만의 랩을 만들거나 브레이크 댄스를 추는 아이들도 있어요.
한 주간의 총점을 발표할 때가 되면 아이들의 기대는 절정에 달합니다.

기숙사 색깔을 호명하고 총점을 발표하면 학생들은 책상을 두드리며 환호하지요. 먼저 호명된 기숙사별로 나와 학급 앞에서 응원전을 펼칩니다. 맨 마지막에 호명된 기숙사가 총점이 가장 높은 우승팀이고 박수갈채도 가장 많이 받아요. 우승팀은 존중을 받을 뿐만 아니라 학급 보물상자에서 상품을 하나 골라 가질 수도 있어요. 기숙사 응원전을 통해 아이들은 가족 같은 학급을 만들어가고 있답니다. 아이들은 늘 우승팀을 향해 축하와 존중을 표현합니다. 야유를 보내거나 시기하는 일은 없어요. 급우가 잘하면 칭찬을 건네고 축하해주는 게 원칙이라는 것을 잘 알고 있으니까요. 이 기숙사 응원전 덕분에 우리 학교에서 우리 반이 가장 돋보인답니다!
(펜실베이니아 주 메이플 글렌, 세인트 알폰수스 학교 기술통합전문교사 질 레비에진스키)

질투심을 버려라

93

학교 행정당국에 진심으로 호소하니, 역동적이고 활력이 넘치며 혁신을 꾀하려는 교사가 있다면 제발 인정해주길 바란다. 학교 측이 교사의 창조성을 억누른다면 학생들을 고무시키기 위해 노력하는 교사의 손을 묶어버리게 되며, 결국 손해는 고스란히 학교의 몫이 된다. 솔직히 우리 RCA의 교사들이 어떤 전략이나 프로그램 계획안을 들고 나를 찾아오면 마음에 쏙 들지는 않지만 그의 열정과 패기를 망치고 싶지 않아 채택한 경우도 있다. 일단 그 뜻을 지지하고 필요한 자원을 제공하며 노력을 자랑스럽게 여긴다. 결국 모든 계획과 전략이 성공적인 결과를 내고 그 교사들은 자랑스러움과 엄청난 성취감을 느끼고 자신의 생각이 인정받았다는 데 감사한다. 책임자로서 어떤 교사가 마음에 품고 있는 생각의 성공 여부를 미리 결정해 잘라내는 것은 엄청난 실수가 될 수 있다는 것을 반복해서 깨닫게 된다.

전문가로서 교육자들은 이미 세워진 낡은 교육방식과 사고방식에 얽매어서는 안 된다. 시대에 맞게 변화해야 하고 독창적인 재능을 갈고 닦아야 하며 새로운 시도에 적극적으로 도전해야 한다. 자기 방식 외에는 모두 틀렸다는 식의 아집은 버리고 당장 교직을 떠날 생각이 아니라면 제발 입 다물고 더 이상 부정적인 말을 퍼뜨리지 않기를 바란다. 우리 모두 학생들을 키우기 위해 여기에 와 있음을 기억하자. 누군가 그 임무를 위해 열심히 노력하고 있다면 남의 노고를 헐뜯고 폄하하는 행동은 삼가자. 오히려 그들의 실천을 높이 사는 게 마땅하다.

종신재직권 자체가 나쁘다고는 생각지 않지만 너무도 쉽게 재직권을 얻을 수 있다는 것은 한자리에 편안하게 머물러 있기도 쉽다는 뜻도 된다. 그러므로 가르치는 일이 싫어도 일단 자기 자리를 확고히 마련했다고 믿는 노회한 교사들이 넘쳐나는 것이다. 그들은 뭔가 새롭고 효율적인 일을 시도하는 사람은 누구든지 일단 깎아내리고 본다.

내 말이 지나치게 부정적으로 들렸다면 미안하다. 그러나 신임교사들이 내게 와 아이들을 위해 최선을 다하지 않는 교사들과 함께 일하는 게 너무 힘들다고 눈물을 흘릴 때면 같은 교사로서 몹시 마음이 아프다. 우리 직종에 신임이 머무는 기간은 평균 5년도 안 된다. 우수인재가 교직을 희망하는 경우도 점점 드물어진다. 영리한 대학생들이 교육학을 전공으로 선택하는 일도 줄어들고 있다.

교직에 대한 비관적인 태도를 허락하고 부정적인 교사가 교실에 계속 남을 수 있게 하는 한 우리 교육계는 스스로의 발등을 찍는 결과를 맞게 될 것이다.

아이가 겪는 모든 일을 알 수는 없다

94

새 학기가 시작되고 한 달쯤 지났을까 한 남학생의 성적이 곤두박질친 걸 보고 충격을 받았다. 평소에 탄탄한 학생이었는데 지금은 완전히 난데없었다. 나는 그 학생을 불러 더 잘할 수 있었을 텐데 결과가 실망스럽다고 말했다. 알고 보니 다른 교사들도 그 학생에게 같은 말을 하고 있었다. 수업이 끝나고 따로 불러 대체 어떻게 된 일이냐고 물었더니 아이는 어깨만 으쓱했다. 열심히 노력하고 있냐고 물었더니

"예, 선생님"이라고 대답했다. 절대적으로 최선을 다하고 있냐고 물었더니 그렇다고 자신 있게 대답했다. 낭패감을 느끼며 그냥 보내려다가 문득 이렇게 물었다.

"요새 집안에 무슨 변화가 있었니?"

"뭐, 그냥 조명이 좀."

무슨 뜻이냐고 물었더니 집에 전기가 끊겨서 불을 켤 수 없지만 아버지가 이웃집까지 닿는 연장선을 구해와 가끔 불을 켤 수도 있으니 괜찮다고 말했다. 책을 봐야 할 때면 자동차 안에 들어가 차 안의 불빛으로 보기는 하지만 추워지니 서둘러야 한다고도 말했다. 아이는 그 모든 게 별일 아니라는 듯이 나를 빤히 쳐다보고 있었다. 나는 아이의 등을 두드려주고 계속 최선을 다하라고 격려했다. 그리고 곧바로 상담교사 스콧 선생님을 만나 그 가족을 도울 수 있는 방법을 강구했다.

교사들은 학교 안에서는 아이들에게서 눈을 떼지 않다가 그들이 집으로 돌아가면 모든 게 다 괜찮을 거라고 믿어버리기가 쉽다. 그러나 늘 그렇지만은 않다. 아이들은 실제로는 그렇지 못하면서 괜찮아 보이는 방법을 아주 일찍부터 터득한다. 실제로 우리는 아이들이 무슨 일을 겪고 있는지 잘 모른다. 그러므로 학생들을 사랑하고, 우리와 함께하는 시간을 특별한 순간으로 만들며, 무엇보다 그들이 겪고 있을지도 모르는 어려움에 맞서 싸울 수 있는 용기와 자부심을 심어주기 위해 최선을 다해야 한다.

아이들을 세계시민으로 키워라

95

학생들의 성공을 원한다면, 다양한 분야에서 지도자가 되기를 원한다면, 그들이 국제적인 안목을 갖출 수 있게 해줘야 한다. 세계는 점점 작아지고 연결망은 점점 촘촘해진다. 그러므로 이 세상이 어떻게 굴러가고 있는지, 국제관계의 본질이 무엇인지에 관한 이해는 절대적이다.

RCA 설립 초기, 우리는 이러한 견해를 기본 토대로 삼고 우리 학생들을 세계 곳곳으로 데리고 갈 계획을 세웠다. 학교가 애틀랜타에 위치하는 만큼 애틀랜타에 본사를 둔 델타항공에 지원을 부탁하는 게 자연스럽다고 생각했다. 곧 연락을 하고 지원요청서를 갖춰 보냈지만 결실을 맺지 못했다. 우리는 포기하지 않고 요청서를 계속해서 보냈다. 그리고 어느 모임에서 그토록 만나고 싶어 했던 델타항공의 대표 스칼렛 프레슬리 브라운을 발견했다.

개교 몇 년 전부터 나는 지역 내 모든 로터리클럽과 키와니스클럽, 사업체연맹, 시민단체 등을 찾아다니면서 매달 수십 차례 후원 부탁 연설을 하고 있었는데 그때도 마찬가지였다. 나는 곧바로 연단에서 뛰어내려 테이블 사이를 뚫고 가 델타항공 대표가 식사하고 있는 테이블 위로 뛰어올랐다. 그리고 연어와 버터 접시, 홍차 주전자, 스칼렛 프레슬리 브라운 사이에 서서 연설을 마무리했다. 그 후 책에 사인을 해주고 있는데 누군가 내 팔을 잡아당겼다. 프레슬리 브라운이었다.

며칠 후 나는 그녀와 점심을 먹으며 세계여행이 우리 학생들에게 미치는 긍정적인 효과를 매년 RCA를 방문하게 될 수천 명의 교육자들과 후원자들, 지역사회 지도자들이 똑똑히 목격하게 될 것이라고 설명했다. 또 우리 학생들의 여행은 단순한 관광이 아니라 각 지역의 역사와 문화, 경제, 종교를 배워 현 사회의 요구와 통합시키는 교육의 장이 될 것이라고 역설했다. 이러한 국제적 경험을 통해 우리 학생들은 세계적인 마음가짐을 갖춘 어른으로 성장할 것이고 타국의 문화와 상황까지 고려할 줄 아는 훌륭한 지도자로 자랄 수 있을 거라고 강조했다. 끝으로 이러한 원대한 꿈을 실현시키기 위해서 델타항공의 도움이 절실하다고 덧붙였다. 어느 시점엔가 나는 나도 모르게 양발을 의자 위로 끌어당기며 몸을 웅크렸다. 거절을 당하면 금방이라도 테이블을 건너뛰어 문밖으로 도망칠 태세였다.

스칼렛 프레슬리 브라운이 홍차를 한 모금 마시고 냅킨으로 입가를 살짝 닦았다.

"신중한 검토 끝에 우리 델타항공은 당신의 전망을 지지하기로 결정했어요."

나는 일단 감탄사를 토해내고 곧바로 물었다.

"그런데 그게 정확히 무슨 뜻입니까?"

"델타항공이 RCA의 공식후원사가 될 것이라는 뜻입니다."

"와, 대단하군요. ……그런데 그게 정확히 무슨 뜻인지?"

"우리 델타항공이 당신의 학생들을 태우고 세계여행을 할 것이고 당신은 비용을 전혀 지불할 필요가 없다는 뜻이에요."

순간 나는 의자 밑으로 미끄러졌고 스칼렛 프레슬리 브라운의 다리 바로 옆에 쿵 하고 떨어졌다.

RCA의 교과과정을 짜기 시작하고 얼마 안 돼 학생들을 데리고 세계여행을 하려면 우리가 먼저 지식을 갖춰야 한다는 것을 깨달았다. 부모도 교사도 먼저 알아야 학생들을 가르칠 수 있다. 개인적으로 나는 세계역사에 관한 책을 읽고 매일 CNN을 시청했다. 외국영화를 챙겨 보았고 다른 나라의 대중음악과 문화계 인사들에 대해 연구했다. 학생들과 방문하게 될 모든 나라를 자세히 탐구하는 일에 나도 모르게 푹 빠져들었고 그 어느 때보다 스스로 여행에 열광하고 있음을 깨달았다. 내가 먼저 열정을 갖고 여행을 준비하자 아이들 역시 재빨리 따라왔고 곧 방문하는 나라의 모든 것을 배우려는 열정을 불태웠다. 정말로 여행을 떠나 다른 나라 땅을 밟았을 때는 삶이 바뀔 만큼의 문화적 충격을 받았다. 우리는 여행 중 매시간 사진과 동영상을 촬영하고 곧바로 페이스북과 트위터를 통해서(@ronclarkacademy) 올린다.

잊지 못할 추억이 하나 있다. 세관에서 서류를 작성해야 했는데 스콧 선생님이 나를 부르더니 아이들이 작성해놓은 서류를 보여주었다. '함께 여행하는 가족 수'를 기입해야 하는 칸에 많은 학생들이 '40명'이라고 써놓았다. 우리 RCA의 여행단 숫자였다.

▶ 미카엘라의 할머니로부터

RCA 학생들이 호기심과 자신감을 품고 세계를 누비는 모습을 지켜본 뒤 저 역시 두려움을 버리고 저만의 여행을 떠나야겠다는 자극을 받았습니다. 아부다비 교육위원회의 직원모집에 과감하게 지원했을 때는 스스로도 놀랄 정도였어요. 저는 곧 저만의 여행을 위해 두바이로 이사를 갔습니다. 미카엘라가 말할 수 없을 만큼 보고 싶지만 그 아이가 RCA를 만나지 않았더라면 저 역시 오늘의 제 모습을 꿈꾸지 못했을 거예요. 기대하지 못한 기회들이 아이 앞에 주어졌고 더불어 제 꿈까지 커졌습니다. RCA가 늘 말하는 것처럼 사람은 자신의 운명을 소중히 여겨야 하며 '큰 꿈을 꾸어야' 합니다. 신념을 가지고 세상 밖으로 걸어 나가야 합니다. 그리고 기적의 힘을 믿어야 합니다!
(2013년 졸업반 할머니 존스 부인)

▶ 교사 크리스 윌리엄스로부터
선생님의 책을 읽은 뒤 저 역시 교실의 경계를 확장시키는 교사가 되겠다고 결심했습니다. 그때부터 아이들을 데리고 뉴욕과 애틀랜타, 뉴올리언스, 런던, 파리, 로마, 독일, 스위스, 오스트리아를 여행했습니다. 또 아이들과 함께 볼티모어 오리올스와 워싱턴 레드스킨스의 야구경기를 보러 가기도 했습니다. 아이들의 얼굴을 볼 때마다 느끼는 경이로움은 도저히 말로 설명할 수 없을 정도입니다. 직접 겪어봐야만 알 수 있지요. 다른 교사들이 어떻게 그렇게 여러 곳을 다녀올 수 있느냐고 묻곤 합니다. 저는 결단력과 꿈만 있으면 그 어떤 일도 가능하다고 대답하지요.
(버지니아 주 그레트나, 그레트나 고등학교 사회교사 윌리엄스)

큰 꿈에는 큰 비용이 든다

RCA가 개교했을 때 많은 교사들이 "어떻게 하셨어요?", "저도 제 학교를 설립하고 싶은데 어떻게 하면 이룰 수 있을까요?"라며 물었다. 그때마다 나는 '제단을 세우고 스스로를 희생양으로 바쳐야 합니다'라고 생각했다. 그 과정이 시작된 후로 6년이 걸렸고 킴과 나는 여전히 잠도 제대로 못 자고 일하고 있다. 처음에는 3년 정도만 개인적인 삶을 희생하면 학교의 기초가 다져질 거라고 생각했지만 높은 수준의 목표를 세우고 그것을 성취하기 위해 노력할 때마다 가족이나 친지와 어울리고 취미생활을 하는 게 힘들다는 사실을 깨달았다. 솔직히 말해 내게 자녀가 있었다면 지금 RCA에서 하고 있는 많은 일을 제대로 성취하지 못했을 것이다.

낡은 공장 건물을 매입했을 당시 새 단장을 할 돈도 없었고 선뜻 기부해줄 사람도 보이지 않았다. 돈을 기부하지 않는다면 물품이라도 후원해주겠지 싶어 도시 전역에서 벌어지는 모든 모임을 찾아다니며 후원과 지지를 부탁하는 연설을 했다. 한번은 연설을 마치고 내 책에 사인을 해주고 있었는데 'W.S. 닐슨 채광창회사'라고 쓴 셔츠를 입은 남자가 관심을 끌었다. RCA 한가운데에 거대한 채광창을 내는 게 소원이었기에 나는 그의 책에 '우리 학교에 최신형 채광창을 기부해주셔서 감사합니다'라고 썼다. 몇 분 후 남자가 다시 돌아와 물었다.

"제 책에 왜 이렇게 쓰셨습니까?"

나는 순진한 눈빛에 순진한 목소리로 대답했다.

"그랬으면 정말 좋겠다는 제 소망을 담은 거지요."

마이크 닐슨 씨는 그 자리에서 명함을 건넸고 나중에 텅 빈 공장 건물을 둘러본 뒤 학교 한가운데에 커다란 2만 5,000달러짜리 채광창을 내주겠다고 약속했다. 이후에도 그는 계속해서 우리 학교의 성장과정을 지켜보았고 우리가 무언가 성취해낼때마다 우리보다 더 자랑스러워했다. 결국 더 많은 채광창뿐만 아니라 장학금까지 후원해주었으며 마침내 우리 이사회의 구성원이 되었다. 창문 한 짝, 텔레비전 한 대를 기부해준 모든 분들처럼 그 역시 처음의 작은 한 걸음부터 애착을 보여주었고 학교의 성장을 즐거운 마음으로 지켜보고 있다.

이렇게 여러분이 작은 도움의 손길을 기꺼이 내밀어주고 있지만 킴과 나는 학교를 완성할 만큼 큰돈을 마련하려면 후원금만으로는 도저히 충당할 수 없다는 것을 깨달았다. 결국 은행을 찾아가 대출을 받아야 했는데 이 일 역시 결코 호락호락하지 않았다. 사업계획서 작성부터 대출과정을 통틀어 어마어마한 양의 서류를 준비해야 했다. 문을 두드린 은행마다 몇 차례의 만남을 요구했고 직접 학교를 둘러보고자 했고 점심식사 모임이나 공식적인 발표회를 요구했다. 그 과정만 해도 엄청난 노력과 시간이 들었고 킴과 나는 우리가 염두에 두고 있는 은행 네 곳 중 어디를 최종 선택해야 할지 알 수 없었다.

그리고 한 달 정도 시간이 흐르자 어느 은행을 선택할 것인가의 고민은 기우에 불과했다는 것을 깨달았다. 그 어느 곳도 우리에게 대출을 해주지 않았기 때문이다. 신생학교는 위험부담이 너무 크고 또 전교생에게 장학금을 주는 학교는 어디에도 없다는 게 이유였다. 심지어 성공적인 사립학교도 학비를 받아 학교를 운영한다는 것이었다. 네 달 동안 총 열 군데의 은행에 제안서를 돌렸지만 똑같은 대답만 돌아왔다. 절망스럽고 맥이 빠졌다.

마침내 하이랜드 커머셜 은행 관계자 앞에서 발표회를 마쳤을 때 나도 모르게 울컥해 눈물이 쏟아질 것만 같았다. 나는 얼른 고개를 숙였다. 다시 고개를 들었을 때 대출담당 직원의 눈에도 눈물이 고여 있었다. 그다음 주에 은행의 관리팀 일곱 명이 찾아왔다. 곳곳에 깨진 유리 조각과 흙먼지와 쓰레기가 널려 있었지만 나는 낡은 판자 더미 위에 올라가 활짝 웃는 아이들과 열정적인 교사들, 그리고 마법으로 가득 찬 세상에서 가장 아름다운 학교의 그림을 그려 보였다. 성심성의를 다했고 그들의 영혼에 우리 RCA의 전망을 심어주고자 노력했다.

일주일 후, 우리는 대출계약서에 서명했다. 진정한 여행이 시작된 것이다. 곧 지지와 후원을 모으기 위해 애틀랜타 전역의 주요 재단을 찾아다녔다. 한번은 꽤 안정적인 재단 측에 공장 건물을 보여주고 있었다. 학교 한가운데에 커다랗고 멋진 파란색 미끄럼틀을 세울 거라고 말하자 그들은 대체 그런 걸 왜 하고 싶은 거냐고 물었다. 내가 미끄럼틀에 얽힌 철학을 설명하자 그들은 어이없는 생각이라고 단언하더니 발표회를 할 시간도 주지 않고 서둘러 떠나버렸다. 명치를 크게 한 방 맞은 느낌이었다.

그 후 '그레이트 아메리칸 금융자산'에 찾아가 후원을 부탁하는 연설을 했더니 담당자 톰 맥시와 매트 두트키에비츠가 회사의 소유주인 칼과 크레이그 린드너 부자 앞에서 직접 연설을 하는 게 좋겠다고 제안했다. 그리고 아버지 린드너 씨는 어마어마한 부자인데 꽤 관대한 분이며 아흔 살이 다 되어가니 연설 톤을 '조금 가라앉히고' 차분하게 우리 학교의 전망을 설명하라고 조언해주었다.

곧 린드너 씨 부자와 식탁을 사이에 두고 마주 앉았다. 린드너 씨는 토마토 수프를 천천히 먹기 시작했고 내 쪽은 거들떠보지도 않았다. 나는 샐러드 접시와 홍차 잔을 앞에 두고 차분하게 RCA의 전망을 설명하기 시작했다. 아아, 하지만 좀이 쑤셔서 참을 수 없었다. 포크에 손을 대기도 전에 나도 모르게 자리에서 일어났고 몇 분 후에는 텍사스 엠버시 칸티나 식당에서 아르바이트하던 시절 추던 춤을 추고 있었다. 나는 테이블 주위를 폴짝폴짝 뛰어다니며 학교의 전망을 설명했고 두 팔을 까딱까딱 흔들어대며 RCA의 꿈 이야기를 들려주었다. 연설을 마치고 자리에 앉자 린드너 씨가 마침내 수프 그릇에서 고개를 들고는 나를 향해 씩 웃었다. 우리는 50만 달러를 기부 받았다.

그 돈이 분명히 출발에 도움을 주었지만 여전히 어려움의 연속이었다. 수천 명의 교사들을 훈련하고 학교를 운영하려면 매년 300만 달러가 필요했다. 거액의 기부금은 들어오자마자 곧바로 사라졌다. 가끔은 결승점이 보이지 않는 달리기를 하고 있는 기분이었다.

킴과 나는 RCA를 시작하면서 가족이나 친구들과의 시간, 건강, 개인적인 취미생활, 그저 편안하게 쉬는 시간 등을 포기해야 했지만 가장 희생이 컸던 부분은 바로 마음의 평화였다. RCA의 학생들을 친자식처럼 사랑했기에 학교에 무슨 일이 생길지도 모른다는 생각만 해도 두려움이 몰려왔다. 그렇다보니 상상을 초월할 정도로 열심히 일하게 되었고 더 이상 불가능한 지경까지 자신을 밀어붙이게 되었으며 자신의 요구보다 학교의 요구를 우선시하게 되었다.

그렇기에 교사연수 프로그램은 우리 학교의 생존에 필수적인 요소다. 전 세계의 교육자들이 전문성 개발 연수나 전국협의회를 위해 우리 학교에 찾아오면 그 기금이 곧바로 우리 학생들의 장학금으로 사용된다. 즉 연수 참여 자체가 학교를 지원하는 셈이 된다. 현재 1년에 3,000명씩 교사들을 훈련하고 있지만 1년에 6,000명을 수용할 수 있을 정도로 캠퍼스의 규모를 늘리는 거액모금운동을 벌이고 있다. 여

매년 대략 3,000명의 교육자들이 RCA를 찾아와 아이들을 향상시키기 위한 우리의 교육기법, 전략, 기술 등을 배워간다.

기서 발생한 수입은 지역사회 의존도를 낮춰줄 것이고 RCA의 존속을 도와줄 수 있을 것이다.

RCA와 똑같은 학교를 복제하는 것은 현실적인 방안도 아니고 우리의 임무도 아니다. 우리는 아이들을 교육하기 위한 새롭고 혁신적인 방법을 창조해내고 그러한 방법들을 다른 이들과 공유해 전문성 발달을 돕는 것을 목적으로 하고 있다. 다시 말해 우리 학교에서 탄생한 좋은 생각을 전 세계에 보급하길 바랄 뿐이다.

지역사회와 강력한 관계망을 구축하라

97

우리가 기부와 후원 모집에 성공할 수 있었던 비결은 후원자들과 형성한 끈끈한 관계다.

교직 첫해에 몹시 귀중한 교훈을 하나 배웠다. 노스캐롤라이나의 오로라에 있는 한 지역은행에서 학교에 후원금을 지원한다는 소문을 듣고 찾아간 적이 있다. 우리 반 아이들이 혼응지(송진과 기름을 먹인 딱딱한 종이_역주)로 장갑을 만드는 데 필요한 75달러를 지원 받기 위해서였다. 담당자는 그해 책정된 학교 후원금이 완전히 소진되었다고 답했다. 이제 겨우 3월이었다. 이 은행의 달력은 1월부터 시작하는 게 맞느냐고 물었더니 다음엔 1월에 오라고 했다. 하지만 나는 빈손으로 돌아가고 싶지 않았다.

"그럼 5달러라도 후원해주시면 안 될까요?"

"5달러 정도면 제 지갑에서라도 당장 꺼내드릴 수 있어요."

담당자는 정말로 자기 돈을 꺼내 내밀었다. 다음 날 나는 학생들에게 추가 숙제를 냈다. 우리 반을 위해 놀라운 기부를 해준 은행원에게 감사의 편지를 써 오게 한 것이다. 또 교장선생님에게도 애원하다시피하여 감사 메모를 한 장 받아냈다.

"클라크 선생님, 좀 당황스럽군요. 겨우 5달러를 드렸는데 아이들이 감사카드를 잔뜩 보내고 교장선생님은 친히 메모까지 보냈더군요. 아내에게 겨우 5달러에 이런 대접을 받았다고 했더니 엄청나게 절 비난했어요. 정말 죄송합니다. 좀 더 많이 기부해드렸어야 했는데."

나는 순진한 목소리로 활짝 웃으며 말했다.

"하하. 곧 다른 숙제를 시작할 건데요, 뭐!"

그 은행과 은행원은 그 후 몇 년간 우리 반의 대단한 후원자가 되어주었다. 기부를 받고 싶어 하는 교사들에게 먼저 관계를 쌓는 게 중요하며 작은 양의 기부로 시작해 감사의 마음을 표현하고 더 큰 기부로 나아가는 과정에 참을성을 발휘해야 한다고 충고한다. 또 한 곳만 목표로 삼기보다는 많은 곳을 목표로 삼는 게 좋다. RCA에서는 이른바 '낚싯바늘' 전략을 쓴다. 물속에 낚싯줄을 하나만 던져놓으면 커다란 물고기 한 마리야 낚겠지만 50개를 던져놓으면 커다란 물고기 한 마리는 기본이다. 우리는 작은 관계를 맺기 위해 수많은 개인에게 손을 내민다. 물론 많은 경우 미끼만 사라지고 빈 낚싯바늘만 돌아온다. 그러나 커다란 물고기가 되어 돌아오는 경우도 분명히 있다.

후원자를 확보하고 유지하라
98

 우리 RCA는 후원자들과 개인적인 관계를 맺으려고 노력한다. '후원 감사의 날'을 정해 후원자들을 초대하고 학생들과 함께 점심식사를 하면서 학교에서 배우고 있는 것들, RCA가 삶에 미친 영향들에 대해 직접 들려준다. 또 여행을 떠나면 현지에서 엽서를 보내고 생일이 되면 학생들이 부르는 '생일 축하' 노래를 동영상으로 만들어 보낸다. 지역민들을 자원봉사자로 초빙해 재정적인 면뿐만 아니라 정서적인 면에서도 학교와 결연의식을 맺어달라고 부탁도 한다.

 학교와 지역사회의 관계를 돈독히 하기 위해 마련한 행사 중에서 가장 효과가 좋은 게 '내 방 대변신'이다. 우선 학생들에게 꿈에 그리던 자기만의 방을 상세히 설명하고 왜 그런 변신을 꿈꾸는지 자세히 쓰게 한다. 이때 꿈의 방은 가능한 한 창조적이면서 동시에 실현 가능성이 있어야 한다.

 그런 다음 우리 후원자들과 애틀랜타 지역의 사업체에 연락해 학생의 방을 변신시키기 위해 주말 48시간 동안 자원봉사를 해줄 수 있는 사람들을 모집한다(방을 새로 단장하게 될 주인공의 가족은 인터컨티넨탈 호텔의 도움을 받아 주말 동안 호텔에 묵고 그사이 자원봉사단이 마법을 부린다). 이때 자원봉사단에게 학생 방의 사진과 완벽한 치수를 제공하고 '내 방 대변신'에서 가장 멋진 변신을 한 최고의 방을 뽑아 상도 준다고 알린다. 매년 참석을 희망하는 팀이 대략 10~15개 정도다. 행사운영위원회를 열어 모든 학생들의 지원서를 읽고 그중 10~15명을 선발해 참가를 희망한 자원봉사단과 짝을 짓는다. 이제 자원봉사단에 아이의 편지가 전달되고 드디어 대회가 시작된다!

변신 당일이 되면 우리 교직원은 집집마다 돌아다니며 각 자원봉사단이 일하는 모습을 확인하고 점검한다. 그 좁은 아이 방에 10~20명 가까이 되는 어른들이 꽉 들어차 페인트를 칠하고 카펫을 깔고 그림을 걸고 가구를 조립하며 웃고 떠드는 모습을 볼 때면 언제나 감격스럽다. 이 자원봉사단은 지역사회를 위한 대단한 봉사활동을 수행하고 있을 뿐만 아니라 서로 간에 친밀한 유대감도 쌓아간다.

방의 주인공 가족은 일요일 오후 1시에 집에 도착한다. 오세이는 자동차 시동이 꺼지기도 전에 엄마와 누나들이 그를 밀치고 먼저 집 안으로 몰려 들어갔다고 그날을 전해주었다. 가족들은 오세이만큼이나 흥분 상태였고, 오세이가 집 안에 들어갔을 때는 이미 비명소리가 터져 나오고 있었다. 오세이는 방을 둘러보고 감격해서는 움직일 수도 말을 할 수도 없어서 가만히 서 있기만 했다.

한 남학생의 집은 아파트 전체에 가구가 단 한 점도 없었다. 의자 한

'내 방 대변신' 변신 전(좌), 변신 후(우).

개가 없을 정도였다. 학생의 침실을 꾸미러 간 자원봉사단은 거실에도 가구를 들여놓았다. 가족이 아파트에 들어섰을 때 남학생은 위아래로 폴짝폴짝 뛰며 집 안 곳곳을 돌아다녔지만 엄마는 무릎을 꿇고 무너지듯 주저앉더니 울음을 터뜨리고 기도를 올리기 시작했다. 한 남학생의 방에는 천장에 구멍이 뚫려 있어서 다람쥐들이 드나들며 둥지를 지을 종잇조각을 물어 가는 일이 빈번했다. 아이는 걸핏하면 "다람쥐들이 숙제를 물어 갔어요"라고 핑계를 대곤 했다. 자원봉사단은 다시는 다람쥐가 들어오지 못하도록 천장을 완벽하게 보수해주었다. 한밤중에 다람쥐가 찾아오면 어떻게 하나 잠을 설치던 고민에서 벗어났을 때 아이가 느꼈을 마음의 평화를 상상해보라. 또 한 팀은 그 집에 어린 남동생이 있다는 걸 알고 결국 동생의 방까지 단장해주었다. 변신한 형의 방을 보고 자기 일처럼 기뻐하던 동생은 완벽하게 변신한 제 방을 보고 비명을 질러댔다! 온 가족이 울었고 자원봉사단도 함께 울었다.

'내 방 대변신' 변신 전(좌), 변신 후(우).

나디아와 엄마는 변신한 방으로 들어섰을 때 감정이 벅차올라 서로를 끌어안고 울었다. 두 사람은 자원봉사단에게 하염없이 감사를 표했고, 내년 행사 때는 자신들도 일을 거들겠다고 했다. 나디아와 엄마는 이듬해 자원봉사단과 함께 로빈의 방에 페인트를 칠하고 못을 박았다. 로빈이 자기 방을 보고 감격하다가 겨우 흥분이 가라앉자 이렇게 물었다.

"내년엔 저도 도와도 돼요?"

수많은 팀이 세부사항에 집중하며 훌륭한 결과물을 만들어낸다. 정말이지 딱 RCA 스타일이다. 델타항공은 진짜 비행기 날개로 책상을 만들어주었다. 믹슨 씨 가족은 캠란이 여행길에 찍은 사진을 발견하고 벽지로 만들어 방 뒤쪽 벽을 도배했다. 미국산업오피스자산협회 NAIOP 팀은 티아라가 쓴 좋은 시를 침대 바로 위 벽에 판화로 찍어주었다. '하늘 위 방'을 꿈꾸던 트리니티를 위해 닐슨 채광창 회사는 천장을 가로지르는 거대한 구름을 만들어주었다. 프로메스언은 직원들을 대상으로 후원금을 모금했고 대신 보답으로 근무시간에 청바지를 입을 수 있게 허락했다. 직원들의 모금액은 아르센의 방을 해리포터식으로 완벽하게 변신시키는 데 들어갔다.

  이 행사의 일차적인 목적은 학생들에게 즐겁게 공부하고 잘 수 있는 방을 마련해주는 것이다. 아이들이 RCA에서 느끼는 활력을 침실로 고스란히 옮겨주고 싶다. 행사를 진행하는 과정에서 후원자들과 끈끈한 유대감을 형성하고 오래도록 지속될 인간관계를 맺는다. 이렇게 쌓인 관계는 학생들의 삶을 변화시키고자 하는 우리 RCA의 노력과 임무를 향한 더 큰 지원으로 이어지고 있다.

손으로 쓴 감사 편지를 보내라

99

  몇 년 전 애틀랜타의 아프리카 전통춤 단체가 여는 행사에 참석했다. 공연내용에 깊은 감동을 받았고 기부서약서를 작성했다. 몇 주 후 열여섯 살 무용수가 직접 그린 아름다운 카드 한 장을 받았다. 곁에는 춤을 추고 있는 자신의 모습을 그렸고 안에는 춤이 자신의 삶에 얼마나 큰 의미를 지니는지, 나의 후원에 얼마나 감사하고 있는지 쓰여 있었다. 나는 정말로 감동을 받았고 추가 기부금을 보냈다.

비슷한 시기에 또 다른 아동단체의 행사에 참석하였다. 역시 기부를 했고 몇 주 후 감사 카드를 받았다. 일반적인 메시지가 인쇄되어 있었고 밑에 아이의 서명이 있었다. 나는 추가 기부금을 보내지 않았다. 지금 생각해보니 그 단체의 다음 행사에도 참석하지 않은 것 같다.

감사하는 마음과 감사를 표현하는 방식은 정말 중요하다. 인쇄된 카드는 직접 쓴 카드와 결코 같지 않다. 우리는 후원자들에게 매달 학생들이 직접 쓴 편지나 엽서를 보낸다. 하지만 거기에 만족하지 않는다. 후원자들에게 자주 연락하고 학생들의 행사에 초대해 직접적인 관계를 맺고자 노력한다. 친밀감부터 쌓아야 후원금도 따라오는 법이다. 후원자들과의 깊은 유대관계를 위해 많은 시간과 노력을 들일수록 기부의 규모도 점점 커진다.

조언이 필요하면 돈을, 돈이 필요하면 조언을 구하라
100

기금을 마련하기 위해 동분서주했던 기간 동안 우리는 여러 재단과 기업체, 개인을 직접 만나 우리의 이야기를 들려주었다. 우리의 꿈을 발표하고 재정적인 지원을 부탁했지만 결과는 바라던 바와 거리가 멀었다. 사람들은 우리의 꿈이 실현 가능하다고 믿지 않았고 섣불리 학교를 시작했다가 실패한 사람들 이야기를 들려주었다. 개인들은 실현되지 않은 과거의 꿈에, 엄청난 기부금을 받고 있는 안정된 기관에 지원하는 경향이 있었다. 기금이 마련되어 있고 이미 토대가 탄탄하다면 내가 왜 기금을 마련하겠다고 이렇게 뛰어다니고 있겠는가! 지원과 도움이 절실한 곳은 신생 비영리단체다.

잠재적 후원자 중 한 명과 만났을 때 나는 몹시 소중한 교훈을 하나 얻었다. 내 손에는 10만 달러 기부를 요청하는 제안서가 들려 있었다.

"내가 싫어하는 게 뭔지 아십니까? 사람들이 날 찾아와 돈을 부탁할 때입니다. 나는 내게 조언을 구하는 사람을 좋아합니다. 왜냐면 내게는 훨씬 값진 거니까요. 현명하게 돈이 아니라 나의 조언을 택한다면, 그러면 시험에 통과하고 내 재정적인 지원을 받을 권리가 생기는 거지요."

나는 그날 절대로 제안서를 보여주지 않았고 오직 좋은 조언만 들었다. 그가 들려준 조언 중에는 RCA의 기금을 마련하기 위해 반드시 만나야 할 사람들의 이름도 포함되어 있었다. 결과적으로 그날의 만남이 가져다준 지원액은 모두 30만 달러가 넘는다. 물론 그 역시 후원자가 되어 매년 1만 5,000달러를 지원해주고 있다. 그날 이후 우리는 사람을 만나면 가장 먼저 조언과 충고를 부탁하게 되었다.

"RCA가 어떤 모습으로 발전하면 후원을 고려하시겠습니까?"

나는 여러 재단을 만날 때마다 이렇게 묻곤 했다. 그들은 무작정 기부를 요청하려고 온 게 아님을 알고 기뻐했으며 기부를 고려하기 전에 우리가 충족시켜야 할 모습을 내가 신중하게 받아들이고 있음을 확인했다. 다음 방문에는 그들이 원한 전망을 목록으로 작성했고 가장 먼저 역점을 두어 언급했다. 또 후원 요청을 거부당할 요인을 만들지 않기 위해 노력했다. 처음 잠재적 후원자들을 만날 때는 충고만 받아들고 빈손으로 나오지만 결국 관계가 형성되고 친밀감이 쌓이면 장차 굵직한 기부금을 부탁할 여지가 생긴다.

특별한 이별을 준비하라

101

RCA의 첫 학생들은 우리에게 말로 표현할 수 없을 만큼 소중한 존재다. 처음 만난 건 애틀랜타 도심의 시청 건물에서 첫 면접을 치를 때였다. 아직도 그때 일이 어제처럼 생생하게 떠오른다. 겁먹은 모습으로 자신의 삶이 어떻게 변할지 전혀 모르는 채로 면접을 보러 왔었다. 그 아이들이 졸업을 앞두었을 때 우리는 평생 기억에 남을 소중한 순간을 선물해주고 싶었다. 우리 방식대로 전통과 연관성이 있으면서도 상징적인 의미까지 담긴 순간을 만들고 싶었다.

우리는 8학년들을 위해 마지막 졸업 만찬회를 열기로 했다. 졸업식 전날 저녁이고 함께할 마지막 식사가 될 것이므로 최대한 특별해야 했다. 애틀랜타의 모든 식당을 찾아본 뒤 완벽한 장소는 식당이 아니라는 사실을 깨달았다. 처음 만나 RCA의 여행을 시작했던 시청 건물보다 더 의미 있는 장소는 없을 것 같았다.

RCA 스타일대로 저녁 만찬 전까지 장소를 비밀에 부쳤고 8학년들에게는 당일 오후 4시에 문자메시지로 장소를 통보하겠다고 말했다. 그리고 7시까지 명시된 장소로 최대한 창조적인 옷차림으로 와야 하며 다 같이 식사를 하는 마지막 자리가 될 것이라고 일렀다. 아이들은 궁금해 죽을 지경이었지만 우리는 아무 말도 하지 않았다. 오후 4시 정각에 아이들은 문자메시지를 받았다.

"저녁 7시 시청에서 입학면접이 있을 예정입니다. 늦지 마십시오."

답장이 쇄도했다.

"완벽해요."

"눈물이 쏟아져요."

"그보다 의미 있는 곳은 없을 거예요."

우리는 아이들이 처음 만났던 순간의 상징을 이해하고 있다는 사실에 감격했다. 우리는 시청 건물을 처음 입학면접 날과 똑같은 모습으로 해놓았다. 모슬리 선생님이 입구에서 학생들을 맞이했고, 카사 선생님이 첫 번째 면접을 주관하며 몇 년 전과 똑같이 RCA에 관한 온갖 질문에 대답해주었다. 본격적인 면접을 위해 비어든 선생님과 내가 안쪽 방에 들어가 카사 선생님이 한 명씩 데리고 오는 학생들을 맞이했다. 모든 게 처음과 똑같았다. 킴과 나는 아이들을 처음 보는 것처럼 몇 년 전과 똑같은 질문을 던졌다. 그사이 대답이 어떻게 바뀌었는지 보고 싶었다.

오자나는 우리에게 왔을 당시, 이전 학교에서 다른 여학생에게 콩꼬투리를 던지고 식당에서 싸움을 벌인 일로 정학을 받은 전력이 있었다. 오자나의 생활기록부를 보고 당시 내가 가장 먼저 물어보고 싶었던 것은 대체 콩꼬투리에게 무슨 억하심정이 있느냐였다. 입학면접 날 오자나는 울음을 터뜨리며 그날의 싸움을 후회하고 있고 진심으로 미안하게 생각한다고 말했다. 오자나가 훌쩍 큰 키에 아름다운 흰색 드레스를 입고 우아하고도 당당하게 모퉁이를 돌아 우리 앞에 왔을 때도 두 뺨에는 눈물이 흐르고 있었다. 오자나는 우리 앞에 앉자마자 말했다.

"사랑해요."

킴과 나는 더 이상 연기를 할 수 없었다.

"우리도 널 사랑한단다."

그리고 나는 연달아 물었다.

"그런데 콩꼬투리에는 무슨 억하심정이 있는 거니?"

오세이 에이브릴은 입학 면접 때 말수가 없는 조용한 아이였다. 계속 고개를 숙이고 있었고 악수하는 손에도 힘이 없었다. 자신감도 부족했고 확신도 없었다. 오세이는 RCA 첫 졸업식의 당당한 고별사 낭독자가 되어 씩씩하고 자신감 넘치는 젊은이의 모습으로 모퉁이를 돌아왔다. 킴과 내가 먼저 손을 내밀 필요가 없었다. 오세이가 우리를 앞질렀다. 그는 우리 눈을 똑바로 쳐다보며 "안녕하세요, 제 이름은 오세이 에이브릴입니다. 만나서 반갑습니다. 오늘 면접을 위해 시간을 내주셔서 감사합니다"라고 말했다.

오세이는 우리 앞에 앉아 세계정치와 경제문제를 이야기했고 자신만의 수학원리를 발견하고 싶다는 열정을 피력했다. 처음 만났을 때의 어린 소년은 없었다. 물론 딱 한 가지는 같았다. 그의 내면에 있는 엄청난 잠재력은 그때나 지금이나 똑같았다. 다만 처음에는 감춰져 있었고 지금은 분명하게 드러나 있다는 점만 달랐다. 조금만 신경 써서 들여다보면 모든 아이들의 내면에는 그러한 잠재력이 깃들어 있다.

첫 면접 날 조던 브라운에게 RCA는 엄청나게 힘든 학교가 될 거라고 말했더니 그는 내 눈을 똑바로 쳐다보며 "좋아요. 저는 도전을 좋아하거든요" 하고 대답했다. 나는 그가 그러한 자신감을 잃지 않기를 바랐고, 정말로 나를 실망시키지 않았다. 조던은 지난 몇 년 동안 우리 학교에 엄청난 불꽃을 더해주었다. 늘 앞줄에 섰고 활짝 웃었으며 분주히 뛰어다녔고 활기로 가득했다. 항상 말했고 항상 달렸으며 온 숨구멍에서 열정이 뿜어져 나올 만큼 최선을 다했다. 그는 빛줄기였고 끊임없이 우리를 고무시켰다. 언젠가는 킴에게 조던이 우리 학교 전체를 등에 업고 다니는 것 같다고 말한 적도 있다. 그는 누구의 실패도 허락할 수 없다는 결연함을 품고 사는 것 같았다. 조던은 자신을 소개하고 자리에 앉았다. 나는 그를 보며 물었다.

"자, 학생, 우리 학교는 엄청나게 힘들 겁니다. 해낼 수 있을 거라고 생각합니까?"

그는 내 눈을 똑바로 쳐다보며 말했다.

"좋아요. 저는 도전을 좋아하거든요."

그러고는 고개를 푹 숙였다. 눈물이 두 뺨을 타고 흘러내리고 있었다. 다음 차례는 치 치 어그워였다. 처음 만났을 때 치 치는 무슨 말을 하는지 전혀 알아듣지 못할 정도로 말을 더듬었다. 하지만 말은 힘겹게 해도 눈빛에는 결단력과 단호함이 서려 있었다. 치 치가 모퉁이를 돌아올 때 그 빛과 열정은 전보다 더 강해져 있었다. 한때 더듬거렸다는 걸 누구도 생각 못할 만큼 당당하고 또렷하게 말을 이어갔다. 매력적이고 자신감으로 가득 차 있었다. 치 치와의 면접을 마치고 나는 킴을 돌아보며 말했다.

"저 애를 좀 보세요. 이 세상을 바꿀 겁니다."

킴도 화장이 완전히 얼룩진 얼굴로 나를 보며 말했다.

"저 아이들 모두가 그럴 거예요."

감사의 말

몇 년 전 RCA의 첫 자원봉사자들과 첫 이사회가 낡은 공장 건물에서 첫 모임을 가졌다. 11월이었고 바닥이 너무 차가워 다들 의자 위에 다리를 쭈그리고 있어야 했지만 누구도 도중에 나가지 않았다. 말하는 내내 입에서 하얀 김이 뿜어져 나왔지만 그날 저녁 세 시간 동안 좋은 생각, 좋은 계획을 떠올리려고 애썼고, 점점 얼어갔다. 힘겹게 꿈을 꾸는 동안에는 오늘날 우리 학교가 이렇게까지 성공을 거둘 거라고는 상상조차 할 수 없었다.

처음으로 우리를 믿어주신 모든 분들에게 감사드린다. 당신들은 RCA의 개척자요, 매년 우리 복도를 지나간 학생들에게 평생 지속될 영향력을 안겨준 은인이다.

지금의 RCA 이사회에도 무한한 감사를 드린다. 당신들은 우리 RCA를, 우리 학생들을, 교육자들을 한층 끌어올리고자 하는 우리의 임무를 지지하기 위해 많은 시간과 노력을 바쳐왔다. 대표이사 알론

조 로렌 씨에게 감사드린다. 그대는 내가 만난 사람 중 가장 멋지고 다정하고 베풀 줄 아는 사람이다. 우리 학생들과 교직원 모두를 대표해 가슴 벅찬 감사의 말을 전한다.

▶ RCA 이사회 명단

스티브 비첨	알론조 로렌
다이앤 번스	스티븐 맥도널드
데릭 보텀스	톰 맥시
서니 H. 버로우스	제프 믹슨
매트 크리스프	마이크 닐슨
팻 팔로티코	스콧 셀리그
민디 존스	셰릴 셀러웨이
로버트 L. 카이트	베일리 티그

첫 학생들에게.

너희는 RCA의 생명이자 심장, 영혼이었다. 너희의 모습은 우리의 가슴과 추억 속에, 그리고 학교 벽면에 영원히 새겨질 것이다.

미래의 학생들에게.

이제 책임은 너희의 몫이 되었다. 앞서 복도를 지나갔던 선배들의 전통을 이어받되 너희 스스로도 거침없고 두려움 없이 살아가며 RCA에 너희만의 뛰어난 징표를 남겨야 함을 잊지 말아라.

새로운 우리의 미래

처음 책을 시작할 때 다 무너져가는 100년 된 공장 건물을 소개했다. 당시 우리는 그곳을 세상의 모든 아이들을 변화시킬 학교로 바꾸길 희망했다. 지금껏 RCA를 찾아온 모든 교육자까지 헤아려본다면 그

새로운 캠퍼스가 들어설 이곳에서 이제 더 많은 사람들이 변화된 삶을 살 것이다.

동안 우리가 영향을 미친 학생들의 수는 천만 명이 넘는다.

최근 우리에게는 새로운 꿈이 생겼다. 고맙게도 BB&T 은행에서 우리 학교에 인접한 건물 하나를 기부해준 덕분이다. 우리의 임무를 향해 보내

론 클라크 아카데미 홈페이지

준 지지와 믿음이 말 못하게 고맙다. 캠퍼스가 확장되면 교사연수를 위해 우리 학교를 찾아올 수 있는 교육자들의 수가 연간 3,000명에서 6,000명으로 늘어날 수 있다. 현재 우리는 RCA 교사연수센터를 건립하기 위한 기금을 모집하고 있으며 우리 가족이 되어 새로운 꿈을 함께 일굴 개인과 기업, 재단을 찾고 있다. 새로운 모험에 함께할 뜻을 품고 있는 분들은 www.ronclarkacademy.com을 찾아주길 바란다.

론 클라크 아카데미 교사연수

RCA 교사연수에 대해 자세히 알고 싶다면 www.ronclarkacademy.com을 방문하길 바란다. 하루 혹은 이틀 일정을 선택해 수업을

'RCA 위대한 미국교사 클럽' 홈페이지(www.greatamericanteachersclub.com). 수업내용을 내려받을 수 있고 동영상을 볼 수 있으며 론 클라크를 비롯한 RCA 교직원들과 화상채팅도 할 수 있다.

참관하고 워크숍에 참가하며 우리 교직원들과 만날 수 있다. 클라크 선생님은 매일 수업 중이며 클라크 선생님의 수업 참관과 워크숍 참여는 교사연수 프로그램의 상설 일정이다. 전문성 개발을 위한 경험은 비용이 들지만 전 비용이 RCA 학생들의 장학금으로 사용된다.

매년 3일 일정의 전국협의회도 개최한다. 역시 수업 참관과 워크숍, 그리고 스트레스 완화를 돕는 데 바치는 밤이 포함되어 있다. 행사 주제는 '해괴망측 무도회'. 협의회 참석자들에게 자신의 교실에 도입할 수 있는 새로운 전략과 기법을 배우는 긴 주말을 보낸 다음 자축 겸 스트레스를 떨쳐버릴 기회를 제공한다. 자세한 정보는 RCA 홈페이지에서 확인할 수 있다.

THE END OF MOLASSES CLASSES